Les Révoltés Contre L'église Et L'ordre Social

by Charles Marchal

Copyright © 2019 by HardPress

Address:
HardPress
8345 NW 66TH ST #2561
MIAMI FL 33166-2626
USA
Email: info@hardpress.net

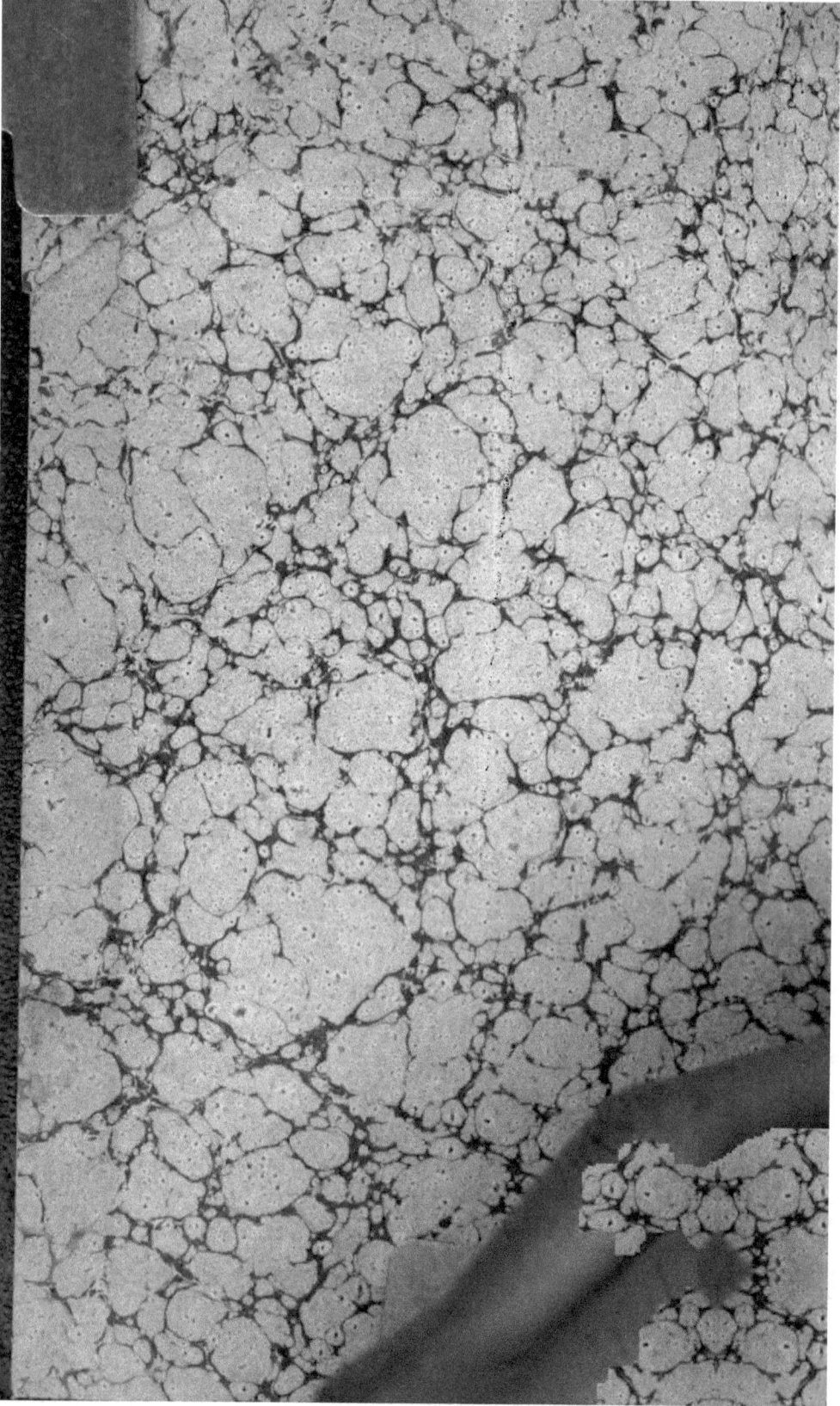

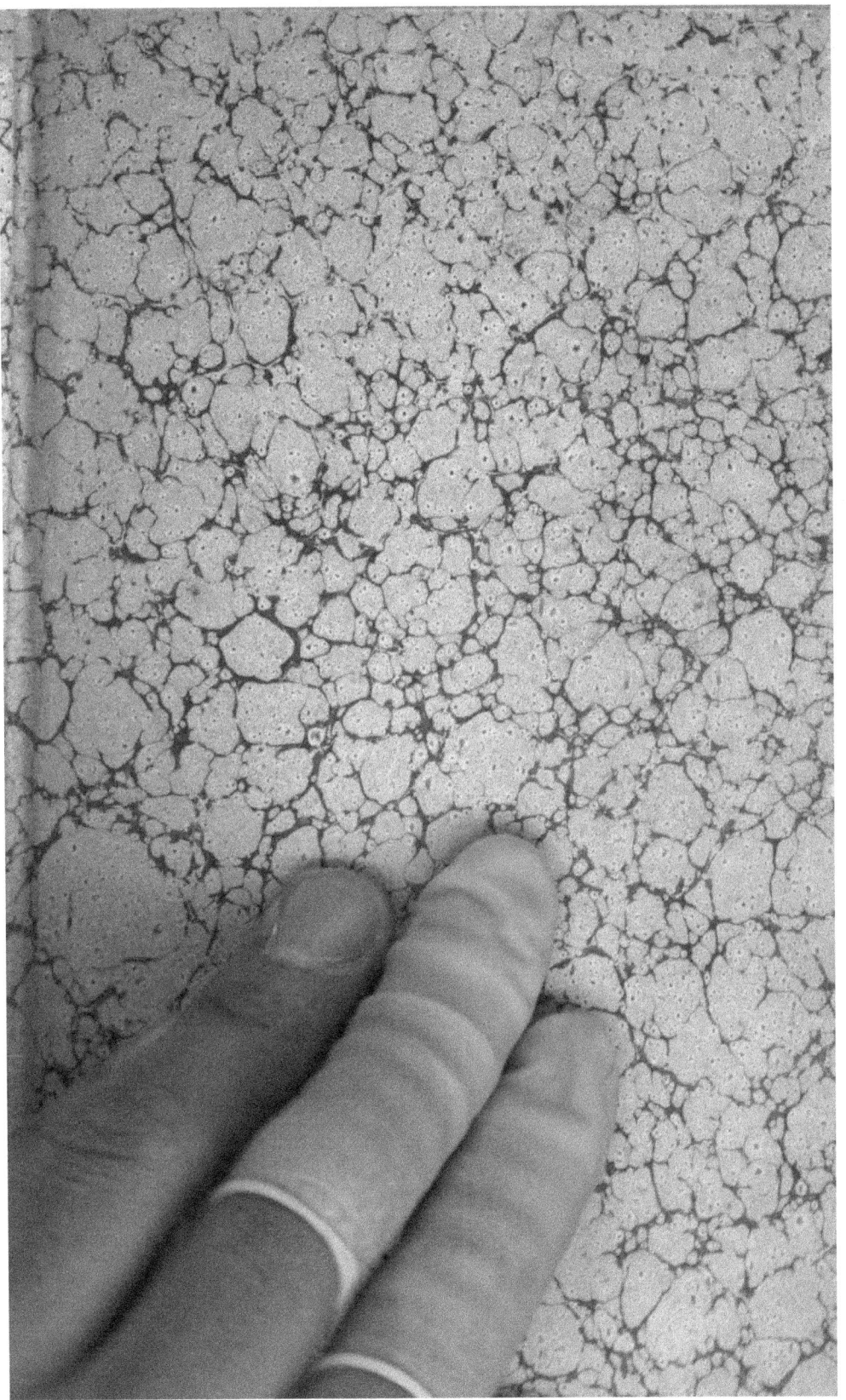

LES RÉVOLTÉS

CONTRE

L'ÉGLISE ET L'ORDRE SOCIAL.

PROPRIÉTÉ.

—

Droits de traduction et de reproduction réservés.

LES
RÉVOLTÉS

CONTRE

L'ÉGLISE ET L'ORDRE SOCIAL

PAR

M. CH. DE BUSSY, *pseud.*

— ∞ —

TOME SECOND.

PARIS

MARTIN-BEAUPRÉ FRÈRES, ÉDITEURS

RUE CASSETTE, 17.

1863

LIVRE X

Coup d'œil rétrospectif sur les hérésies, depuis la naissance du christianisme jusqu'au XVIe siècle.

I

Cette tendance funeste consistant à introduire le paganisme dans la science et dans l'art par l'éducation n'était pas nouvelle. Bien avant le XVe siècle, nous trouvons, parmi les hérétiques, plusieurs sectes vouées à cette iniquité. Pour ne citer qu'un seul exemple des essais de ce genre tentés avant ce qu'on appelle la *Renaissance,* nous rappellerons la secte des *aristotéliens*, qui parurent au IIIe siècle. Ils avaient puisé, dans les principes et les enseignements d'Aristote, des erreurs dont plus tard Mgr Étienne Tempier, évêque de Paris, fit la censure, le 7 mars 1277. Les propositions censurées par le prélat montrent que l'introduction des méthodes païennes dans l'enseignement chrétien n'était pas chose nouvelle, même à cette époque. Ces propositions censurées montrent encore combien le paganisme, dans l'enseignement chrétien, avait obscurci l'admirable lumière que l'Évangile avait répandue sur Dieu, sur l'âme, sur la volonté, le monde, la sagesse et la morale. Ces erreurs renferment le germe, elles sont l'origine et la principale cause de toutes celles des siècles subséquents ; car la sentence de condamnation de l'évêque de Paris ne parvint point à faire bannir les ouvrages d'Aristote de l'enseignement public et particulier. Or, cet Aristote tant vanté, être profondément ignoble et immoral, comme, au reste, tous les philosophes de l'antiquité et pas mal de philosophes modernes, cet Aristote, malgré son incontestable génie, ne méritait pas d'exciter tant d'admiration, il n'en était digne ni par ses vertus, ni par sa doctrine religieuse et morale, sans compter les crimes dont il se rendit coupable envers Hermias, sa conduite insensée et impie vis-à-vis de la courtisane Pythias, qu'il érigea en *divinité*, ses calomnies contre tout ce qui avait acquis quelque réputation, ses jalousies contre Speusippe, ses animosités contre Xénocrate, les troubles qu'il fomenta dans la cour de Philippe et d'Alexandre, ses bienfaiteurs ;

sa perfidie envers ce même Alexandre qui l'avait
comblé ; tout cela découvre assez quel était le fond de
son cœur.

Maintenant, sa doctrine religieuse et philosophique
mérite-t-elle. les pompeux éloges que plusieurs aca-
démies et certaines universités lui ont décernés dans
les pays catholiques ? Voyons donc : ce chef des péri-
patéticiens prétendait que Dieu était sujet aux lois de
la nature, sans prévoyance, sourd et aveugle pour
tout ce qui regarde les hommes ; il croyait le monde
éternel et l'âme mortelle. Il tourna en ridicule ceux
qui voulurent ramener les hommes à la croyance
d'un seul Dieu, disant que cette manière de penser
était, il est vrai, d'un sage et d'un homme de bien,
mais qu'elle manquait de prudence, puisqu'en agis-
sant ainsi, ils nuisaient à leurs propres intérêts et
s'exposaient au ressentiment des polythéistes. Belle
morale, bien digne du *prince des philosophes !* Introduire une pareille philosophie dans l'enseignement, c'est trahir le christianisme, c'est chercher à
replonger les peuples dans les ténèbres du paganisme.

Comme l'a dit Bonnetty, il est utile de recommander à ceux qui veulent connaître les causes et suivre
la filiation des erreurs qui ont déchiré l'Église, d'étudier si, dans les propositions sur *Dieu,* sur l'*âme,* sur

l'*entendement humain*, ne se trouvent pas déjà cachées les objections des philosophes sur la Trinité, la prescience de Dieu et la spiritualité de l'âme; dans les propositions sur la *volonté*, les opinions de Luther, et les subtilités des jansénistes sur la grâce, la liberté et la prédestination; dans les propositions sur le *monde*, les erreurs de l'astrologie judiciaire, et cette manie de connaître l'avenir par tant de moyens ridicules; enfin dans les propositions sur la *philosophie* et la *théologie*, les causes de cette opposition qu'on a prétendu voir, et que bien des personnes veulent voir encore entre la nature et la grâce, la raison et la foi, la loi naturelle et la loi révélée, la véritable philosophie et la théologie.

Il importe aux instituteurs de la jeunesse d'examiner s'il n'y aurait pas encore quelques restes de ces erreurs aristotéliciennes dans les livres d'enseignement élémentaire; car c'est une remarque à faire, que l'autorité d'Aristote a été répudiée en physique, en médecine, en astronomie et dans la plupart des autres sciences, mais qu'il en reste des traces dans l'enseignement de la philosophie.

Ces considérations sont importantes, et cet examen mérite la sollicitude du professeur; car toutes les fois que l'erreur est dans les intelligences, c'est dans l'enseignement qu'il faut en chercher les causes.

Or, l'enseignement est souvent *éclectique*, ce qui conduit directement au scepticisme.

L'enseignement est rationaliste ou catholique, c'est-à-dire qu'il a pour principe le libre examen ou l'autorité, le naturalisme ou l'ordre surnaturel.

II

Dès le temps des apôtres, l'hérésie, ou le protestantisme, se dressa contre la doctrine chrétienne. Ils ne s'en étonnèrent pas ; voici pourquoi :

Il faut qu'il y ait des hérésies, a dit l'apôtre saint Paul ; c'est-à-dire qu'il entre dans l'économie de la religion que l'erreur se manifeste, afin de provoquer l'étude de la vérité et de la faire triompher par le développement du dogme et de la morale ; c'est-à-dire encore qu'il est impossible que les hommes, avec leur libre arbitre et leurs passions, leur orgueil et leur demi-science, puissent s'accorder tous à soumettre leur raison à la foi, à la parole de Dieu et à l'autorité de son Église ; c'est-à-dire enfin que l'homme, étant créé libre, ne saurait être forcé d'embrasser la vérité, et que sa foi doit dépendre non de la nécessité ou de la contrainte, mais de son libre choix, fruit de sa conviction.

Les apôtres ne furent donc point surpris quand l'hérésie vint chercher à altérer la doctrine divine. Ils condamnèrent les protestants de leur époque et les séparèrent de l'Église comme des corrupteurs de la foi.

Chaque novateur eut des disciples qui, eux aussi, prétendaient enseigner la véritable doctrine de Jésus-Christ. Déjà les protestants altéraient les livres du Nouveau-Testament, et en retranchaient tout ce qui combattait leurs opinions. Ils poussèrent même l'effronterie jusqu'à composer de nouveaux Évangiles et de fausses lettres, qu'ils attribuaient aux apôtres, et même aux patriarches. Ces ennemis qui se disaient chrétiens, étaient bien plus dangereux au christianisme que les païens, qui persécutaient les enfants de l'Église ; que les juifs, qui les excitaient dans leurs fureurs; que les philosophes, qui attribuaient à la magie les miracles de Jésus-Christ et des apôtres.

Le christianisme anéantit pourtant alors toutes ces sectes, comme il n'a cessé de le faire depuis.

Au second siècle, le christianisme se propagea, malgré le polythéisme, les philosophes, le judaïsme et les hérésies, malgré la *déesse* Valléda et tant d'autres. C'est que l'esprit humain trouvait dans le christianisme l'explication de tout ce qu'il avait cherché sans succès : l'origine du monde, le source du mal, la nature et la destination de l'homme, etc.

Le christianisme brisait toutes les difficultés qui arrêtaient l'esprit humain dans son ardente recherche de la vérité. Mais il arriva que des chrétiens insoumis et indiscrets, ne trouvant pas les éclaircissements de la religion divine suffisants, mêlèrent à ses dogmes les principes de la philosophie : tels furent les systèmes théologiques de Saturnin, de Basilide , de Carpocrate, d'Euphrate, de Valentin, de Cerdon, de Marcion, d'Hermogène, d'Hermias, de Bardesanes, d'Apelles, de Tatien, de Sévère, d'Héracléon, des séthiens, des caïnites, des ophites et autres. Ce mélange de la superstition et de l'erreur avec l'immuable et unique vérité fut rejetée par l'Église. Les hérétiques condamnés continuèrent à prétendre pratiquer ce que le Sauveur était venu enseigner aux hommes pour les conduire au ciel. Ces hérétiques, comme c'est l'usage, ne s'entendaient pas entre eux. Bien qu'ils reconnussent tous la vérité des miracles de Jésus-Christ, ils les expliquaient de différentes manières, au gré de leur fantaisie, et le mot de Bossuet aux protestants du XVIᵉ siècle aurait pu être appliqué au protestantisme du IIᵉ : *Tu varies, donc tu n'es pas la vérité.*

Tous ces chefs de sectes s'anathématisaient les uns les autres, comme plus tard les protestants du

XVIe siècle; les premiers étaient toutefois moins grossiers que les derniers. Emportés par l'orgueil, ils s'efforçaient, par tous les moyens, de faire prévaloir leurs opinions sur toutes les autres, les uns par les dehors d'une vie austère, les autres, au contraire, par la prédication et l'exemple d'une morale licencieuse; ceux-là déclarant vouloir anéantir les passions, ceux-ci avouant pour but de livrer l'homme à l'empire des sens. Parmi eux, Montan s'annonça comme *le réformateur de la religion que Jésus-Christ avait enseignée,* se disant être le Saint-Esprit ou le prophète par la bouche duquel le Saint-Esprit faisait connaître aux hommes une religion plus parfaite que celle de Jésus-Christ. Cet hérétique et ses complices, divisés en plusieurs sectes ridicules, furent condamnés par l'Église, toujours incorruptible dans ses dogmes et dans sa morale.

Artemon, Théodotien, firent sortir de l'alliage de la philosophie avec les dogmes du christianisme la négation de la divinité de Jésus-Christ, et les melchisédéciens soutinrent qu'il était inférieur à Melchisédech. Ils furent également retranchés de la communion des fidèles, en compagnie de Praxée, qui disait que Jésus-Christ n'était point distingué du Père, et de Cerdon, qui reconnaissait deux principes. L'Église catholique les combattit par les dogmes fondamen-

taux de la Trinité et de la consubstantialité du Fils,
Bien que ce dernier mot ne fût pas alors en usage, il
est incontestable que l'Église croyait, alors comme
aujourd'hui, comme toujours, qu'il n'y avait qu'une
substance éternelle, nécessaire, infinie, et que Jésus-
Christ était le vrai Dieu.

III

Les hérésies du IIIe siècle furent la conséquence de
l'étude de la philosophie jointe à celle de la religion,
étude qui avait été commencée au siècle précédent. Il
arriva que, grâce à cette philosophie rationaliste, certains chrétiens se crurent en droit d'adopter dans les
philosophes anciens tout ce qui leur paraissait capable de défendre la religion et les mystères inintel-
ligibles à la raison humaine ; tels furent Borylle,
Noet, Sabellius, Paul de Samosate, Hiérax. Or, les
mystères ne peuvent être compris par la raison, cela
est incontestable. Ce n'est pas qu'ils lui soient *contraires*, comme le disent les philosophes adversaires
de l'ordre surnaturel, mais c'est qu'il sont *au-dessus
d'elle*. En voulant expliquer les mystères, les hérétiques les anéantirent ; c'est ainsi, par exemple, que
les arabiens, pour faire comprendre la résurrection,

1.

disaient que l'âme n'était qu'une affection des corps. Toutes ces suppositions, toutes ces erreurs de la raison, toutes ces tentatives sacriléges, furent condamnées par l'Église, qui enseignait contre elles la Trinité, la divinité de Jésus-Christ, la spiritualité et l'immortalité de l'âme.

IV

La même curiosité indiscrète par rapport aux mystères enfanta, au IV° siècle, les hérésies de Donat, de Colluhe et d'Arius, ambitieux qui, poussés par la cupidité et briguant les dignités ecclésiastiques, formèrent des schismes.

Il arriva qu'en combattant une hérésie, on tombait parfois dans l'hérésie contraire.

Ainsi, en voulant expliquer, contre Sabellius et contre Marcion, le dogme de la Trinité, Arius supposa que les trois *personnes* de la Trinité étaient trois *substances*, mais que le Père seul était incréé, et Marcel d'Ancyre, Photin, Eunome, tombèrent dans le sabellianisme, tantôt en combattant et tantôt en défendant Arius ; et Apolinaire, pour prouver à Arius que Jésus-Christ était Dieu, émit cette erreur, qu'il n'avait pas une âme humaine.

En demeurant obéissants à l'Église, en ne croyant qu'à ce qu'elle enseigne, ces hommes se fussent épargné ces disputes, ces agitations, et toutes ces violences enfantées par les passions déchaînées. Leur téméraire curiosité ou leur zèle indiscret les avaient précipités dans un de ces deux abîmes : croire que Jésus-Christ ne s'était point uni à la nature humaine, ou croire qu'il n'était qu'un homme inspiré de l'esprit de Dieu et dirigé par lui.

V

Ces disputes à propos de la Trinité continuèrent au V⁕ siècle. C'est ainsi que Nestorius nia l'union hypostatique du Verbe avec la nature humaine, et enseigna qu'il fallait distinguer dans Jésus-Christ deux *personnes* comme deux *natures*. Comme il condamnait, comme contraire à la divinité de Jésus-Christ, le titre de *Mère de Dieu* qu'on donnait à la sainte Vierge, le peuple s'éleva contre lui; mais il était puissant à la cour; il fit punir les mécontents par le fouet et par les prisons, — douceur commune aux hérétiques.

Sa doctrine fut condamnée par le concile d'Alexandrie et le concile général d'Éphèse.

De son côté, Pélage vint formuler sur la grâce et la liberté des doctrines contraires à la foi, prétendant que l'homme peut, par son seul libre arbitre, s'abstenir du péché, niant la nécessité de la grâce, le péché originel, la damnation des enfants morts sans baptême. Trois conciles, ceux de Carthage (416-417), et celui d'Antioche (424), condamnèrent ce système, qu'acheva de terrasser le concile œcuménique d'Éphèse (431), en dépit des correctifs que Pélage avait insérés dans ses captieuses apologies. Combattu avec une éclatante supériorité, le pélagianisme subsista jusqu'au VI⁰ siècle, et enfanta le semi-pélagianisme, dont nous avons aussi parlé.

Au V⁰ siècle encore, paraît une hérésie opposée au nestorianisme, l'eutychéisme. De peur de séparer dans Jésus-Christ la nature humaine et la nature divine, comme Nestorius, Eutychès les confondit.

Les eutychiens et les nestoriens remplirent l'Orient de séditions et de troubles, et firent couler abondamment le sang humain.

VI

Mêmes agitations, mêmes violences, mêmes crimes au VI⁰ siècle. Bientôt le monothélisme, qui consistait à ne reconnaître qu'une seule volonté en Jésus-Christ, enfantera un schisme qui divisera longtemps l'empire et l'Église; cette hérésie finit par se fondre dans l'eutychéisme.

VII

Au milieu de la confusion du désordre produits par toutes ces hérésies, l'Église conservait sa foi aussi pure que sa morale; elle combattait avec courage et persévérance ces erreurs déplorables. Les hommes illustres par leur sainteté et par leurs vertus étaient avec elle, non avec les protestants.

Mais voilà que, sous prétexte d'éteindre les restes du nestorianisme et de l'eutychianisme, l'empereur Héraclius, oublieux de sa gloire passée, porte un édit faisant du nestorianisme une règle de foi et une loi de l'empire : courageuse protestation du Saint-Siége; sixième concile œcuménique. Les pauliciens font des progrès au VIIe siècle : Paul était le fils d'une mani-chéenne; Sylvain, son successeur, réforma le mani-chéisme, et entreprit d'ajuster le système des deux principes à l'Écriture. Lui aussi, comme, après, les protestants du XVIe siècle, se disait appuyé par l'Écriture, et déclarait ne vouloir point d'autre règle de foi que cette Écriture. Il s'élevait contre le culte des saints, qu'il reprochait aux catholiques d'*adorer*, les accusant de pratiquer les erreurs du paganisme. Comme les *quakers*, hérétiques modernes, issus du protestantisme anglican, les pauliciens affectaient une grande austérité de mœurs, et s'offraient aux esprits simples comme une société faisant profession d'un christianisme plus parfait.

VIII

Le VIIIe siècle nous offre une image de désordre et d'ignorance. Les sciences bannies ; les passions déchaînées ; la saine raison étouffée ; tous les principes de superstition mis en action ; des apparitions supposées d'anges ou de démons ; un imposteur, Adelbert, distribuant au peuple ses ongles et ses cheveux comme des reliques ; l'imposture effrontée reçue avec respect par une multitude d'esprits faibles ; des insensés rejetant l'autorité des conciles et des Pères, attaquant le dogme de la prédestination, la discipline et la morale de l'Église ; les crimes de l'empereur Léon et des iconoclastes, hérétiques briseurs des saintes images, violences que les protestants des XVIe et XVIIe siècles renouvelleront ; et, au-dessus de tout cela, la papauté, chargée du dépôt de la foi, conservant sans altération la doctrine et la morale de Jésus-Christ, et le culte établi par lui ; l'Église réfutant en même temps et condamnant partout ces désordres, ces ténèbres et tous les hérétiques, fussent-ils empereurs, — voilà ce siècle au point de vue religieux.

IX

Photius paraît et fait persécuter saint Ignace, patriarche de Constantinople, dont il usurpe le siége ; la papauté, toujours juste, prend parti pour Ignace, condamne Photius et ses puissants protecteurs, car la papauté, éternellement courageuse, sait défendre les opprimés contre les tyrans, et aucune considération humaine ne l'arrète pour le triomphe de la vérité et la condamnation de l'erreur ; l'Église de Constantinople se sépare de l'Église latine : schisme qui ne pourra être terminé que par le huitième concile général.

Le IX° siècle est encore affligé par des disputes suscitées par des esprits téméraires qui s'efforcent de pénétrer et de dévoiler les saints mystères, d'expliquer les dogmes selon leurs caprices, d'interpréter l'Écriture avec leur raison. Ces disputes sont vives et longues ; quelques-uns tombent dans l'absurde : celui-ci prétend qu'il n'y a qu'une seule âme dans tous les hommes ; celui-là enseigne que les païens sont sauvés ; cet autre examine profondément comment il faut écrire le nom de Jésus ; cet autre dispute sur la manière dont le Sauveur est dans l'Eucharistie, et cherche indécemment ce que deviennent les espèces eucharistiques, comment la sainte Vierge mit au monde le Verbe divin, etc. D'autres, livrés à des détails ridicules, cherchent des sens spirituels et cachés dans certains nombres.

L'Écriture est torturée par les efforts qu'une foule d'esprits font pour l'expliquer ; quelques-uns, dans cette étude, interprètent certains passages autrement que l'Église, se déclarent inspirés, prédisent la fin du monde et autres extravagances.

X

Ces agitations continuent au X⁰ siècle ; et pourtant, ce siècle, fécond en malheurs et enseveli dans une extrême ignorance, ne vit naître aucune de ces hérésies capitales qui font secte. La discipline ecclésiastique se rétablit ; la vie monastique, après de scandaleux relâchements, redevient admirable.

La réforme du clergé s'opère au XIᵉ siècle ; les hérésies renaissent : Bérenger de Tours, théologien et maître d'une école, la voyant abandonnée pour celle de Lanfranc, imagine, pour rappeler la foule, de se distinguer par des opinions singulières : manœuvre qu'on peut reprocher à nombre d'hérétiques et de philosophes. Bérenger attaque les mystères de l'Eucharistie et de la transsubstantiation. Ce Luther du Xᵉ siècle finit mieux : après avoir été condamné par plusieurs conciles et réfuté par Abbon et Lanfranc, après s'être vu forcé d'abjurer ses erreurs et avoir brûlé ses livres, puis avoir dogmatisé de nouveau, il condamna enfin de bonne foi ses erreurs dans le concile de Rome (1078), et se retira dans l'île de Saint-Côme, près de Tours, où il mourut pénitent.

Pendant ce temps, Michel Cérulaire, patriarche de Constantinople, voulant se faire reconnaître patriarche universel, et voyant dans l'Église de Rome un obstacle incorruptible à son ambition, l'accusa d'*être engagée dans des erreurs pernicieuses*, et renouvela le schisme de Photius. Les hérétiques sont comme les révolutionnaires politiques, qui ne se révoltent contre l'autorité légitime que pour s'emparer du pouvoir. Ils veulent être en place, ils veulent jouir, ils veulent dominer ; êtres sensuels, ils vivent pour et par le corps, non par l'âme et pour son salut.

XI

Le XII⁰ siècle voit dogmatiser Abailard, dont Luther renouvellera les erreurs; Gilbert de la Porrée, qui tombe dans les mêmes erreurs ; Arnaud de Bresse, communiste et républicain, qui veut dépouiller le pape et le clergé et infliger la démagogie à Rome ; Valdo, autre communiste, ennemi de toute espèce de propriété, c'est-à-dire de la société, de la famille, du travail, de la liberté, de la civilisation; Éon de l'Étoile, insensé qui se persuade qu'il est Jésus-Christ; Pierre de Bruys, Tanchelin, Terrie, les apostoliques, autres fous ridicules, qui errent sur les sacrements ; enfin les albigeois, sectes affreuses contre lesquelles une croisade est indispensable pour sauver l'Europe chrétienne.

XII

Le XIII⁰ siècle est troublé par les philosophes, qui essayent d'accommoder la religion aux principes d'Aristote, de concilier ses opinions avec le christianisme. Ils enseignent le dogme de l'âme universelle, l'éternité du monde, la fatalité absolue, et d'autres erreurs.

Le goût de la dialectique entretient une curiosité funeste : on donne son avis sur l'essence de Dieu, etc.

XIII

Nous voyons, au XIV° siècle, en Orient, la ridicule
folie des moines qui croient voir la lumière du Tha-
bor à leur nombril, démence qui nécessita, le croirait-
on ? la réunion de cinq conciles !

En Occident, une épidémie morale à peu près semblable divise les cordeliers ; d'autres fous se livrent à
toutes les extravagances imaginables, sous prétexte
de travailler à leur perfectionnement ; les uns se prétendent être le Saint-Esprit, d'autres saint Michel : ce
furent les *bégards*, les *frérots*, les *frères spirituels*,
les *apostoliques*, les *dulcinistes*, les *flagellants*, les *tur-
lupins*, les *lollards*. Excommuniés par Jean XXII, ils
attaquèrent l'autorité de droit divin qui frappait leurs
erreurs. Pour se concilier les princes, ils nièrent le
pouvoir du pape sur les princes et sur les peuples
chrétiens.

Pour que toutes ces erreurs devinssent profondément
dangereuses, il fallait qu'un homme s'en emparât qui
fût capable de les formuler en corps de doctrine et de
les rendre spécieuses. Cet homme fut Wiclef.

Il avait gardé à la papauté un ressentiment immortel de ce que le pape Urbain V avait approuvé sa destitution comme principal du collége de Cantorbéry; exaspéré, il attaqua la puissance papale au spirituel et au temporel, et, avant les protestants du XVIᵉ siècle, traita le pape d'*Antechrist;* avant eux encore, il nia la transsubstantiation, la primauté du siége de Rome, la hiérarchie, la nécessité de la confession pour qui a la contrition, etc. Wiclef suscita Jean Hus et prépara Luther : aussi l'a-t-on surnommé l'*Étoile du matin de la Réforme.*

XIV

Entre Wiclef et Luther, c'est Jean Hus et Jérôme de Prague, deux renégats dont le protestantisme fit des saints après leur supplice.

Ces deux Bohémiens s'étaient abreuvés aux sources empoisonnées de Wiclef : tels d'odieux reptiles qui font leurs affreuses délices des poisons les plus abominables, et après se les être incorporés, rampent en quête de victimes, pour les leur communiquer.

Wiclef rejetait l'autorité du pape, et attaquait le clergé, la hiérarchie, les excommunications, les indulgences, le culte de la sainte Vierge et des saints, la communion sous une seule espèce, etc.

Luther, qui lui a emprunté ses hérésies, a publié ses œuvres, en y ajoutant une préface de lui.

Après la mort de Jean Hus, ses partisans, connus sous le nom de hussites, se soulevèrent dans toute la Bohême, et donnèrent le signal d'une guerre sanglante.

Ce ne fut pas le concile qui condamna Hus à être brûlé vif, ainsi que l'ont tant de fois publié les protestants; ce fut l'autorité séculière; le concile, après qu'il eut refusé de se rétracter, le déclara hérétique; et il en fut toujours ainsi. L'Église ne condamne pas les hérétiques à mort; persister dans cette calomnie contre elle est un crime atroce.

XV

La Renaissance, en poussant l'Europe dans les bras du sensualisme païen, acheva de préparer le terrain à Martin Luther et aux autres *déformateurs* et non *réformateurs* du christianisme.

XVI

Ce rapide résumé nous remet en mémoire les principales hérésies qui ont précédé le XVIe siècle; il nous aidera à nous apercevoir des nombreux plagiats faits à ces hérésies par les prétendus réformateurs du XVIe siècle, que nous allons suivre dans leur voie de ténèbres, de confusion et d'erreurs.

Auparavant, deux mots encore.

Toutes ces sectes qui se sont séparées de l'Église catholique manquaient, par cela même, de principe vital. Elles ont jeté pendant un temps cet éclat éphémère et factice que produit la nouveauté, mais elles n'ont pas tardé à s'étioler, semblables à des fleurs transplantées dans une terre ingrate et mortelle.

Aujourd'hui, qu'est-ce qui professe le gnosticisme, l'arianisme, l'eutychianisme, le monothélisme, le pélagianisme, etc.?... Ces hérésies n'existent qu'à l'état de souvenir et n'appartiennent plus qu'à l'histoire de la théologie.

De même, le protestantisme du XVIe siècle, qui résuma toutes ces hérésies, se précipite maintenant dans le rationalisme pur, dans le naturalisme.

LIVRE XI

Martin Luther, — Parallèle entre cet hérétique et saint Bernard — Vie et doctrine de Luther. — Le protestantisme et la réformation.

I

Ce fut un moine apostat, Martin Luther, qui, au XVIᵉ siècle, fut le premier fondateur du protestantisme moderne ; ce fut un religieux sorti de ces monastères qui avaient rendu tant d'importants services à la religion et à l'humanité.

Le moine Luther osa se comparer au moine saint Bernard. Le véritable réformateur des deux, c'est saint Bernard. Luther n'est qu'un hérétique et un orgueilleux débauché.

II

Les moines furent l'instrument dont la Providence se servit pour sauver, au VIe siècle, le christianisme et la civilisation, si gravement compromis par l'invasion des barbares et le changement forcé des mœurs européennes, après ce grand événement. Les moines furent les apôtres de l'Occident. Ce furent eux qui conservèrent le dépôt des lettres, qui défrichèrent les forêts, bâtirent les villes, tout en rendant, dans l'école, les oracles de la science. Ils donnèrent des papes, comme saint Grégoire le Grand, saint Léon III, saint Grégoire VII, Urbain II ; des évêques, comme saint Dunstan, saint Anselme ; des missionnaires, comme saint Augustin de Cantorbéry, saint Boniface de Mayence, saint Anschaire de Brême, saint Adalbert de Prague ; des docteurs, comme Bède, Alcuin, saint Bernard ; des érudits, comme Trithème, Guebrard, Mabillon, Martenne, Montfaucont, d'Aguirre, Banduri, Bernard Piz, Bessel, etc.; des abbesses savantes, comme Lerrade de Hohenbourg, Roswytha de Gandersheim ; des hommes d'État, comme Suger, Matthieu de Vendôme ; de vaillants ordres militaires, etc.

Ni en science, ni en vertu, leurs ennemis, protestants et philosophes, révoltés de toutes sortes, ne peuvent leur être comparés ; qu'on l'essaye !

Eh bien! ce fut aussi un moine qui, au XVIᵉ siècle, reprit l'œuvre de dissolution du christianisme, entreprise sans succès, depuis les premiers siècles de l'Église, par tant d'hérétiques acharnés.

Martin Luther est le type du mauvais moine, de même que saint Bernard est le type du bon moine. Et nous pourrions aussi bien dire saint Benoît ou bien d'autres encore !

Saint Bernard eut, lui aussi, et bien plus que Luther, une grande influence sur son siècle. Mais comme il s'en servit différemment! Qu'il soit bien autrement érudit que Luther, qu'on ne puisse comparer son talent d'argumentation au chaos grossier qui compose les ouvrages de Luther, c'est ce que personne de sérieux ne contestera. Mais ce n'est pas seulement son génie qui fait surnager le fondateur de l'abbaye de Clairvaux au-dessus des temps modernes, c'est sa piété, sa sainteté, sa vertu, auxquelles Luther et Calvin ne peuvent opposer que révolte, outrages, déréglements. Autant celui-là a fait de belles actions, autant ceux-ci en ont fait d'odieuses.

Lorsqu'il sortit de son désert pour se révéler au monde, ce ne fut pas, comme Luther, pour rompre avec les austérités de la vie religieuse, mais pour en prêcher les avantages spirituels par un exemple capable de remplir les âmes de respect et d'amour. Ce ne fut pas pour fomenter l'hérésie, mais pour la combattre; ce ne fut pas pour appeler les peuples à l'insurrection et à la guerre, mais pour leur apprendre la soumission et la paix; non pour leur faire répandre des larmes de désespoir et de rage, mais pour leur arracher les douces larmes de la pénitence. Ce ne fut pas pour souffler la lumière spirituelle dont le foyer est Rome, mais pour la montrer au monde, pour l'éclairer à ses rayons et le vivifier à sa chaleur.

— Mais, dit le rationalisme, Luther apporta une parole de liberté au monde.

Fausseté. Il lui apporta une parole d'esclavage et de mort.

La liberté! grand mot tant profané! La liberté, c'est l'autorité, c'est-à-dire le catholicisme.

La liberté, elle était avec saint Bernard, ne pardonnant jamais un vice aux rois et aux ministres, ne leur faisant grâce, dans son inflexible sévérité, d'aucun malheur public; elle n'est pas avec Luther, permettant deux, trois, quatre femmes, un sérail, s'ils l'eussent souhaité, aux princes de l'Allemagne; elle n'est pas non plus avec Calvin, tyran de Genève, Louis XI de la Suisse, faisant égorger ceux qui ne pensaient pas comme lui et tentaient logiquement de retourner contre lui l'arme du libre examen dont il s'était servi contre Rome.

Non! la liberté n'est pas là!

La vertu est-elle avec saint Bernard, qui, pour chasser l'image d'une femme par laquelle le démon occupe ses rêves, va, pour faire taire cette voix d'incontinence, se jeter, au cœur de l'hiver, dans un étang glacé dont on le retire demi-mort; ou bien la vertu est-elle avec Luther qui, le frac déchiré, s'empresse de prendre femme, — premier motif de sa révolte?

Qu'est-ce que Luther nous offre pour comparer avec la vie de fatigues et de labeurs de Bernard fondant son abbaye avec douze disciples, dans un affreux désert? Et quand nous voyons Bernard souffrir avec tant de courage les privations de tout genre, les maladies, la faim même, vaincre des difficultés qui paraissent insurmontables, et dompter ces épreuves à force de courage, nous cherchons vainement ces héroïsmes dans la vie de Luther.

A l'inaltérable résignation de Bernard, qu'oppose-t-il? L'insurrection, l'envie, la concupiscence, l'orgueil. De durs travaux quotidiens, des macérations, de sévères pénitences qu'il s'inflige à lui-même et qui altèrent sa santé, d'autant qu'il refuse les soins

qu'on veut lui prodiguer ; l'étude humble et con-
sciencieuse de l'Écriture et des Pères, non, comme
Luther, pour les torturer et en faire les complices
forcés de l'erreur, mais pour arriver à une théologie
puissante et profonde, — voilà la vie de saint Bernard. Des ouvrages magnifiques comme dignité et
comme talent, admirables d'orthodoxie, voilà ses
œuvres : — isez Luther. Comparez ces styles, ces
allures, ces doctrines !

Saint Bernard, quand il commence sa vie vraiment
active, est un apôtre ; lorsque Luther se révèle à l'Europe, c'est un hérétique. Bernard termine les diffé-
rends survenus entre les souverains, Luther en fait
naître ; Bernard éclaire les doutes dans les controverses religieuses, Luther les envenime et en invente ;
Bernard fait tous ses efforts pour réparer les scandales dans la société, Luther s'efforce à toute heure
d'en agrandir la sphère funeste. Bernard réconcilie
l'archevêque de Reims avec les peuples de son diocèse, Luther cherche à brouiller la chrétienté avec
le Saint-Siége. Bernard entreprend, avec une précau-
tion pieuse, de porter la réforme véritable dans la
conduite de quelques prélats ; Luther s'efforce ,
avec l'emportement de l'orgueil, d'opérer une prétendue réforme dans les dogmes fondamentaux du
christianisme. S'il n'avait réellement eu en vue que

de mettre un terme à quelques abus, il lui convenait de procéder comme l'avait fait saint Bernard, et, pour les attaquer, de s'inspirer de son sermon *De officio episcopi*, dans lequel, sans injures, sans violences, sans fureurs, et surtout sans toucher au dogme, il montre que la gloire et la dignité ne consistent pas dans l'éclat extérieur, et que les ornements les plus convenables d'un évêque sont la *chasteté*, la *charité* et l'*humilité*, trois vertus qui ont manqué à Luther et dont l'absence ont fait un hérétique.

Si Luther eût été seulement préoccupé d'une réforme salutaire et évangélique, comme il s'en vante, il eût pris des leçons de saint Bernard s'élevant contre l'ambition des ecclésiastiques, contre la pluralité des bénéfices et l'avidité des richesses.

Bernard convertit des milliers de personnes, parmi lesquelles l'abbé Suger, qui s'efforça de l'imiter dans sa sainteté. Luther entraîna des milliers de malheureux dans un abîme, parmi lesquels quelques prêtres sans vocation, qui s'efforcèrent de l'imiter dans ses crimes, dans ses insultes sacriléges, dans son libertinage, dans son style ignoble, digne des plus mauvais lieux, nous le prouverons en le citant, cela suffira.

Saint Bernard est sublime dans ses écrits : ortho-. doxie, tendresse, onction, variété et élégance de style,

2.

élévation des pensées, variété des sentiments, émotion du cœur, parfaite connaissance des choses invisibles, chaleur de la foi, encouragement aux mœurs, espérance céleste, horreur du vice, charité divine, tout s'y trouve pour pénétrer et enlever l'âme; Luther, caractère irascible, fougueux, indomptable, emploie le plus souvent le plus trivial langage, accable ses adversaires des plus grossières injures; son éloquence est âpre, violente, querelleuse, provocante; elle pousse au crime; fataliste, il nie ce libre arbitre dont il fait lui-même le plus déplorable usage.

Saint Bernard a composé des traités théologiques et des sermons; Luther est auteur d'un catéchisme hérétique et des *Propos de table.*

Au milieu des honneurs qui viennent le trouver sans qu'il les cherche, et qui l'importunent; au sein de cette confiance qu'il inspire unanimement, et le rend comme l'arbitre des puissances de la terre, saint Bernard reste le moine humble et modeste, son désintéressement lui fait refuser une *foule* d'évêchés; Luther, enflé par son succès déplorable, ne refuse rien des princes coupables qui se sont déclarés ses protecteurs, et leur soutire des sommes importantes, sous prétexte de répandre ses écrits et de lutter contre les nombreuses sectes qui s'étaient formées au sein de la réformation, ainsi que cela était inévitable. Après avoir eu l'infamie de débaucher une jeune et belle religieuse pour en faire sa femme, il fallait de l'or à ce prétendu réformateur du christianisme, il lui fallait de l'or pour *bien vivre,* pour faire vivre ses enfants, pour mener joyeusement, — triste joie quand on songe à l'enfer! — cette existence sensuelle pour laquelle il avait rompu ses vœux sacrés et abandonné la pieuse existence du monastère.

Saint Bernard va trouver le roi d'Angleterre et les seigneurs anglais pour les conjurer de rendre hommage au pape Innocent II; Luther circonvient les princes et leur persuade qu'on peut rester chrétien et rejeter le pape, l'Église romaine, les vœux monastiques, le célibat des prêtres, la hiérarchie ecclésiastique, la possession des biens temporels par le clergé, le culte des saints, le purgatoire, les commandements de l'Église, la confession, le dogme de la transsubstantiation, la messe et la communion sous une seule espèce, et ne conserver d'autres sacrements que le baptême et l'eucharistie sous les deux espèces; il leur persuade que cette *démolition* du christianisme en est la *réformation.*

Saint Bernard prêche une croisade pour sauver les chrétiens de la Palestine, et, toujours plein de zèle pour l'orthodoxie, il combat les hérétiques, parmi lesquels le moine Raoul, qui voulait qu'on massacrât tous les juifs ; Luther prêche une croisade contre les anabaptistes, ses disciples logiques, et déclare aux princes qui marchent contre eux qu'il faut les massacrer.

Cette Église, que Luther voulut voir méprisée et foulée aux pieds, saint Bernard a dit d'elle : « Je combattrai pour elle jusqu'à la mort. Au lieu de boucliers et d'épées, j'emploierai les armes qui me conviennent, je veux dire mes prières et mes pleurs devant Dieu. » Paroles inspirées, qui touchèrent Louis VII d'un vif remords du crime qu'il avait commis (le massacre de Vitry), si bien que, pour l'expier, il crut de son devoir d'aller combattre les infidèles.

Pour avoir bouleversé les consciences en Europe et séparé des milliers d'infortunés du centre de l'unité catholique, Luther se crut un homme prodigieux ; saint Bernard, lui, opéra de véritables miracles, attestés par les écrivains les plus dignes de foi. En contemplant le désordre qu'il avait semé, les ruines lamentables qu'il avait faites, Luther se disait avec l'orgueil de l'ange déchu : Voilà mon œuvre ! — Saint Bernard, naïvement étonné des miracles qu'il accomplissait chaque jour, ne sachant comment les expliquer, car, d'une part, il ne pouvait se refuser à leur évidence, et, d'autre part, il se regardait comme indigne d'être à ce point l'agent privilégié des hautes manifestations de la Providence, saint Bernard s'écriait : « Il n'y a rien qui m'appartienne en propre dans les miracles exécutés par moi ; ils sont, je le reconnais, le résultat de la renommée dont je jouis plus que de ma vie, et ils arrivent moins à ma considération que pour l'avertissement des autres. »

En résumé, Luther quitta volontairement les paisibles habitudes nourries dans le calme du cloître pour se faire le fléau de l'humanité et continuer l'œuvre d'iniquité entreprise et continuée par le protestantisme depuis le commencement du monde : saint Bernard, obligé de descendre des hauteurs du monastère dans l'arène du monde, ne se laissa jamais tenter par les grandeurs et les passions de la terre ; quand il porta la parole dans les assemblées publiques, ce fut pour enseigner l'obéissance aux peuples, la justice aux rois, l'humilité au clergé, la fraternité à tous. Ses remontrances aux prélats et aux grands de la terre furent des actes de liberté, de courage et d'amour, non d'anarchie, de révolte, de fureur et de haine.

Le passage de Luther dans le monde est une preuve de son orgueil, de sa concupiscence, de sa révolte contre Dieu, contre son Église et contre les hommes, qu'il n'aima jamais : le passage de saint Bernard dans ce monde est une preuve de son zèle, de son dévouement aux intérêts de Dieu, de son Église et de ses frères.

Luther est devenu célèbre : il a beaucoup fait parler de lui ; il a attaché son nom à une secte, et il est, encore de nos jours, de pauvres égarés qui se glorifient de suivre ses principes dissolvants de toute idée chrétienne ; mais jamais il ne mérita, par ses vertus, par le nombre et la grandeur de ses travaux, cet éloge que l'histoire fait de saint Bernard : « Quoi qu'il eût préféré demeurer au dernier rang dans la maison du Seigneur, il s'y éleva cependant plus haut que certains autres hommes revêtus des plus grandes dignités, et de dessous, pour ainsi dire, son boisseau d'humilité, il éclaira davantage l'Église de sa lumière que d'autres placés sur le chandelier. Combien n'a pas mérité de goûter la félicité d'être assis dans la chaire des vertus, celui qui a dédaigné de se placer dans la chaire des dignités ! Il travailla, en homme fort et juste, à la prédication de l'Évangile, se tint toujours éloigné, en homme sage et modéré, de *tout poste élevé* dans l'Église [1]. »

Saint Bernard a élevé plus de monastères que Luther n'est parvenu à en détruire.

Et puis, tandis que saint Bernard meurt avec bon-

[1] Geoffroi de Clairvaux.

heur en combattant pour la foi ; tandis qu'il rend son âme à Dieu avec la certitude immortelle, le cœur plein d'ardeur pour les biens de l'éternité, Luther, avant d'aller rendre son compte à Jésus-Christ, laisse échapper cette parole douloureuse en regardant tristement le ciel : *Que de belles choses je ne verrai pas !*

Cri désespéré, qui trahit le doute et la torture de l'erreur, dans un moment où l'hérétique découragé n'a plus la force de saisir la grâce tant de fois offerte par la miséricorde divine, par son entêtement cruel et son incorrigible orgueil toujours repoussée.

Enfin, si saint Bernard eût vécu du temps de Luther, celui-ci l'eût trouvé contre lui, comme Abailard et tous les autres hérétiques de son époque l'avaient trouvé pour les combattre. La preuve, c'est qu'Abailard, ce Luther du XIIe siècle, mais plus fin dans sa dialectique, aussi gracieux dans son langage que Luther était commun et dégoûtant dans le sien, proclamait, comme plus tard Luther, la liberté d'examen, la souveraineté de la raison.

Comme Luther, Abailard s'élevait, par ce seul fait, contre les mystères, contre l'ordre surnaturel, en un mot, contre ce que la nature humaine ne pouvait embrasser et comprendre. Saint Bernard le combattit et tenta d'arrêter les progrès de ce rationalisme, de cette révolte, de ce protestantisme dont, quelques siècles plus tard, Luther devait reprendre l'œuvre commencée.

· Caractérisant l'étendue de l'hérésie d'Abailard, saint Bernard disait : *Sur la Trinité, c'est Arius; sur la grâce, c'est Pélage; sur la personne de Jésus-Christ, c'est Nestorius.*

N'en eût-il pas dit autant de Luther? et de même qu'après avoir adressé inutilement de rigoureuses mais paternelles remontrances à Abailard, il ne lui accorda aucune trève, ainsi qu'à son disciple, Arnaud de Brescia, agitateur de l'Italie, de même il eût poursuivi Luther de sa véhémente et logique argumentation.

Abailard devait compter, au moins autant que l'eût pu faire Luther, sur sa facilité d'élocution, sur son habileté de dialectique, et, avant le concile de Soissons, il disait assez grossièrement, moins encore cependant que ne l'eût sans doute fait Luther : *J'aurai facilement raison de ce sauvage;* tandis que saint Bernard, relevant le mot, disait modestement : « Il n'y a nulle proportion entre un maître comme lui et un écolier comme moi, un philosophe et un *sauvage,* un habile professeur de toutes les sciences et un ignorant nourri dans les forêts. » Mais de même que le *sauvage,* fort d'une foi invincible et d'une ferme et sincère conviction dans la justice de la cause qu'il défendait, après avoir mis son appui en Dieu, n'eut qu'à ouvrir les lèvres pour pétrifier son adversaire et ôter à sa bouche éloquente l'usage de la parole; de même il eût démontré victorieusement les erreurs de Luther reproduites d'Abailard, et l'eût réduit, sinon au silence, du moins à l'injure pour toute défense.

III

Donc, le moine Luther est la première figure hérétique du XVIe siècle. Il naquit à Eisleben, en 1454, d'un père forgeron. Il fit ses études avec succès. La foudre ayant tué l'un de ses amis pendant qu'il se promenait avec lui, il fut si frappé de cette mort subite, qu'il fit vœu de se faire religieux.

Il entra, en effet, à l'âge de vingt-deux ans, dans l'ordre des ermites de Saint-Augustin. Il fut ordonné prêtre au bout de deux ans, puis envoyé par ses supérieurs à la nouvelle université de Wittemberg, comme professeur de théologie.

Ses succès lui inspirèrent un orgueil immense; pour se distinguer, il affecta de mépriser les opinions reçues; la lecture des écrits de Wiclef et de Jean Huss achevèrent de l'entraîner à l'amour des nouveautés.

On a dit, souvent que Luther avait arboré le drapeau de la révolte contre Rome à propos des disputes survenues entre les dominicains et les augustins pour la distribution des indulgences plénières qui furent accordées par Léon X; c'est là une erreur. Ces indulgences ne furent accordées qu'en 1517 : or, plus d'un an auparavant, Luther fit soutenir des thèses publiques où l'on aperçut le germe des erreurs qu'il enseigna depuis. Les remontrances et les objections qu'on lui fit sur ces écarts, ne le firent point rentrer en lui-même; il s'en irrita, et n'en devint que plus hardi. S'abandonnant à la fougue de son caractère, il conçut une haine violente contre les pratiques de l'Église romaine et contre les théologiens scolastiques. Il commença, longtemps avant l'affaire des indulgences, à combattre divers points de doctrine de l'Église.

Lorsque Léon X eut fait publier des indulgences dans tous les royaumes chrétiens en faveur des fidèles qui contribueraient de leurs aumônes à la construction de l'église de Saint-Pierre et aux frais de la guerre contre les Turcs, ce fut là pour Luther un prétexte pour lever la masque. Les dominicains ayant été chargés de prêcher ces indulgences en Allemagne, les augustins, soit par esprit de jalousie, soit pour d'autres motifs, prêchèrent contre les abus réels ou supposés qu'on reprochait aux quêteurs et aux prédicateurs. Martin Luther fut un des plus violents dans cette lutte. Mais il ne se contenta pas de s'élever contre les abus; il attaqua les indulgences mêmes et le pouvoir de l'Église qui les accorde. Il attaqua ensuite la doctrine de l'Église sur le péché originel, sur la justification et sur les sacrements. Se livrant enfin aux emportements de son caractère impétueux, il ose soutenir comme des dogmes ses plus monstrueuses impiétés. Il ne lui suffit pas de déclamer en chaire, il fait imprimer et publier des thèses dans lesquelles il combat à la fois la valeur des indulgences et les motifs de leur publication : Jean Tetzel, dominicain et chef des commissaires pour la prédication des indulgences, fit imprimer de son côté d'autres thèses en réponse aux propositions erronées et aux calomnies du moine augustin.

Tetzel fait brûler les thèses de Luther, Luther fait brûler celles de Tetzel.

L'appui de l'université de Wittemberg et la protection de l'électeur Frédéric disposaient Luther à ne plus garder de mesure. Il en vint à attaquer publiquement le libre arbitre, les effets de l'excommunication, la communion sous les deux espèces, l'autorité du Saint-Siége et d'autres points de la doctrine ou de la discipline de l'Église.

Dans ses thèses sur la pénitence, où il attaquait l'efficacité des sacrements, la nécessité de la confession, disant que la justification ne dépend point de la contrition, mais seulement de la foi ou de la confiance, il enseignait, dans son aveuglement, il enseignait en propres termes une erreur qu'il avait faussement reprochée aux prédicateurs des indulgences. Et, chose bien digne d'attention ! ce principe devint un des points capitaux de sa doctrine !

Le pape, instruit des erreurs de Luther, avait ordonné à ses supérieurs de les réprimer. Luther adressa à Léon X une défense de ses thèses, avec une lettre remplie d'une hypocrite soumission ; il y disait : « Approuvez ou réprouvez, très-saint Père, comme il vous plaira, je reconnaîtrai dans votre voix *celle de Jésus-Christ même parlant par votre bouche.* »

Ses discours étaient alors pleins de semblables protestations, qu'il renouvela dans deux autres lettres.

Il était visible qu'il n'était point sincère, car tout en se disant très-soumis au pape, il lui disait qu'il ne chanterait pas la palinodie, ce qui se réduisait à ceci :

Je veux bien me soumettre au jugement du pape, mais à condition de n'être pas condamné.

De telles protestations ne pouvaient tromper le

Saint-Siége. Léon X fit citer Luther à comparaître à Rome (août 1518); mais l'électeur de Saxe et l'université de Wittemberg, ses protecteurs, ayant demandé au Souverain-Pontife que l'affaire fût jugée sur les lieux, le pape commissionna à cet effet le cardinal Cajetan, son légat en Allemagne. Luther comparut devant lui (octobre 1518), mais il refusa avec hauteur de rétracter ses erreurs. Puis il prit secrètement la fuite, après avoir fait afficher un acte d'appel du *pape mal informé au pape mieux informé.*

L'électeur de Saxe le mit à l'abri des poursuites, ce qui rendit sa morgue et son orgueil plus audacieux. Prévoyant qu'il serait condamné à Rome, il publia (28 novembre 1518) un nouvel acte où il déclarait appeler du pape au concile général. En supposant même que Luther fût de bonne foi, le concile général de Trente ayant condamné sa doctrine, le luthéranisme n'a plus aucune raison d'être, et ne peut se défendre d'être une hérésie.

Léon X fit inutilement des démarches auprès de l'électeur Frédéric pour l'engager à retirer sa scandaleuse protection à un hérétique opiniâtre.

Après avoir épuisé tous les moyens de douceur, Léon X publia (20 juin 1520) une bulle où il condamnait quarante et une propositions extraites des écrits de Luther. Loin de se soumettre, le fougueux

novateur fit brûler à Wittemberg la bulle du pape,
avec les décrétales des autres papes ses prédécesseurs.
Il publia alors son livre *De la captivité de Babylone*,
où, déclarant se repentir d'avoir été *si modéré*, il
s'élève avec fureur contre le Saint-Siége, et le déshonore par toutes les injures et toutes les saletés que
le plus emporté délire peut fournir à un frénétique.
Il exhorte les princes à secouer le joug de la papauté,
qu'il appelle le *royaume de Babylone;* il renouvelle
les erreurs déjà foudroyées dans les albigeois, dans
Wiclef, dans les hussites.

Aux inventions les plus grossières, il joint les plus
outrageantes prédications; puis, annonçant d'un ton
de prophète la ruine de la papauté, il déclare, *de la
part de Dieu*, qu'elle n'a pas plus de *deux* années
d'existence. C'était annoncer un peu trop tôt la fin
du monde, puisque Jésus-Christ est avec l'Église jusqu'à la consommation des siècles.

Luther supprime tout d'un coup quatre sacrements,
ne reconnaissant que le *baptême*, la *pénitence* et le
pain. C'est sous ce dernier nom qu'il désigne l'eucharistie. Il tire de son cerveau échauffé la *consubstan-
tiation*, qu'il met à la place de la *transsubstantiation*
qui s'opère dans cet adorable sacrement : « Le pain et
le vin demeurent dans l'eucharistie, mais la vraie
chair et le vrai sang y sont aussi, *comme le feu se*

mêle dans un fer chaud avec le métal, ou *comme le vin est dans et sous le tonneau.* »

IV

Aux nouvelles extravagances de Luther, Léon X répond par une nouvelle bulle (3 janvier 1521). Sur ces entrefaites, l'empereur Charles-Quint convoque une diète à Worms, Luther s'y rend sous un sauf-conduit, et refuse de se rétracter. Un édit rigoureux ayant été publié contre lui, il se fait enlever et en-fermer dans un château par Frédéric de Saxe, son protecteur, afin d'avoir un prétexte de ne pas obéir.

La faculté de théologie de Paris, que Luther avait prise pour juge, l'anathématisa comme hérétique ; Henri VIII, roi d'Angleterre, qui devait lui-même être l'un des traîtres, l'un des persécuteurs de l'Église et l'un des plus dangereux hérétiques, ayant écrit contre Luther, celui-ci, furieux, eut recours aux in-jures, sa réponse ordinaire : « Je ne sais si la folie elle-même peut être aussi insensée qu'est la tête du pauvre Henri. Oh! que je voudrais bien couvrir cette majesté anglaise de boue et d'ordure !..... Venez, monsieur Henri, je vous apprendrai : *Veniatis, do-mine Henrice, ego docebo vos.* »

Sur quoi, Érasme observe que Luther aurait du moins dû parler latin, puisque le roi d'Angleterre lui en donnait l'exemple, et ne pas joindre des solécismes aux grossièretés : *Quid invitabat Lutherum ut diceret : Veniatis, domine Henrice, ego docebo vos ? Saltem regis liber latine loquebatur.*

V

Dans le château où il était, et qu'il appelait modestement son *île de Pathmos*, Luther, pour mieux ressembler sans doute à saint Jean l'Évangéliste, crut ne pouvoir se dispenser d'avoir des révélations. Il déclara avoir eu une conférence avec le diable, qui lui révéla que, s'il voulait pourvoir à son salut, il fallait qu'il s'abstînt de célébrer des messes privées. Luther écrivit dès lors contre les messes basses et les fit abolir à Wittemberg.

Cependant, il s'ennuyait dans son château ; il en sortit et se répandit dans l'Allemagne. Pour avoir plus de sectateurs, il dispensa les prêtres et les religieux de la vertu et du vœu de continence, dans un ouvrage où la pudeur est offensée à ce point, qu'il est tout à fait indigne de figurer dans une bibliothèque. Il publiait en même temps divers écrits contre l'auto-

rité des évêques, contre les lois de l'Église, contre les
cérémonies, etc., etc. Il publia aussi, en allemand
un *Traité du fisc commun* (1523), où il conseillait
de confisquer les biens des évêchés, des chapitres,
des abbayes, et en général tous les biens ecclésiastiques. L'espérance de recueillir les dépouilles de l'É-
glise engagea beaucoup de princes dans sa secte, et lui
fit assurément plus de prosélytes que ses dégoûtantes
publications. Ce ne fut donc pas son génie qui lui
assura le succès ; c'est qu'il parlait aux passions ; on
en doit dire autant de Calvin ; *pauvres gens*, comme
les a appelés Frédéric II, roi de Prusse. C'étaient des
esprits médiocres, après tout ; ce n'est pas à leurs
grands talents qu'est dû le succès de la réforme, mais à
des causes ayant des principes simples. En Allemagne,
ce fut l'ouvrage de l'*intérêt*, en Angleterre celui de
la *concupiscence*, en France celui de la *nouveauté*.

L'amorce des biens ecclésiastiques fut le principal
apôtre du luthéranisme. Fatale amorce ! Luther lui-
même eut le temps de voir que *bien volé ne profite
pas*, comme le dit un proverbe sensé ; non, il ne
profite jamais, pas même en ce monde. « L'expé-
rience, a dit Luther, nous apprend que ceux qui s'ap-
proprient les biens ecclésiastiques n'y trouvent qu'une
source d'indigence et de détresse. » Il rapporte à ce
propos les paroles de Jean Hund, conseiller de l'élec-

teur de Saxe, auquel il paraissait que les biens de l'Église envahis par les nobles *avaient dévoré leur patrimoine.* Il finit par l'apologue d'un aigle qui, emportant de l'autel de Jupiter des viandes qui lui étaient offertes, emporta en même temps un charbon qui mit le feu à son nid [1].

Observation saisissante de vérité. Ces princes avides, ces courtisans jamais rassasiés, ces administrateurs infidèles, qui ont dévoré, en Allemagne et en Angleterre, tant d'abbayes, tant de monastères, tant d'hôpitaux, sentaient leurs besoins augmenter avec leurs crimes, et, dans leurs mains voraces, les richesses volées s'évanouissaient à mesure.

VI

Grâce à la cupidité des princes et des seigneurs, la secte de Luther eut bientôt un grand nombre de prosélytes en Allemagne. De la haute Saxe, elle s'étendit dans les duchés de Lunebourg, de Brunswick, de Mecklembourg et de Poméranie; dans les archevêchés de Magdebourg et de Brème; dans les villes de Wismar et de Rostock, et tout le long de la mer Baltique. Elle passa même dans la Livonie et dans la

---

[1] *Symprosiac.*, c. IV.

Prusse, où le grand maître de l'ordre Teutonique se fit luthérien.

Pour propager encore davantage ses erreurs, Luther fit paraître une traduction allemande du Nouveau Testament, remplie d'altérations qui changeaient le sens du texte, et accompagnée de préfaces et de notes où sa doctrine était exposée avec un art insidieux. Il avait, dès le commencement, posé ce principe, comme fondement de la religion nouvelle, que tout fidèle avait le droit d'examiner et de juger l'Écriture : concession imprudente, qui devait enfanter la plus épouvantable et la plus grotesque anarchie au sein du protestantisme.

En 1525, au plus fort des guerres civiles soulevées par les anabaptistes, secte luthérienne dont il sera parlé plus bas, Luther épousa, tout prêtre et tout moine qu'il était, une jeune religieuse qu'il avait tirée de son couvent pour la débaucher. De tels exemples, qui soutenaient de telles leçons, trouvèrent facilement accès dans l'esprit des peuples, à cause de la corruption originelle, et une secte si favorable aux inclinations vicieuses du cœur humain s'accrut de jour en jour.

Cette conduite de Luther et des autres chefs des nouvelles sectes faisait dire à Érasme que *les tragédies que jouaient ces réformateurs étaient de vraies comédies, puisque le mariage en était le dénoûment.*

Mais ce n'est pas tout. Luther donna au monde un plus scandaleux spectacle encore et porta à la famille l'un de ces coups que méditent de nos jours contre elle les *socialistes*, ces continuateurs des protestants. Il permit à Philippe, landgrave de Hesse, son second protecteur, de prendre deux femmes à la fois, contre la défense expresse de Jésus-Christ. Les docteurs de la nouvelle réforme, assemblés à Wittemberg, qui sanctionnèrent cette décision, avouèrent bien que le Sauveur avait aboli la polygamie, mais en même temps, ils prétendaient que *la loi qui permettait à un juif la pluralité des femmes à cause de la dureté de leur cœur, n'a pas été expressément révoquée.* Ils osent ajouter qu'ils sont autorisés par là à user de la même indulgence envers le landgrave, parce qu'il avait *besoin* d'une femme de moindre qualité que sa première épouse, afin de la pouvoir mener avec lui aux diètes de l'empire, *où la bonne chère lui rendait la continence impossible* (1539).

Toute la moralité du protestantisme est dans ces cyniques paroles.

Luther avait depuis longtemps déposé le froc d'augustin pour prendre l'habit de docteur. Il avait renoncé au titre de *Révérend Père*, qu'on lui avait donné pendant longtemps, pour celui de *docteur Martin Luther.*

Cependant l'empereur Charles-Quint ne reconnaissait dans le docteur Martin Luther qu'un moine hérétique et révolté ; il convoqua plusieurs diètes pour arrêter les progrès du mal : à Spire (1529), où les luthériens protestèrent contre le décret qui ordonnait de suivre la religion de l'Église romaine ; de là leur vint le nom de *protestants,* qui resta à toutes les sectes séparées du centre d'unité ; à Augsbourg (1530), où les protestants présentèrent leur *confession de foi,* et dans laquelle diète il fut encore ordonné de suivre la croyance catholique.

Les princes réformés répondirent à ces décrets par la *ligue de Smalkalde.* Hors d'état de résister à la fois aux princes confédérés et aux ottomans, on accorda à ceux-là la liberté de conscience (Marienberg, 1532) jusqu'à la convocation d'un concile général. Luther, se voyant à la tête d'un parti redoutable, n'en fut que plus insolent et plus audacieux. Il publia des libelles furieux, où il ne parlait que d'*exterminer,* comme de nouveaux Moabites, les ennemis de la réforme.

Dans ses écrits, dirigés contre le Souverain-Pontife, les princes et les théologiens catholiques, il dit que Rome n'est que la *racaille de Sodome,* la *prostituée de Babylone,* que le *pape n'est qu'un scélérat qui crache des diables,* les cardinaux des *malheureux qu'il faut détruire.* — « Si j'étais le maître

de l'empire, s'écrie-t-il, je ferais un même paquet
du pape et des cardinaux, pour les jeter tous ensemble dans la mer ; ce bain les guérirait, j'en donne
ma parole, j'en donne Jésus-Christ pour témoin. »

Ces vils blasphèmes d'un révolutionnaire enragé,
ces ignobles injures se retrouvent dans tous ses écrits.
Ces pages remplies de l'acrimonie la plus mordante,
du fiel le plus venimeux, ne provoquent pas seulement
l'indignation, elles soulèvent le cœur. Que nous
veulent ces guénilles ? elles exhalent une odeur de
cadavre ; c'est de la pourriture, ce n'est pas de la discussion, encore moins de la théologie.

Quelle différence, de cette parole grossière et fou-
gueuse, haletante, dévergondée, sans logique, sans
unité, avec cette parole si imposante, si grave, si
remplie d'autorité, si sûre d'elle-même, qui tombe
de la chaire catholique !...

Autant celle-là indigne et répugne, autant elle dégoûte, autant celle-ci fait délicieusement vibrer le
cœur, qu'elle rapproche de Dieu.

— « La papauté romaine a été établie par Satan, »
dit encore Luther.

Faute d'autres preuves, il place à la tête de son
livre une vignette où le Souverain-Pontife est repré-
senté entraîné en enfer par une légion de diables.

Quant aux théologiens catholiques de Louvain, les

injures les plus légères qu'il leur adresse sont celles de *bête, pourceau, épicurien, athée,* etc.

Au reste, il n'était pas moins emporté avec ses propres sectateurs qu'avec les catholiques. Il les menaçait, s'ils s'avisaient de le contredire, de rétracter tout ce qu'il avait enseigné : menace digne d'un apôtre de mensonge !

Et veut-on connaître la sagesse et la moralité de ce réformateur Luther? Il disait :

« Celui-là sera fou toute sa vie, qui n'aime, ni le *vin,* ni l'*amour,* ni le *chant.* »

L'immoral Béranger, le poëte érotique et athée, n'a pas tenu plus ignoble langage à quatre siècles de distance. Pour lui aussi, la suprême sagesse, c'est l'ivrognerie, le libertinage et le refrain révolutionnaire. Tous les insurgés se ressemblent.

VII

Les principes proclamés par Luther avaient produit leurs conséquences : de nouvelles sectes naissaient de toutes parts. Le grand maître de la réforme se vit obligé de combattre les anabaptistes et les sacramentaires ou zwingliens, qui revendiquaient, à son exemple, le droit d'interpréter l'Écriture suivant leurs propres lumières sans tenir compte d'aucune autorité. Cette polémique était un fort mauvais pas pour Luther, son embarras se trahit dans une lettre de Mélanchthon à Camérarius.

Luther, en effet, ne pouvait se soutenir que par des inconséquences ou des contradictions ; d'un autre côté, son orgueil était singulièrement humilié de voir son autorité méconnue et des concurrents s'élever contre lui, refusant de le reconnaître pour leur chef. Il essaya de se réconcilier avec les sacramentaires, mais en vain, ils continuèrent à l'appeler l'*Antechrist*.

En même temps, les principes d'indépendance qu'il avait répandus dans son livre *de la Liberté chrétienne*, avaient excité les paysans de la Souabe à se révolter contre leurs seigneurs (1524).

Consulté par les uns et par les autres, Luther hésite, ne sachant encore de quel côté sera le succès.

Il répond en termes vagues, aux uns que Dieu défend la sédition, aux autres qu'il défend la tyrannie, ôtant ainsi à la révolte des armes pour les lui rendre. Mais quand il voit les princes en état de réprimer la sédition, il abandonne le parti de ceux qu'il regarde comme vaincus d'avance, il excite les princes, dans deux lettres d'une cruauté révoltante, à *exterminer sans pitié tous ces misérables*, puis, craignant de s'être compromis par ses premières hésitations, pour les faire oublier, il ajoute : *Il faut les exterminer tous, sans même faire grâce à ceux que la multitude a entraînés par force dans la sédition.*

Quand, plus tard, les princes protestants formèrent la ligue dont nous avons parlé pour s'opposer aux résolutions des diètes, Luther les approuva dans des thèses furibondes (1540-1545), dans lesquelles il compara le pape à un *loup enragé* contre lequel tout le monde doit s'armer sans attendre l'ordre des magistrats : « Si l'on est tué, ajoute-t-il , avant d'avoir donné à la *bête* un coup mortel, il n'y a qu'un sujet de repentir, *c'est de ne lui avoir pas enfoncé le couteau dans le sein !* »

En vérité, non, les protestants n'ont pas droit de se plaindre quand les catholiques se sont contre eux défendus. C'était la guerre légitime de l'ordre contre l'anarchie, de la vertu contre le crime, de l'autorité contre la licence, la guerre sacrée de la religion, de la famille et de la propriété contre l'athéisme, le matérialisme et le communisme !...

VIII

Le luthéranisme enfanta les troubles les plus lamentables, les plus horribles guerres civiles et d'infàmes révolutions. Tant qu'il vécut, Luther prit une part active à ces bouleversements. Sa violence, sa haine de la paix ne se démentit pas un seul jour. Pendant les conférences de la diète d'Augsbourg, Mélanchton voulait faire des concessions aux catholiques, il s'y opposa ; il montra la même morgue dans ses disputes avec les sacramentaires. Il combattit par ses écrits et ses discours les propositions qui avaient pour but d'obtenir des protestants la promesse d'adhérer aux décisions d'un concile général, bien qu'il eût jadis lui-même solennellement déclaré s'en rapporter à ces décisions.

Enfin, il avait encouragé la révolte et les intrigues de la ligue protestante, et nous l'avons vu, pour complaire au landgrave de Hesse, lui permettre la polygamie.

Lorsqu'il mourut, âgé de 77 ans (17 février 1546), impénitent comme il avait vécu, la guerre était sur le point d'éclater entre la ligue protestante et l'empereur.

IX

Moine apostat, corrupteur d'une religieuse apostate, pilier de taverne, grossier plaisant, sale bouf-

fon, tempérament d'énergumène, orgueilleux, despote, sanguinaire et lascif, tel fut cet hérétique, qui se
prétendait le *nouvel Évangéliste*, le *nouvel Ecclésiaste*,
et mit l'Église en feu sous prétexte de la réformer.

Indécent, impie, libertin, gourmand, il a composé
des *Propos de table* qui trahissent son impure sensua-
lité, et la prière suivante, qui réunit le sacrilége à la
luxure :

« Mon Dieu, par votre bonté, pourvoyez-nous d'ha-
bits, de chapeaux, de capotes et de manteaux ; de
veaux bien gras, de cabris, de bœufs, de moutons et
de génisses, de *beaucoup de femmes et de peu d'enfants. Bien boire et bien manger est le vrai moyen de
ne point s'ennuyer.* »

Ce grossier matérialiste répétait à chaque instant
qu'il lui était *impossible de vivre sans femme*, que
la femme était aussi nécessaire à l'homme que le vin.

Est-il rien de plus dégoûtant qu'un pareil langage,
et les plus vils d'entre les païens en ont-ils jamais
tenu d'autre ? Ainsi, pour cet apostat, pour ce protestant, pour cet hérétique furieux, pour ce libre pen-
seur déchaîné, pour ce sensualiste en délire, la femme
chrétienne n'est plus l'unique, chaste et légitime
compagne de l'homme, c'est un instrument de volupté !

Comment s'étonner si, plus tard, les matérialistes du

XVIII° siècle, après avoir dit : *Dieu n'existe pas*, ont proféré cette ignoble et abjecte parole qui suffit à peindre leur doctrine : *La femme est un vase,* et celle-ci encore : *L'homme est un tube digestif percé aux deux bouts ?*

Le rouge nous montre au front en reproduisant ces paroles ; mais il le faut ; c'est une des douloureuses nécessités que nous fait l'erreur, de remuer sa fange puante pour en montrer la pourriture et l'ignominie.

Quand des hommes sont tombés si bas, si bas dans l'abjection, il n'est plus nécessaire de les combattre, il suffit de les montrer à l'humanité religieuse pour les faire tenir par elle en exécration.

Faut-il le dire crûment ? Luther était un ivrogne et un débauché. Boire et jouir, c'était là sa vie, toute sa vie. C'était alors un proverbe en Allemagne, pour annoncer qu'on allait passer joyeusement la journée en débauche : *Hodie lutheranice vivemus,* — *Nous nous en donnerons aujourd'hui à la luthérienne !*

Quelle édifiante popularité !

Luther a dit lui-même qu'*étant catholique, il avait passé sa vie en austérités, en veilles, en jeûnes, en oraisons, avec pauvreté, chasteté et obéissance ;* une fois réformé, c'est un autre homme, il dit que, *comme il ne dépend point de lui de n'être point homme, il ne dépend pas non plus de lui d'être sans femme, et qu'il ne peut pas plus s'en passer que de subvenir aux nécessités naturelles les plus viles* [1].

Le chrétien s'applique à dompter sa chair révoltée, à tout souffrir avec résignation, le malheur étant notre lot sur cette terre d'épreuves. Nul homme n'en est exempt ! A toute heure, le chrétien s'efforce de changer le vieil homme en lui, de se régénérer, de se retremper à la fontaine de la vie. Dans l'excès des combats, il ne voit que la gloire céleste; plié sous la croix, il avance sans pâlir au devant des douleurs.

Luther n'eut pas ce courage. La concupiscence et l'orgueil le vainquirent.

Et puisqu'il était absolument sans mission pour réformer l'Église de Dieu, il n'était point envoyé par lui ; il n'avait aucun droit de contrôler le Souverain-Pontife ; car, comme l'a dit saint Avitus, *le supérieur ne peut être jugé par les inférieurs, et principalement le chef de l'Église.*

— « Quelle apparence, comme l'a dit Balzac, quelle apparence y aurait-il, que depuis le commencement du monde la vérité eût attendu Martin Luther pour se venir découvrir à lui à la taverne, et sortir par une bouche qui a plus vomi qu'elle n'a parlé ? »

C'est bien parler, cela.

[1] Tome v, *in Galat.*, I, 4; et *Serm. de Matrim.*, fol. 119.

Luther passa sa vie à attaquer le principe d'autorité, à prêcher la révolte, à semer la haine, et à donner l'exemple de l'ivrognerie et de la luxure. Il exhala
avec fureur sa bile enragée contre le pape et contre
les personnes et les choses les plus respectables. Jamais furieux délire n'a suggéré à un frénétique, à un
enragé, un tel torrent d'injures ignobles et de grossiers outrages, de plates bouffonneries, de plaisanteries
révoltantes. Comment concevoir qu'un pareil homme,
qui a sali ses discours et ses écrits de tant de turpi-
tudes, ait pu entraîner dans son parti tant de provinces ? C'est qu'il a employé la *cupidité* et le *plaisir*,
qui ont un impérieux ascendant sur les hommes.

Ainsi fut fondée cette religion qui prit, de son auteur, le nom de *luthéranisme*.

L'histoire des erreurs de l'esprit humain en matière religieuse est longue autant qu'elle est lamentable. Nous avons vu dès les premiers siècles du
christianisme d'orgueilleux sectaires, des révoltés de
la faible raison humaine, s'élever contre l'unité et
l'infaillibilité de l'Église universelle, qui, seule à
travers les âges, a conservé la doctrine catholique
dans toute sa pureté, telle qu'elle fut confiée par
Notre-Seigneur Jésus-Christ lui-même au Souverain-
Pontife, au premier pape, saint Pierre. L'hérésie est
une chaîne maudite dont chaque secte est un anneau ;

l'un de ces anneaux, qui conduisent à l'enfer, s'appelle *luthéranisme ;* au bout de la chaîne, c'est le communisme, c'est l'athéisme et le matérialisme, — c'est l'enfer !

X

Les hérétiques ne peuvent rien opposer à l'inaltérable unité de l'Église catholique, apostolique et romaine. Les hérétiques se sont détachés de l'Église comme les branches inutiles se détachent de l'arbre ; et ils n'ont pu constituer une unité.

Luther n'a pu élever une Église rivale de la véritable Église ; au nom du principe dissolvant proclamé par lui, une foule d'autres réformateurs sont venus créer, eux aussi, une multitude de petites Églises à leur fantaisie et à leur taille.

De son vivant même, et surtout après sa mort, sa secte se divisa en une infinité de branches, telles que les *intérimistes,* qui avaient pour chef Mélanchthon ; les *sacramentaires,* qui avaient pour chef Zwingle ; les *luthéro-papistes,* les *luthéro-zwingliens,* les *luthéro-calvinistes,* les *luthéro-osiandriens,* etc.; la liste seule ferait un volume.

Toutes ces sectes, ennemies les unes des autres, ne s'accordaient que dans leur haine aveugle et farouche contre l'Église; ils n'étaient d'accord que pour combattre l'*Église et rejeter tout ce qui vient du pape.*

C'est cette haine implacable et stupide autant qu'impie qui, durant les guerres du XVI⁰ siècle, auxquelles la religion servit de prétexte, leur fit prendre cette divise : *Plutôt turc que papiste;* devise qui, en marquant la fureur et l'extravagance des protestants, est parfaitement assortie à l'étroit et égoïste esprit de secte, à qui rien n'est plus opposé que l'autorité d'un chef et un centre d'unité.

Cependant, quelques hommes modérés du protestantisme, tels que Mélanchthon et Grotius, regrettaient amèrement l'autorité pontificale, comme indispensable à l'ensemble du christianisme, et ce ne fut pas leur conscience qui les empêcha de revenir à Rome, ce fut le *respect humain.*

Nous ne raconterons point ici les luttes auxquelles le luthéranisme donna lieu; nous n'énumérerons pas non plus les sectes qu'il enfanta; en 1577, après bien des combats, Chytrée, Kemnitz et quelques autres dressèrent une formule de concorde, où ils établirent expressément l'*ubiquité.*

Mais elle fut loin de rétablir l'unité, bien que les électeurs de Saxe et de Brandebourg, avec plusieurs autres, en eussent ordonné la signature. Les luthériens continuèrent à se disputer, à s'insulter, à se jeter mutuellement en prison, et autres violences qui donnent la valeur qu'il convient d'accorder à leurs protestations en faveur de la tolérance et de la liberté.

XI

Les principales erreurs de Luther portaient sur la *justification*, sur les *indulgences*, sur les *sacrements*, sur le *sacrifice de la messe*, sur le *célibat ecclésiastique*. Nous y reviendrons en exposant la doctrine du concile de Trente, qui est celle de l'Église.

Disons encore seulement que rien de tout cela n'était nouveau.

Nous retrouvons toutes ces erreurs dans les précédentes hérésies. Mais pour ce qui est de celle qui porte sur le nombre des sacrements réduits à *trois :* le baptême, la cène et la pénitence, par la confession d'Augsbourg, nous dirons que toutes les Églises schismatiques, depuis les ariens jusqu'au XVI⁰ siècle, eutychiens, nestoriens, grecs, arméniens, jacobites, cophtes, abyssins, avaient conservé, comme l'Église catholique, le nombre de sept sacrements ; ce qui prouve que la doctrine de l'Église sur les sacrements n'a pas été introduite par les papes, comme le prétendent les protestants.

XII

Luther, en qualifiant sa doctrine du nom de *réformation*, ne fit que continuer les docteurs qui, frappés des abus que les schismes avaient fait naître et favorisés dans l'Église, demandaient depuis longtemps le rétablissement de la discipline. Et d'abord, l'Église a-t-elle un *culte* pour les abus, comme le prétendent ses ennemis ?

L'histoire impartiale déclare tout le contraire.

Les protestants et les philosophes accusent l'Église d'aimer les abus ; nous renvoyons à l'histoire des conciles : on verra avec quelle sollicitude et quelle persévérance elle s'est toujours et constamment appliquée à les réprimer et à les combattre.

Luther, d'ailleurs, ne se borna pas à s'attaquer aux abus, mais à la doctrine. Les docteurs qui, avant lui, tels que saint Bernard, par exemple, s'étaient élevés contre les abus et avaient réclamé le rétablissement de la discipline, ces docteurs, tels encore que les Pères du concile de Vienne (1311), ceux des conciles de Pise, de Constance et de Bâle, ne se révoltèrent pas contre la papauté, comme fit Luther. De tous les docteurs qui, avant lui, ont demandé la réformation de l'Église, il n'y en a pas un seul qui ait songé, comme il l'a fait, à changer la foi ou le culte catholique, ni à détruire l'autorité des prélats, ni surtout la suprématie souveraine du pape.

Au contraire, quand des hérésies se sont élevées, qui attaquaient les dogmes, le culte, ou la hiérarchie de l'Église, ils leur ont constamment opposé l'autorité de la tradition et la constante uniformité de l'enseignement catholique. Le concile de Constance, qui avait proclamé si haut la nécessité d'une réformation et qui en prépara les bases, poursuivit en même temps avec zèle les erreurs de Wiclef et de Jean Huss, qui furent renouvelées par les sectaires du XVIe siècle.

Loin donc de vouloir, comme ceux-ci, soumettre les décisions de l'Église au jugement de chaque individu, ces Pères proclamaient son enseignement la règle immuable de la foi; ils se gardaient bien de donner libre carrière à toutes les extravagances de l'esprit humain, et d'ôter sa fixité à la religion, en renversant l'autorité de l'Église, ce qu'a produit la prétendue *réformation* du XVIe siècle.

Il n'y a donc aucun rapport avec le *protestantisme* et la *réformation* réclamée auparavant par les conciles et les docteurs. Luther prit ce mot de *réforme* pour se faire un drapeau, pour faire illusion aux ignorants, pour leur persuader qu'il accomplissait tout bonnement les vœux exprimés avant lui par toute la chrétienté. C'est au nom de ces vœux formulés par les conciles et les docteurs que les protestants, prédicants orgueilleux et sans mœurs, se mirent à publier que l'Église catholique était corrompue et ne professait plus le véritable christianisme, que sa doctrine était infectée d'erreurs, son culte chargé de pratiques superstitieuses et idolâtriques. Pour autoriser cette prétendue réformation, ces intrigants effrontés recueillirent tout ce que les auteurs ecclésiastiques ont dit contre les désordres des peuples et du clergé même. Ils y ajoutèrent une foule d'anecdotes scandaleuses de leur invention, de fausses nouvelles fabriquées contre les prêtres, contre les moines et surtout contre les papes.

A les en croire, il n'y avait dans le clergé que des ignorants et des vicieux. Le croirait-on? ce n'est guère qu'en ces derniers temps qu'on a fait universellement justice de ces faussetés, de ces exagérations et de ces calomnies.

Mais, à l'époque, Luther et ses pareils ne réussirent pas moins à faire croire à une multitude d'ignorants que le protestantisme était cette légitime réformation réclamée par les conciles et les docteurs. La vérité est que ces derniers ne songeaient qu'à raffermir la discipline, qu'à supprimer quelques abus et qu'à remédier aux désordres du peuple et du clergé, désordres que la prétendue réforme a beaucoup exagérés et sensiblement augmentés, au lieu d'avoir contribué à les diminuer, comme elle s'en flattait. La corruption était loin d'être générale, comme le représentaient les protestants : ces vœux mêmes, ces vœux multipliés de réformation étaient inspirés par un zèle qui ne s'accommode pas avec l'amour du déréglement.

Il y avait alors, comme toujours, un grand nombre de pasteurs zélés et vertueux qui maintenaient les chrétiens dans l'observation des règles du christianisme ; cette époque est féconde en hommes éminents dans l'Église, que leurs vertus surnaturelles ont fait mettre au nombre des saints. La science ne faisait pas davantage défaut au clergé. Nous possédons les ouvrages d'un grand nombre de docteurs célèbres qui étaient les lumières du monde catholique à cette époque, et Luther lui-même, ainsi qu'Érasme, proclamaient la Faculté de Paris le *flambeau de la théologie et la mère des sciences.*

La prétendue réforme n'a nullement eu pour effet de rétablir la pureté des mœurs, ainsi que s'en sont vantés les sectaires. Les premiers réformateurs ont avoué que l'attrait de la licence et du libertinage contribuait bien plus que l'amour de Jésus-Christ et de l'Évangile à attirer des gens dans le camp de l'hérésie.

4.

La réforme tendit à renverser la morale en ouvrant la porte à tous les désordres, et, d'ailleurs, elle se déshonora par ses fausses doctrines et par ses violences. Les protestants ne se contentèrent pas de manger de la viande le vendredi et le samedi, de ne plus aller se confesser, de secouer le joug de toute obéissance, de mépriser les lois et les cérémonies de l'Église, ils pillèrent les biens du clergé et des monastères, assassinèrent les prêtres, profanèrent les religieuses, brûlèrent les reliques et les saintes images; quant à la réforme des mœurs, ils n'y songeaient pas.

Ils fomentèrent des révoltes et des guerres civiles dans tous les pays où le protestantisme eut des adeptes.

Enfin, le protestantisme ne fut pas une *réformation* mais une *déformation* du christianisme.

LIVRE XII

Jean Calvin. — Sa vie, son caractère, ses cruautés, sa doctrine.
— Des objections communes à toutes les sectes protestantes.
Des erreurs qu'elles reprochent à l'Église. — La tradition et
l'Écriture. — De la voie d'examen. — Théodore de Bèze : sa
complicité avec Calvin.

I

Jean Calvin, dont le véritable nom était *Cauvin*,
naquit à Noyon, en Picardie (1509), d'un tonnelier,
qui devint procureur fiscal de l'évêché. Pourvu, dès
l'âge de douze ans, d'une chapellenie dans l'église de
Noyon, et ensuite de la cure de Pont-l'Évêque, quoiqu'il n'eût jamais été élevé au sacerdoce, il vint faire
ses humanités à Paris, puis alla étudier le droit à
Orléans et à Bourges. C'est dans cette dernière ville
qu'il prit des leçons de grec, de syriaque et d'hébreu
de l'allemand Wolmar, partisan secret de Luther et

de Zwingle, dont les erreurs commençaient à se répandre en France. Dans le commerce de Wolmar, dont il devint l'ami, Calvin puisa le goût des nouveautés, et il ne tarda pas à embrasser avec violence les nouvelles doctrines prêchées par Luther, et que le professeur Wolmar s'efforçait de répandre, pour les corrompre, parmi les étudiants de l'université. Pour propager ces doctrines sur une plus grande échelle, Calvin vint à Paris, où il publia un commentaire sur la *Clémence* de Sénèque, et où il s'aboucha avec ceux qui avaient secrètement embrassé la réforme.

Ces sectaires, bien que forcés à quelque réserve par la sévérité du parlement, n'en continuaient pas moins à troubler dans l'ombre les consciences et l'État. Ils avaient attiré à eux Marguerite de Navarre, sœur de François Ier, princesse galante et d'un esprit déréglé, qui fit imprimer un livre d'*heures* où les prières étaient accommodées aux doctrines du protestantisme, ouvrage que la Sorbonne condamna, bien que son recteur et quelques-uns de ses membres se fussent prononcés en faveur de ces nouveautés hérétiques.

L'audace impie des sectaires ne s'en calma pas, et quoique Marguerite de Navarre se crût obligée de dissimuler ses sentiments à cet égard, les sectaires se montrèrent plus violents et plus effrontés que jamais. Après avoir gagné à leur parti un assez bon nombre de personnes, parmi lesquelles un curé de Paris, qui osa, en pleine chaire, soutenir les erreurs de Zwingle sur l'eucharistie, ils affichèrent, dans les rues de Paris, des placards remplis de blasphèmes contre la présence réelle (1534). Des désordres s'ensuivirent ; l'ordre moral et l'ordre matériel furent profondément troublés. On s'assemblait autour de ces placards, on discutait, on se battait même. Il était impossible que le gouvernement tolérât ces excès, surtout dans une monarchie catholique. François Ier ordonna des poursuites contre les sectaires. Calvin, qui avait été l'un des plus ardents, prit la fuite. Il se retira à Bâle, où son zèle impétueux ne l'abandonna pas. C'est là qu'il entreprit de justifier, dans un écrit, les erreurs des réformateurs, et de former un corps de doctrine qui réunît tous leurs dogmes, en les présentant comme les conséquences de ceux du christianisme. Jusque-là, en effet, les réformateurs et les réformés n'avaient point de symbole ; on comprenait sous ces noms de *réformateurs* et de *réformés,* cette multitude de sectaires, luthériens, carlostadiens, zwingliens, anabaptistes, ubiquitaires, etc., qui inondaient l'Allemagne, les Pays-Bas, l'Italie, la France, l'Angleterre, etc., et n'avaient entre eux de commun que des déclamations contre le clergé, contre le pape, contre les abus, contre toutes les puissances ecclésiastiques et civiles. Calvin voulut suppléer à ce qui leur manquait : principes suivis, corps de doctrine, afin de les réunir et de faire de la réforme une religion possible et raisonnable.

Nous reviendrons sur ce livre intitulé : *Institutions chrétiennes*, qui fut le catéchisme de tous ses disciples, et dans lequel il enchérit beaucoup au-dessus des erreurs de Luther.

Nouveau patriarche de la réforme, Calvin passa en Italie, où le duc de Ferrare, qui craignait le danger de son séjour dans ses États, l'obligea d'en sortir.

II

Nous retrouvons Calvin à Genève, où le protestantisme avait été établi déjà par Farel ou Viret. Calvin y fut nommé prédicateur et professeur de théologie (1536). Deux ans plus tard, il abjura solennellement le catholicisme; et composa un formulaire de foi et un catéchisme, qu'il fit jurer aux magistrats et au peuple. Cependant, son influence baissa, et il fut obligé de quitter la ville ; voici à quelle occasion : la réforme s'était établie à Berne, à Zurich et dans d'autres parties de la Suisse; un synode de Berne ayant décidé que dans la cène on ne se servirait point de pain levé ; qu'il y aurait dans l'église des fonts baptismaux ; que l'on célébrerait tous les jours de fêtes aussi bien que le dimanche ; Calvin qui, dans ses *Institutions chrétiennes*, condamnait toutes les cérémonies de l'Église romaine, et n'en voulait conserver aucune trace, refusa de se conformer au décret du synode de Berne. Le conseil de Genève s'assembla. Le nouveau réformateur avait de nombreux partisans, mais il avait aussi beaucoup d'ennemis. Ceux-ci n'eurent pas de peine à faire sentir au conseil que Genève avait dans Calvin un despote inflexible, qui, tout en réclamant la liberté chrétienne dans ses écrits, démentait sa théorie dans sa conduite. Calvin fut chassé avec Farel et ses autres associés. Calvin se réfugia à Strasbourg, où il put fonder une église protestante pour les réformés qui quittaient la France ; là il épousa la veuve d'un anabaptiste, et acquit une grande influence sur les protestants, qui le nommèrent leur député à la diète de Ratisbonne, ce qui combla de joie son orgueil (1541).

Mais il avait toujours rêvé la papauté protestante. Esprit dominateur et impitoyable, ambitieux inflexible, il continuait à entretenir des relations à Genève, dont il voulait faire sa Rome. Les intrigues de ses amis réussirent, et, après trois ans de séjour à

Strasbourg, il fut rappelé à Genève. Ces esclaves le reçurent avec cet enthousiasme imbécile des peuples indignes de la liberté; les magistrats, qu'il avait gagnés, lui donnèrent le pouvoir absolu dans leur Église. Il publia un nouveau catéchisme, détermina la hiérarchie des ministres, la forme des prières et des prédications, la manière de baptiser, de célébrer la cène, d'enterrer les morts, etc. Il établit des consistoires, des colloques, des synodes et une juridiction consistoriale à laquelle il octroya le droit de censures, de peines canoniques, et même la puissance d'excommunier. Ces règlements ne furent pas sans rencontrer des oppositions, mais le parti de Calvin l'emporta, et ils passèrent en forme de loi dans une assemblée générale (1541).

Depuis ce moment, Calvin fut moins le ministre que le tyran de Genève. Ce protestant qui avait proclamé le libre examen et la liberté de conscience, fit bannir, dépouiller, emprisonner et condamner à mort tous ceux qui osèrent s'élever contre son despotisme et attaquer sa doctrine et ses règlements. Il est impossible de compter toutes les victimes de ce Robespierre du protestantisme. Nous en citerons seulement quelques-unes.

Bolsec, moine apostat, accuse publiquement Calvin de faire Dieu auteur du péché. Cette accusation était fondée non-seulement sur les conséquences du fatalisme et de la prédestination nécessitante admise par Calvin, mais encore sur des textes formels où cet hérésiarque enseigne cette impiété. Calvin tenta d'abord de gagner Bolsec; il fut le trouver, à cet effet, mais ce fut inutile.

Bolsec continua à l'attaquer.

Calvin essaya de répondre : il entassa tous les passages de l'Écriture et de saint Augustin qui, selon lui, pouvaient favoriser son sentiment sur la prédestination ; mais malgré cette érudition et l'emportement avec lequel Calvin se défendit, il sentit lui-même que sa cause était perdue. Alors il fit arrêter l'adversaire qui l'avait confondu, et s'efforça de le faire périr comme séditieux et pélagien.

Bolsec, jeté en prison, y fut traité avec une barbarie sans bornes; l'apôtre de Genève demandait qu'il fût mis à mort, mais on se contenta de le bannir. A cette occasion, plusieurs protestants, qui avaient pourtant embrassé les idées de Calvin, firent de l'opposition à sa cruauté. Un seigneur du pays, M. Falais, indigné de sa conduite, prévint les cantons contre les desseins homicides du réformateur.

Castallion, ayant, lui aussi, attaqué la doctrine de Calvin, fut destitué de sa chaire de professeur, et banni de Genève comme séditieux.

Telle était, et telle est encore la tolérance des protestants! Quiconque avait contredit Calvin, était un
éditieux, un ennemi de la tranquillité publique; et
ceux qui lui prouvaient que, d'après sa doctrine,
Dieu était auteur du péché, étaient des pélagiens, et
méritaient la *mort !*...

Ce fut là la conduite de ce réformateur qui s'était
emporté avec une si furieuse indignation contre la
prétendue tyrannie de l'Église romaine; aucun des
théologiens de l'Église romaine n'a avancé, comme
Calvin, qu'*il fallait brûler ses adversaires.* Ce fut ce
que prêcha Calvin, et ce qu'il mit à exécution. Michel
Servet, médecin espagnol, s'étant échappé de la prison dans laquelle il avait été enfermé en France,
comme hérétique, était venu se réfugier à Genève.
Ayant écrit quelques lettres à Calvin, sur le mystère
de la Trinité, celui-ci le fit arrêter et condamner à
être brûlé vif. Cette sentence fut exécutée, et Calvin
fit un traité où il entreprit de prouver qu'il fallait
punir de mort tous les hérétiques, c'est-à-dire tous
ceux qui ne pensaient pas comme lui. Servet se
trompait grossièrement, mais comment Calvin et les
ministres protestants purent-ils sans crime sévir
contre ceux qui voyaient dans l'Écriture un sens différent de celui qu'ils y voyaient eux-mêmes, après
avoir établi pour base de la réforme que l'Écriture

était seule la règle de la foi, et que chaque particulier était le juge du sens de l'Écriture ? C'était là la
logique des protestants ! Cet esprit de persécution se
perpétua dans leurs disciples, qui continuèrent à condamner ceux qui refusaient de se conformer à leurs
professions de foi, tout en soutenant que Dieu éclaire
chaque fidèle pour juger du vrai sens de l'Écriture.

Ces sectaires, qui rejetaient l'autorité de l'Église,
et ne reconnaissaient d'autre règle de foi que l'Écriture interprétée par chaque individu, traitaient d'hérétiques et faisaient condamner à mort comme tels
ceux qui, d'après les principes mêmes du protestantisme, se croyaient en droit de ne pas penser comme
eux.

Ce n'était donc pas l'Écriture, mais l'autorité des
réformateurs qui était la règle de foi ; il fallait adopter leurs interprétations, ou mourir. Ces réformateurs ne cessèrent de crier à la tyrannie au sujet des
condamnations prononcées contre les protestants qui
refusaient de se soumettre à l'autorité infaillible de
l'Église.

III

Le supplice de Servet n'arrêta pas à Genève la licence de penser, autorisée, sinon par les protestants

vainqueurs, du moins par les principes fondamentaux du protestantisme. Gentilis, Okin, Blandrat, qui
voulurent renouveler l'arianisme, faillirent avoir le
même sort que Servet; Gentilis eut la tête tranchée à
Berne (1566). Les arminiens furent également persécutés en Hollande par les autres protestants.

Les propositions de Calvin sur la *prédestination*, la
réprobation, le *libre arbitre* et la *grâce* étaient tellement exorbitantes, que plusieurs de ses disciples éle-
vèrent des sectes à part et se séparèrent de la sienne.
Ainsi fit, entre autres, Arminius, protestant hollandais. Les arminiens, comme tous les réformés, devaient errer, quoiqu'ils eussent raison contre Calvin;
mais ils devaient tomber dans l'hérésie des pélagiens
et des sociniens.

Pourquoi? Le voici : c'est que, comme tous les réformés, Arminius et ses disciples ne reconnaissaient
point d'autorité infaillible qui fût dépositaire des vérités révélées, et qui fixât la croyance des chrétiens;
ils regardaient l'Écriture comme la seule règle de la
foi, et chaque particulier comme le juge du sens de
l'Écriture : erreur fondamentale du protestantisme;
première révolte, cause de toutes les autres.

IV

Calvin, quoique occupé à affermir sa réforme à Genève, écrivait sans cesse dans toute l'Europe contre les anabaptistes, contre les antitrinitaires, contre les catholiques; et, en même temps, il commentait l'Écriture sainte et écrivait un nombre infini de lettres. Dans toutes, nous retrouvons son esprit tyrannique et impitoyable, un sombre fanatisme, la plus cruelle intolérance : — « Ne faites faute, écrivait-il à Dupoet, l'un des chefs de la réforme dans le Dauphiné, ne faites faute de défaire le pays de ces zélés faquins qui exhortent les peuples par leurs discours à se roidir contre nous, noircissent notre conduite, et veulent faire passer pour rêverie notre croyance. Pareils *monstres* doivent être étouffés, comme fis en l'exécution de Michel Servet, Espagnol. A l'avenir, ne pensez pas que personne s'avise de faire chose semblable. »

Cette intolérance sanguinaire est la flagrante condamnation des principes de la réforme. Les monstres, ce sont ces ministres protestants qui, donnant pour maxime fondamentale de leurs sectes que chacun est juge de sa foi, et refusant de reconnaître l'infaillibilité de l'Église, l'autorité des conciles, se déclarent eux-mêmes infaillibles et tuent impitoyablement quiconque ose les contredire.

V

Calvin publia, en 1550, deux nouveaux règlements. L'un supprimait toutes les fêtes, Noël et les dimanches exceptés; l'autre portait cette disposition monstrueuse, que les ministres iraient, à certaines époques, dans les maisons particulières *avec un capitaine de la ville, pour demander compte à chacun de sa doctrine.* Ces règlements odieux lui suscitèrent un grand nombre d'ennemis, et l'on renouvela contre lui, en 1551, les accusations de Bolsec, et certains ministres de Berne menacèrent de le poursuivre comme faisant Dieu auteur du péché; mais l'empire absolu qu'il avait acquis à Genève et qu'il conservait par la terreur, lui permirent de mépriser ces menaces. Il passa le reste de sa vie dans de continuelles polémiques et mourut à Genève en 1564; il mourut dans le désespoir et d'une maladie horrible, au dire même d'un de ses disciples, qui fut le témoin oculaire de sa fin misérable.

VI

Jugeons l'homme avant de juger la doctrine.

Calvin était un caractère dur et tyrannique, sans pitié. Il persécuta les autres hérétiques qui avaient cependant un droit d'interpréter l'Écriture égal au sien à tous égards. Son parti fut regardé par les autres protestants comme le plus fier, le plus inquiet et le plus séditieux qui eût paru. Il ne pouvait souffrir qu'on pensât autrement que lui ; cet homme qui prêchait qu'on ne devait point écouter l'Église ni lui obéir, exigeait des autres une soumission aveugle à tout ce qu'il lui plaisait de définir. En faisant brûler Servet, il déclame avec fureur contre la juste sévérité dont on usait en France à l'égard des hérétiques : ainsi l'iniquité se ment à elle-même.

Quand il ne pouvait autrement exercer sa vengeance, il s'abandonnait à cet emportement indigne d'un homme bien élevé, d'un honnête homme et surtout d'un apôtre, mais qui était familier à tous les autres protestants. Il prodigue à ses adversaires des épithètes telles que celles-ci : *pourceau, grosse bête, âne, chien, enragé, cheval, taureau, frénétique, ivrogne*, etc. Qu'on compare cette brutale grossièreté, qui pourtant ne l'empêcha pas d'avoir beaucoup de sectateurs, au langage de saint Paul : c'est le moyen de juger, par le contraste, de la différence qu'il y a entre les envoyés de Dieu et ceux qui n'ont été que les organes du démon, de l'hérésie ou de l'impiété.

A part ces ignobles expressions, il a traité les matières théologiques en style pur; il est théologien, bon logicien même, dans les sujets où l'esprit de parti ne l'égare pas. Ainsi, ses disputes contre Servet, contre Gentilis, contre les antitrinitaires et contre les anabaptistes, font regretter l'usage qu'il fit de ses talents. Il était doué d'une grande activité d'esprit; il était savant; il écrivait avec méthode; il était habile à saisir et à présenter les côtés favorables d'un sentiment; la préface de ses *Institutions* est une œuvre fort adroite. Mais ses talents, mal employés d'ailleurs, disparaissent devant ses grands défauts et surtout devant les traits si bien marqués chez lui d'un caractère odieux.

— « Quel homme, dit Rousseau en parlant de Calvin, quel homme fut jamais plus tranchant, plus impétueux, plus décisif, plus divinement infaillible à son gré? La moindre objection qu'on osait lui faire était toujours une œuvre de Satan, un crime digne du feu. Ce n'est pas au seul Servet qu'il en a coûté la vie pour avoir osé penser autrement que lui; la plupart de ses collègues étaient dans le même cas; tous en cela d'autant plus coupables qu'ils étaient plus inconséquents [1]. »

Le mobile de Calvin fut, comme chez Luther, la concupiscence et l'orgueil. Mais le second chef du protestantisme, plus gêné que le premier par la faiblesse de sa complexion, fut plus ambitieux que voluptueux. Plus artificieux, d'une malignité plus tranquille, d'une amertume plus profonde, d'une cruauté plus froide que Luther, plus chagrin et plus hargneux dans son humeur, il avait plus de fiel dans le cœur, plus de bassesse sur la figure. Luther, c'est un Danton religieux; Calvin, nous l'avons dit, c'est Robespierre.

VII

La vengeance et l'avidité furent encore les mobiles de Calvin. Ce prétendu réformateur s'est arrogé sa mission sur le dépit conçu de ce qu'on avait conféré au neveu du connétable de France, le bénéfice que l'orgueil extravagant de ce petit-fils de batelier briguait pour lui-même. Avant ce refus, il avait déclaré

[1] IIe *Lettre de la Montagne.*

5.

que, s'il l'essuyait, *il en tirerait une vengeance dont il serait parlé dans l'Église pendant plus de cinq cents ans.* Il tint parole, et dès qu'il l'eut essuyé, il mit la main à l'établissement de sa réforme.

VIII

Les erreurs de Calvin lui étaient communes, pour la plupart, avec les autres chefs du protestantisme.

A l'exemple des autres réformateurs, il ne reconnaît d'autre règle de foi que l'Écriture; il rejette absolument l'autorité de l'Église et de la tradition; il n'admet point l'institution divine du pape et des évêques, ni l'ordination et le caractère sacré des autres ministres de la religion; il condamne comme une idolâtrie le culte des saints, des reliques, des images et même de la croix; il proscrit les vœux monastiques et le célibat des prêtres; il rejette le purgatoire, les indulgences, la messe et la plupart des sacrements, n'admettant que le baptême et la cène, et il ne croit pas même que le baptême soit, pour les enfants, d'une nécessité absolue, car, selon lui, les enfants sont sanctifiés par la foi de leurs parents. Il enseigne, en outre, que les sacrements ne produisent point la grâce et n'en sont qu'un simple signe sans efficacité; que l'homme, une fois justifié, ne peut plus déchoir de l'état de grâce, et doit croire avec une certitude absolue qu'il sera sauvé. Cette certitude est la conséquence naturelle des principes de Calvin sur la *prédestination*. En effet, il rejette le libre arbitre et suppose une prédestination nécessitante qui détermine forcément toutes nos actions, en sorte que la justification est indépendante des bonnes œuvres et n'est qu'une simple imputation des mérites de Jésus-Christ, laquelle peut être compatible, selon sa doctrine, avec les plus grands péchés.

Sur quelques-uns de ces points, ses opinions ne sont pas toujours entièrement conformes à celles de Luther; mais ce qui fait le caractère distinctif du calvinisme, c'est qu'il rejette le dogme de la présence réelle dans l'eucharistie.

Cette exposition du système théologique de Calvin suffit pour démontrer qu'il n'est qu'un plagiaire; il n'a fait que ramasser et réunir en un corps de doctrine les hérésies qui s'étaient déjà produites. Tous les dogmes de l'Église catholique qu'il attaque l'avaient été bien avant lui par différentes sectes qui avaient été retranchées de l'Église. Ces sectes s'étaient divisées; mais leurs erreurs étaient parvenues jusqu'au XVIe siècle. Les erreurs des iconoclastes, des donatistes, de Bérenger, des prédestiniens, de

Vigilance, etc., avaient été renouvelées par les albigeois, par les vaudois, par les béguards, par les fratricelles, par Wiclef, par Jean Huss, par les frères de Bohême, par Luther, par les anabaptistes, par Carlostadt, par Zwingle, etc.; mais elles n'étaient point réunies. Calvin entreprit de les lier ensemble.

Il arriva que chacune des erreurs ainsi réunies par Calvin fût attaquée par les catholiques et défendue par les disciples de Calvin.

Chacune de ces erreurs redevint une erreur à part, et ce fut sur ces controverses que s'exercèrent pendant deux siècles les efforts de l'esprit humain.

La doctrine de Calvin fut adoptée par les réformés en France, en Hollande, dans une partie de l'Allemagne, en Angleterre, et dans plusieurs autres pays, où ils excitèrent de grands troubles, appelèrent les peuples à la révolte et tendirent à fonder partout des républiques, dont ils auraient voulu être les tyrans, à l'exemple de Calvin à Genève.

La doctrine de Calvin ne fut pas sans être modifiée par ses disciples. Les interprétations les plus diverses se multiplièrent parmi eux; cela devait être le principe fondamental du protestantisme, étant une source de perpétuelles variations. Il n'est pas d'accord durable possible entre des esprits livrés ainsi à leur mobilité naturelle. Chaque individu restant seul juge de sa foi et maître d'interpréter l'Écriture à son gré, l'anarchie devait ne pas tarder à se produire.

Ce principe est, d'ailleurs, tellement contraire à la nature du christianisme, que, parmi les protestants mêmes, ceux qui croient encore à quelques dogmes révélés se décident moins par leurs propres lumières que sur la parole de leurs ministres et d'après leurs confessions de foi.

Quant au fatalisme de Calvin, il fut combattu pendant sa vie, et attaqué avec encore plus de vivacité après sa mort. Ce dogme affreux devint la source de profondes divisions parmi les calvinistes, que leurs synodes, tel que celui de Dordrecht, ne purent empêcher de s'étendre.

Nous avons parlé des arminiens. Ces protestants, d'abord calvinistes, ne se crurent pas obligés à admettre, sur l'autorité de quelques ministres, une doctrine qui outrage la sainteté de Dieu en le faisant auteur du péché.

Il est vrai que, par compensation, ils se laissèrent entraîner dans d'autres erreurs, et adoptèrent peu à peu la doctrine des sociniens, qui est devenue dominante parmi les calvinistes. En ces derniers temps, en effet, au milieu du XIXe siècle, on a vu le consistoire de Genève défendre aux ministres de prêcher la divinité de Jésus-Christ!.....

Voilà où en sont venus les successeurs de Calvin, dans la ville même où il avait fait brûler Servet pour avoir osé attaquer le dogme fondamental du christianisme.

Ceci est une preuve bien palpable que le protestantisme conduit à la négation du christianisme par le libre examen. Le protestantisme s'est fondu dans le rationalisme. Le protestantisme cesse chaque jour d'être une religion ; ce n'est plus qu'une spéculation philosophique qui a des temples.

VIII

Les calvinistes, comme tous les autres réformés, comme tous les autres protestants, se sont séparés de l'Église catholique, apostolique et romaine, sous ces prétextes généraux :

1° *L'Église romaine est tombée dans des erreurs qui ne permettaient plus de rester dans sa communion ;*

2° *L'Écriture est la seule règle de notre foi ;*

3° *Tout fidèle est juge du sens de l'Écriture, et a le droit de se séparer de la société chrétienne qu'il juge dans l'erreur, de s'attacher à une autre, ou d'en former lui-même une nouvelle dans laquelle il rétablisse la foi comme il lui plaît et le culte dans ce qu'il pense être sa pureté.*

IX

Sur le premier point, il a été démontré que l'Église romaine, qui n'a jamais varié depuis les apôtres, n'a pu tomber dans aucune erreur. Ce que les hérétiques regardent comme des erreurs, ce sont les fondements mêmes du christianisme, qu'ils dénaturent au gré de leur orgueil et de leur fantaisie.

Si les prétendus réformés eussent été de bonne foi, ils n'eussent point formé des sociétés séparées en dehors de l'Église ; les erreurs qu'ils lui reprochent ne pouvaient autoriser leur séparation.

Ils ne se sont pas contentés, en effet, de se séparer de l'Église romaine dans les choses qu'ils prétendaient mauvaises ; ils ont fondé de nouvelles Églises ; ils ont usurpé le ministère ecclésiastique ; ils ont prononcé anathème contre l'Église romaine, rompu avec la tradition et ses dogmes, dégradé, chassé, outragé, calomnié, persécuté et égorgé ses ministres, conduite que la vérité même des reproches adressés aux prêtres catholiques par les protestants ne justifierait pas, car le crime ne justifie pas le crime, et il n'est jamais permis d'employer la trahison pour faire mourir ses semblables.

L'usurpation de la puissance pastorale par les protestants ne peut pas être davantage excusée, car ils étaient absolument sans mission. Ils sont donc notoirement usurpateurs, ils disent, avec Calvin et de Bèze, qu'ils ont une *mission extraordinaire*, mais c'est là une prétention dénuée de toute preuve. Ces schismatiques ont-ils fait un seul miracle ?

X

Quant au second point, ils méconnaissent la tradition. Or, la tradition est, aussi bien que l'Écriture, la règle de la foi chrétienne.

Le corps auquel Jésus-Christ a confié le dépôt de sa doctrine, et qu'il a chargé de l'enseigner, l'a transmise par voie de tradition ; et c'est parce que cette tradition condamnait les protestants qu'ils l'ont rejetée. Les successeurs des apôtres n'ont pas oublié la doctrine de Jésus-Christ, et n'ont jamais cessé de la transmettre au genre humain. C'est par la tradition que l'Église a confondu de tout temps les hérétiques, les protestants ; c'est par la tradition que les papes et les conciles ont combattu et condamné leurs erreurs.

Si la tradition était incertaine, comme le prétendent les protestants, et comme l'ont soutenu, à leur confusion, les hérétiques de tous les temps, son incertitude eût entraîné celle du christianisme. Mais rien n'est plus certain que la doctrine invariable de l'Église catholique, qui a traversé les siècles sans s'altérer, sans varier en un seul point.

XI

Enfin, prétendre, comme le font les protestants, qu'il est du droit de chaque fidèle de juger les controverses de la foi, est une proposition insensée qui conduit à l'anarchie. Ce droit n'appartient qu'aux évêques, successeurs légitimes des apôtres.

Ces paroles de Jésus-Christ : *Enseignez toutes les nations... celui qui vous écoute m'écoute... je serai avec vous jusqu'à la consommation des siècles*, s'appliquent incontestablement aux descendants des apôtres comme à eux-mêmes ; les protestants eux-mêmes ont été obligés de reconnaître dans cette promesse la perpétuité et l'indéfectibilité de l'Église : toutes leurs confessions en font foi. Les successeurs des apôtres sont donc les seuls juges de la doctrine ; et ils ne peuvent donc se tromper dans leurs jugements. Il n'appartient donc pas au simple fidèle de juger des controverses de la foi.

Comment, d'ailleurs, le pourrait-il ? Deux seuls moyens sont possibles. La voie d'inspiration et la voie d'examen. La voie d'inspiration a été abandonnée par les protestants eux-mêmes, qui ont désavoué en ceci les anabaptistes, les quakers, les prétendus prophètes des Cévennes, etc.

Reste la voie d'examen.

Il n'est pas malaisé de démontrer qu'elle n'est pas plus sûre. Elle ne peut produire que des disputes interminables. Qui donc en sera le juge, sinon l'Église, sinon le corps enseignant auquel Jésus-Christ a confié le dépôt de sa doctrine et auquel il a dit : *Qui vous écoute m'écoute ; je serai avec vous jusqu'à la consommation des siècles ?* Ceux-là seuls, en effet, sont infaillibles, puisque Jésus-Christ est avec eux, puisqu'ils ont reçu de lui mission de déterminer infailliblement le sens qu'il attachait à ses paroles. Et il leur a dit encore : *Qui vous méprise me méprise !*

Il ne s'agit donc pas de rechercher si l'Écriture est claire dans les choses nécessaires au salut, mais si ce sont les fidèles ou les pasteurs qui sont et ont de tous temps été juges du sens de l'Écriture et des controverses auxquelles ce sens peut donner lieu.

C'est par le corps des pasteurs que nous connaissons la vérité et l'authenticité de l'Écriture ; attaquer le jugement de ce corps par rapport au dogme, c'est attaquer également cette vérité et cette authenticité, c'est attaquer Jésus-Christ : *Qui vous méprise me méprise.*

De plus, substituer la voie d'examen individuel à l'autorité de l'Église, c'est ouvrir une voie dangereuse pour les hommes éclairés, impraticable aux simples ; c'est, par cela, aller contre la volonté de Jésus-Christ, qui est venu pour sauver tous les hommes, pour que la vérité fût prêchée à tous. On ne peut soutenir un seul instant que la voie d'examen soit le chemin choisi par Dieu pour garantir les hommes de l'erreur, quand il est manifeste qu'elle ne fait qu'enfanter que des erreurs, de l'aveu de chaque secte protestante, qui juge ainsi toutes les autres.

La voie d'examen est donc une route de discorde et d'anarchie, qui enfante une multitude de sectes qui se déchirent les unes les autres, qui ne sont d'accord sur rien, qui enseignent les dogmes les plus absurdes. Les protestants les plus fameux en ont eux-mêmes gémi ; débordés par leur principe du libre examen, ils ont avoué que ce principe, en donnant essor à l'orgueil humain, a enfanté les révoltes les plus violentes, les doctrines les plus ridicules et les plus viles. Dès le début de la réforme, elle manifesta ses conséquences. Cet arbre fatal eut à peine été planté sur la terre qu'il porta ses fruits amers.

— « La multitude, écrivait à Farel le ministre de Strasbourg Capiton, la multitude a secoué entièrement le joug..... ils ont bien la hardiesse de vous dire : *Je suis assez instruit de l'Évangile, je sais lire par moi-même, je n'ai pas besoin de vous.* »

Il est clair qu'un protestant logique peut se passer de prêtres ; comme culte, la *fête de l'Être suprême* de Robespierre lui suffit. A quoi bon, par exemple, un protestant irait-il entendre un ministre lui interpréter le sens de l'Écriture, puisque, comme protestant, il a le droit de l'interpréter lui-même? Et puis, voyez l'anarchie enfantée par la voie d'examen ! tandis qu'un ministre protestant porte tel jugement du sens de l'Écriture, un autre ministre en porte tel autre ; dans la même Église, il n'y a pas deux ministres qui soient d'accord : comment en serait-il autrement des fidèles, abandonnés à cette voie d'examen qui a ouvert la porte à toutes les démences, détruit l'unité de l'Église et ruiné toute la discipline?

Le ministre de Strasbourg dont nous venons de citer deux lignes, écrivait confidentiellement à Farel : *Nous avons beaucoup nui aux âmes par la précipitation avec laquelle nous nous sommes séparés du pape.*

Et Bèze disait : « Nos gens sont emportés par tout

vent de doctrine, tantôt d'un côté, tantôt d'un autre : peut-être qu'on pourrait savoir quelle créance ils ont aujourd'hui sur la religion ; mais on ne saurait s'assurer de celle qu'ils auront demain. En quel point de la religion ces Églises qui ont déclaré la guerre au pape sont-elles d'accord ensemble? Si vous prenez la peine de parcourir tous les articles depuis le premier jusqu'au dernier, vous n'en trouverez aucun qui ne soit reconnu par quelques-uns comme de foi, et rejeté par les autres comme impie. »

Ainsi parle l'un des principaux chefs de la réforme, dès son apparition. Aveu précieux à consigner. Le mal n'a fait que croître depuis ; aujourd'hui le protestantisme a autant de sectes que de fidèles ; il tombe dans le rationalisme le plus décidé.

XII

Nous venons de prononcer le nom de Théodore de Bèze ; ce fut l'un des plus audacieux et des plus violents compères de Calvin. Deux mots sur cet insigne ministre de l'hérésie et sur le type qu'il offre à l'observateur.

XIII

La filouterie humaine a toujours eu des compères :
pour tromper le public, il faut des compères, c'est-à-
dire des aides immoraux, des complices pour les œuvres d'iniquité et de ténèbres. Ce type de *compère* est
l'un des plus accusés, l'un des plus complets, l'un des
plus curieux à étudier pour le philosophe chrétien.
Le compère est partout, dans l'ordre politique, dans
l'ordre social, dans l'ordre religieux. Il prend tous
les masques ; tantôt il feint l'opposition à des desseins
qui sont les siens, tantôt il fait acte public d'adhésion.
Le compère est indispensable à tout charlatan. Il pré-
pare les esprits, il circonvient les cœurs, il entrave
les âmes. Il y a toute une étude de mœurs à faire
sur ce type actif et dégradé. Dans l'ordre religieux, le compère est au chef de secte ce que le disciple est à l'apôtre. Mais le dévouement du compère
est vénal, égoïste ; celui du disciple est désintéressé,
il est pur ; c'est une conviction, non un calcul.

Le compère a pour mobile l'intérêt, le disciple n'est
inspiré que par la foi, et il a pour but la béatitude :
le disciple est souvent martyre, il sait mourir ; le
compère, comme tous les êtres à inclinations basses,

se livre à toute heure aux infâmes calculs de la cupidité ; il déserte dans l'insuccès celui qu'il a servi, et
change de maître sans plus de vergogne qu'un courtisan.

XIV

Calvin , comme tous les autres imposteurs, comme
tous les autres tyrans, princes ou manants parvenus,
eut des compères. Le premier de tous , c'est Théodore
de Bèze , par l'importance du rôle qu'il joua sous l'influence du chanoine apostat de Noyon. Lorsque Calvin se fut posé en émule, puis en rival de Luther, il
propagea ses erreurs en France à l'aide de Théodore
de Bèze et autres partisans des doctrines hérétiques
du prétendu réformateur allemand.

Bèze , principal coryphée du calvinisme , naquit à
Vezelay, près d'Avallon, en France (1519). Il étudia
à Orléans sous Melchior Volmar, imbu des idées
nouvelles , qui emmena de Bèze à Bourges , où il
avait obtenu une chaire de professeur. Bèze fit de ra-
pides progrès dans les lettres et les langues anciennes ;
il fut moins habile dans la science du droit, qu'il alla
étudier à l'école d'Orléans, où il resta quatre ans.
C'est qu'au lieu d'étudier, le jeune protestant s'abandonnait à la débauche; il composa à cette époque un

grand nombre de pièces de vers en latin et en français, sur des sujets licencieux, qui lui firent une réputation parmi les libertins.

Il chanta la volupté avec la licence de Pétrone. Ses
poésies étaient l'image de ses mœurs:

De retour à Paris, il fut pourvu du prieuré de Long-
jumeau (1539), quoiqu'il vécût publiquement avec
une prostituée; il resta sourd aux remontrances de
ses parents qui l'engageaient à changer de vie et à
prendre les ordres. Il ne profita des brillants avantages que la Providence avait permis qu'il eût, que
pour donner un libre cours à ses passions déréglées,
persévérant, malgré les plus tendres supplications,
dans la voie des dangereuses voluptés dans laquelle
il s'était fougueusement engagé, oubliant Dieu et sa
religion, qu'il devait bientôt abjurer.

Il entretenait de coupables relations avec plusieurs
femmes, leur promettant à toutes de les épouser,
malgré l'infériorité de leur condition sociale et leur
existence licencieuse.

En 1548, à la suite d'une maladie grave, épreuve
dont il ne profita pas pour rentrer en lui-même et
céder à la grâce, il renonça à ses bénéfices, à sa famille, dont les reproches affectueux importunaient sa
concupiscence, et se rendit à Genève, où il épousa
publiquement l'une de ses maîtresses, et abjura le

catholicisme, *selon*, dit-il, *le vœu qu'il en avait fait dès l'âge de seize ans*. Il est clair que ses passions étaient plus à l'aise dans le protestantisme : la concupiscence et l'orgueil sont les principaux mobiles de l'hérésie.

Il importe de remarquer que la plupart des chefs du protestantisme se sont mariés sous des auspices analogues. Volmar, auquel il avait dédié ses érotiques *Poésies juvéniles*, le rendit célèbre dans les rangs de l'apostasie et le fit nommer professeur de grec à Lausanne, où il demeura dix ans (1549-1559). Les succès qu'obtinrent ses écrits dans le camp de l'erreur l'y retinrent définitivement, en enflant son orgueil. Ces ouvrages le firent considérer comme l'un des plus fermes soutiens du protestantisme. Celui qui le rendit fameux parmi les docteurs hérétiques, c'est son traité : *De hæreticis a civili magistratu puniendis*. C'est une impudente justification apologétique de l'assassinat de Servet, condamné au bûcher comme *hérétique* par l'hérétique Calvin et les hérétiques magistrats de Genève (17 octobre 1553).

Les apôtres du libre examen, les contempteurs acharnés de l'inquisition et de toute répression contre les hérétiques qui se séparent de l'Église et fomentent des troubles dans les états catholiques, ont l'effronterie de déclarer concluants les pitoyables arguments de cette apologie de l'intolérance calviniste.

On a prouvé que les textes de l'Écriture et des constitutions impériales cités par Bèze, sont par lui audacieusement torturés : bonne foi familière aux protestants, seul point où ils ne varient pas.

Cette apologie de l'intolérance calviniste ne fut pas habile. L'histoire dit que la réforme, dès son début, faillit à ses propres principes sur l'un des points auxquels elle dut la plus grande partie de ses succès : la *liberté de conscience*. Effet inévitable de sa nature anormale, ainsi que l'a supérieurement démontré l'aigle de Meaux dans l'histoire des variations et des contradictions du protestantisme.

En 1559, Calvin appela Théodore de Bèze à Genève, où il lui fit conférer à la fois le droit de bourgeoisie, le rectorat de l'académie et la chaire de théologie ; il l'associa directement à tous ses travaux, à toutes ses iniquités. L'année suivante, le *pape de Genève*, d'accord avec les conciliabules de France, députa Bèze auprès du roi de Navarre pour lui faire abandonner le catholicisme. L'ambassadeur calviniste réussit : Antoine de Bourbon et Jeanne de Navarre firent bâtir un temple protestant, et démolir toutes les églises et tous les monastères de Nérac et des environs. Bèze resta un an à cette petite cour qu'il avait corrompue, pendant lequel temps il allait parfois prêcher l'hérésie dans les montagnes des Cévennes, du Gévodan et de la Lozère.

En 1561, Bèze se trouva, à la tête de treize ministres protestants, au colloque de Poissy, où il scandalisa la cour de France par cette proposition : *Jésus-Christ est aussi éloigné de l'eucharistie que le ciel l'est de la terre*, expression dont il chercha ensuite à adoucir l'effet dans une lettre qu'il adressa à la reine, mère de Charles IX. Ce colloque n'ayant pu éteindre la guerre civile, occasionnée par le massacre de Vassy et par les prétentions du prince de Condé, Bèze, qui poussait avec fureur à cette guerre impie, suivit Condé à la bataille de Dreux, où le duc de Guise vainquit ce dernier et le fit prisonnier (1562). Depuis, Bèze continua à se mêler à toutes les machinations, à toutes les intrigues, à toutes les conspirations et à tous les grands crimes de ses coreligionnaires, jusqu'à la paix de 1563. Ce fut alors qu'il reprit ses diverses fonctions à Genève. Après la mort de Calvin (1564), il devint le chef de cette Église, et remplaça son ami en qualité de chef de la réforme en Suisse et en France ; c'est en cette qualité qu'il présida le synode de la Rochelle (1570). Cette qualité de chef de parti aigrit son caractère, qui prit toutes les habitudes insolentes et tranchantes de la réforme. Il traita les controversistes avec une grossièreté qui rappelait Luther et Calvin. Trompette de discorde pendant les guerres civiles fomentées par le protestantisme, il animait tous les combattants et même les assassins de la réforme répandus dans l'Europe. Il excita La Renaudie à former la conspiration d'Amboise en 1560, il engagea Poltrot à tuer le duc de Guise en 1563, etc., etc.

En 1569, il vint en France pour essayer de pervertir une de ses sœurs, qui était religieuse, mais elle refusa de l'écouter et lui reprocha publiquement ses impudicités. Il échoua également auprès de son père et des autres membres de sa famille qu'il aurait voulu entraîner dans l'erreur.

En 1588, il perdit sa femme; bien qu'il eût alors soixante-dix ans, il s'empressa de se remarier avec une jeune femme qu'il appelait sa *Sunnamite*. Lorsqu'il mourut (13 octobre 1605), il ne vivait depuis longtemps que des libéralités que de riches familles protestantes lui faisaient parvenir en secret.

X V

Le protestantisme compte Théodore de Bèze au nombre de ses docteurs les plus distingués; les hérétiques l'appelèrent le *phénix de son siècle*.

Homme immoral, poëte libertin, écrivain élégant en latin, fort médiocre en français, théologien emporté, subtil et de mauvaise foi, orateur n'ayant que cette éloquence épuisée, paradoxale, violente, qui passionne les masses populaires dans les temps de révolutions, cet hérésiarque doit être jugé sévèrement surtout pour la part odieuse, implacable, sanguinaire, qu'il prit aux forfaits du protestantisme armé pour la guerre civile.

LIVRE XIII

Mélanchthon. — Zwingle. — Œcolampade. — Carlostadt. — Du célibat ecclésiastique. — Henri VIII et l'anglicanisme. — Motifs des hérésies. — De la doctrine du libre examen. — Le protestantisme et les Écritures. — Violences des protestants.

I

Après Luther et Calvin, les principaux hérésiarques du protestantisme sont Mélanchthon, Zwingle, Œcolampade, Carlostadt et Henri VIII, odieux tyran, honte des trônes.

Luther et Calvin ne décoléraient pas. Mélanchthon était plus habile, car il était plus modéré dans la forme, ce qui déchaîna contre lui la plus grande partie des autres protestants. Il se mit à la tête de cette fraction des hérétiques qu'on appelait *adiaphoristes* ou *indifférents*, parce qu'ils soutenaient, contre les luthériens et les calvinistes, que les lois de l'Église et des conciles, le jeûne, les cérémonies et les fêtes étaient des choses *indifférentes* , que l'on pouvait provisoirement conserver. Disciple de Luther, Mélanchthon se rapprocha des sacramentaires après la mort du moine de Wittemberg, dont il n'avait pas eu le courage de secouer le joug despotique. Cet esprit de conciliation, dont on lui fait d'autant plus d'honneur qu'il est rare chez les hérétiques, provenait de son état maladif, de l'irrésolution de son caractère et de son manque de principes; ce qui prouve qu'il manquait de jugement et de portée dans l'esprit, c'est qu'il entreprit de concilier l'erreur et la vérité, ce qui est radicalement impossible.

Son livre *Loci communes rerum théologicarum* devint la base de la dogmatique des protestants.

II

Zwingle, rival de Luther, fit moins de bruit que lui, quoiqu'il fût aussi décisif et eût un dessein plus arrêté. C'est qu'il s'essaya sur un théâtre moins vaste, quoiqu'il ait dogmatisé le premier. Zwingle ruina en Suisse l'œuvre antique du christianisme et prépara la place à Calvin : Zwingle était un curé apostat.

Il commença par attaquer le culte des saints, sous pretexte d'en corriger les abus. S'il n'avait eu qu'un zèle sincère contre ceux-ci, il se fût appliqué à éclairer la foi des populations, non à la détruire. Il commença ainsi à ébranler en Suisse l'orthodoxie, sans sujet, au nom de la réforme de la corruption des mœurs, prétexte ordinaire des hérésies. Il s'acharna, comme Luther, après les indulgences, soutenu par le conseil de Zurich, et enseigna, lui aussi, que la raison faillible de chaque homme pouvait interpréter la parole de Dieu. Pour mieux renverser la hiérarchie et la discipline, il s'éleva contre le célibat ecclésiastique, puis, bientôt après, contre la messe, contre la puissance ecclésiastique, contre la pénitence, contre les images, contre les vœux de chasteté, contre les bonnes œuvres, qu'il déclara *inutiles*, etc.

Il en vint à récuser les Pères de l'Église, ne pouvant lutter contre Faber, le *marteau des hérétiques*.

— « Je ne songeais à autre chose, écrit-il, qu'au moyen d'apaiser *la fureur où le désir de la chair me jetait* [1] » Il épousa donc une *riche* veuve. De beaux mariages, voilà un des grands mobiles de la *conviction* protestante !

Il trouva des complices dans les douze officiers mu-

---

[1] Zwing., *Parœnes. ad Helvet.*

nicipaux du sénat de Zurich, ineptes bourgeois auxquels il avait conféré la puissance spirituelle, qu'il refusait au corps épiscopal et à son chef.

Les catholiques qui, attirés dans des discussions publiques à Zurich, s'y présentèrent, furent jetés en prison.

Luther, qui avait appelé Zwingle *le fort athlète du Christ*, s'étant brouillé avec lui, publia que c'était un *misérable* et un *athée*, contre lequel criait et *aboyait* l'Écriture; à quoi Zwingle répondit que «Luther était de ces obstinés qui, voyant la vérité annoncée par d'autres, ne cessent de calomnier et de *hurler* comme des furieux.»

C'était là leur style!

Luther répliqua que les zwingliens ou *sacramentaires* étaient des damnés, traînant avec eux en enfer beaucoup de misérables, et qu'il leur ferait la guerre tant qu'il vivrait.

Ce qui fit dire avec beaucoup de bon sens à Érasme :

«Vous en appelez tous à la simple parole de Dieu, et vous prétendez en être les vrais interprètes; accordez-vous donc avant de vouloir faire la loi au monde.»

Luther fit exclure les zwingliens de la confession d'Augsbourg et de la ligue de la Smalkald.

Zwingle excite la guerre civile en Suisse, puis il publie son *Exposition de la foi chrétienne*, qu'il appelle *claire*, œuvre absurde, qu'il ose dédier à François Ier, et dans laquelle il dit que *le péché originel n'est qu'une maladie de nature, et que l'homme peut mériter par lui-même la vie éternelle ;* il ajoute même que rien n'est plus aisé que d'y parvenir.

Il mourut dans une guerre où les siens furent vaincus, bien qu'il les conduisît en personne et leur eût promis la victoire *de la part du Saint-Esprit.*

Zwingle fut, de tous les réformateurs, celui qui marcha de la manière la plus suivie, qui ouvrit le plus largement la voie aux opinions extrêmes. Il devança Luther par l'initiative, et plus encore par le système de sa réforme. C'est lui qui a posé le principe du *rationalisme religieux*, de l'indifférence complète, de la contradiction perpétuelle, perfectionnement de la raison, au dire des protestants qui placent Zwingle bien au-dessus de Luther, et qui, à leur point de vue, n'ont pas tort.

III

Œcolampade, qui eut aussi beaucoup de part à la réforme de Suisse, prêtre, moine de Sainte-Brigitte, au monastère de Saint-Laurent, près d'Augsbourg, ne persévéra pas beaucoup dans sa vocation. Il joua à Bâle le rôle de Luther à Wittemberg, de Calvin à Genève, de Zwingle à Zurich. Il se prononça pour ce dernier contre Luther. Il publia des traités contre la présence réelle, contre le libre arbitre, contre l'invocation des saints, contre le célibat ecclésiastique, etc.....

Lui aussi se maria, quoique prêtre (il avait été curé à Bâle), à une jeune fille dont la beauté et la fortune l'avaient touché.

— « Il a épousé une assez belle fille, dit Érasme, apparemment que c'est ainsi qu'il veut mortifier sa chair. On a beau dire que le luthéranisme est une chose tragique, pour moi je suis persuadé que rien n'est plus comique, car le dénoûment de la pièce est toujours quelque mariage, et tout finit en se mariant, comme dans les comédies [1]. »

[1] Epist. Erasm., l. VIII, ep. 41.

— « Depuis qu'Œcolampade a embrassé la réforme, dit encore Érasme, je ne trouve plus chez lui que *dissimulation* et *artifice*. [1] »

Œcolampade assista à la conférence qui eut lieu entre Luther, Zwingle et d'autres réformateurs, dans laquelle ils se disputèrent sans pouvoir se mettre d'accord ; la discorde tint le haut bout dans ce congrès de la libre raison.

Pour juger combien sont touchants les éloges funèbres des héros protestants pour leurs confrères, il faut se rappeler ce que Luther dit de Zwingle et d'Œcolampade :

— « Zwingle est mort damné , comme un *larron* et un *séditieux ;* Œcolampade est mort *étranglé par le diable.* »

Touchante fraternité protestante, démocratique et sociale !....

IV

D'abord ami de Luther, et l'un de ses plus ardents sectateurs, Carlostadt fut désavoué par lui et devint son adversaire. Il l'appelait *pape de Wittemberg*, et fut, à son tour, traité par lui de séditieux. Ce fut entre

---

[1] Erasm., l. XVIII, ep. 23, l. XIX, ep. 123, l. XXX, ep. 47.

eux un assaut de discussions et d'injures. On s'invective ainsi dans les halles. Ils eurent pourtant une entrevue à Iéna, mais ils ne purent s'entendre sur la question de la présence réelle, que Luther soutenait avec des restrictions qui blessaient l'orthodoxie, tandis que Carlostadt la niait formellement. Ils se séparèrent irréconciliables.

Insulté, maltraité, battu même par les luthériens, Carlostadt se réfugia auprès de Zwingle qui dogmatisait alors à Bâle en complicité d'Œcolampade : c'est là qu'ils combinèrent la formule de la secte des *sacramentaires.* On nomma ainsi ceux des réformés qui, s'éloignant de l'opinion de Luther sur le sacrement de l'eucharistie, rejetèrent la présence réelle : tels furent, avec Zwingle, Œcolampade et Carlostadt, Muncer, Storck, Martin Bucer et Calvin. Cette différence d'opinions donna lieu à une séparation parmi les protestants, qui éclata dès le 22 août 1524, entre Luther et plusieurs de ses principaux adhérents, et qu'on nomma *guerre des sacramentaires.*

V

Carlostadt fut le premier prêtre de la réforme qui se maria. Dans la messe de nouvelle fabrique qui fut composée pour son mariage, ses fanatiques partisans allèrent jusqu'au point de qualifier de *Bienheureux* cet homme *qui portait des marques évidentes d'impiété* [1].

Carlostadt ne vivait que des sommes qu'il soutirait aux protestants opulents.

VI

Carlostadt laissa un fils, Hans Carlostadt, qui, dégoûté des erreurs de son père, se rangea à l'Église catholique.

Carlostadt, nous l'avons dit, fut le premier ministre du protestantisme qui se maria; la plupart l'ont imité.

C'est là une des nombreuses violations de la discipline ecclésiastique, commises par les sectaires protestants.

[1] L'oraison de cette messe était ainsi conçue : *Deus, qui post tam longam et impiam sacerdotum tuorum cæcitatem, Beatum Andræam Carlostadium ea gratia donare dignatus es, ut primus, nulla habita ratione papistici juris, uxorem ducere ausus fuerit, da, quæsumus, ut omnes sacerdotes, recepta sana mente, ejus vestigia sequentes, ejectis concubinis aut eisdem ductis, ad legitimi consortium thori convertatur; per Dominum nostrum, etc.*

VII

Le célibat ecclésiastique est un des points qui ont été l'objet des controverses les plus passionnées et les plus perfides. Depuis Luther et Calvin, jusqu'à M. Michelet dans son cynique et infâme libelle intitulé *le Prêtre*, tous les ennemis du peuple et de la foi du peuple, tous les ennemis de l'Église et du salut du peuple se sont élevés contre le célibat ecclésiastique, pour mieux frapper la confession.

C'était logique. Toutes les vérités se tiennent, commetoutes les erreurs.

Les bons principes s'enchaînent, comme entre eux s'enchaînent les mauvais. Supprimez le célibat ecclésiastique, il n'y a bientôt plus ni confession, ni sacrement, ni institutions, ni organisation de l'Église; il n'y a plus ni sacerdoce, ni société spirituelle, nous tombons dans le protestantisme : c'est-à-dire une vaine école de philosophie, un faux christianisme, un christianisme qui n'est plus un corps vivant; une réunion de sectes difformes qui, privées de tout lien, livrées à toutes les contradictions de l'esprit humain et à toutes les révoltes des sens, tombent en poussière comme des cadavres.

En proclamant le mariage des prêtres, Luther a montré la faiblesse de l'hérésie. Il donna à comparer ses lois nouvelles aux saintes lois de la discipline ; et tandis que les ministres protestants sont devenus des pères de famille, les prêtres catholiques ont conservé ce privilége qui fait l'admirationc omme la joie des anges, et qui marque l'épouse sans tache, aux yeux mêmes des infidèles, d'un sceau éclatant de divinité.

Le célibat ecclésiastique supprimé, les peuples qui ont eu le bonheur d'être chrétiens, ne le sont plus que de nom; ils ne conservent qu'un titre qui chaque jour s'efface avec les mœurs et la foi qu'il implique. Nous avons vu, depuis Luther, ce que cette violation de la discipline a produit au sein du protestantisme. Nous avons vu que, sans le célibat de ses ministres, la conservation des anciennes conquêtes de l'Église est impossible. A plus forte raison lui serait-il défendu, sans le célibat, d'en opérer de nouvelles.

Il suffit de lire l'histoire des missions catholiques pour s'en convaincre. Tandis que les ministres protestants ne convertissent personne, malgré leurs bibles répandues à profusion, on ne peut compter les succès de nos missionnaires.

Le ministre protestant recule devant les dangers, il est mari, il est père.... le prêtre catholique, qui a tout sacrifié à Dieu, se porte jusqu'aux extrémités du monde, apôtre intrépide, pour conquérir des âmes à Jésus-Christ. L'apostolat, c'est la gloire, c'est la vie même de l'Église.

Ces hommes qui partent du foyer des lumières, du centre de l'unité catholique, pour marcher, comme les apôtres leurs devanciers, à la pacifique et sainte conquête des âmes, répétent avec le grand Paul : *Malheur à moi si je n'évangélise !*

Le ministre protestant emmène sa famille, beaucoup de bibles et une pacotille.

Le prêtre catholique s'arrache lui-même à tous les liens de famille et de patrie et s'en va par toute la terre porter la bonne nouvelle de Jésus-Christ, heureux de remporter la victoire au prix de son sang : on peut l'immoler, non le vaincre. Semblable au soleil, la vérité, dont il est l'organe, ne recule pas devant les clameurs de la haine.

Le protestantisme n'a pas de missionnaires, dans la vérité du mot, et tandis que chaque jour la persécution rougit la terre du sang généreux de nos apôtres, le protestantisme ne peut compter un seul martyr.

Par devoir, le prêtre catholique est l'ami, la providence vivante de tous les malheureux, la consolation de tous les affligés, le défenseur de l'opprimé, l'appui de la veuve, le père de l'orphelin, le réformateur des désordres produits par les passions et les funestes doctrines du monde.

Le ministre protestant ne peut s'appliquer qu'à être le mari de sa femme, le père de ses enfants, l'ami de ses voisins ; il peut être obligeant, humain, bienveillant, philanthrope, il ne peut être charitable, dans toute la grandeur du mot. Il ne peut se sacrifier à ses semblables, sans sacrifier sa famille, — boulet qui retient tous ses élans !

Le prêtre catholique, c'est un homme qui, pour l'amour de Dieu, a renoncé à sa famille pour appartenir à tous : c'est le père des pauvres, l'ami des misérables, le frère dévoué de tous ceux qui souffrent. Sa mission est unique sur la terre.

C'est lui qui maintient l'alliance du ciel et de la terre. Son unique affaire, c'est de guérir le mal de l'âme.

Ce qui fait l'étonnement et le respect des populations infidèles, c'est la vie religieuse, la vie dévouée à tous, le célibat du Frère, de la Sœur, du Prêtre. C'est ce célibat, sacrifice, holocauste, don merveilleux et unique qui ne se trouve que dans le sein de la véritable Église et qui fait tomber à ses pieds jusqu'au fanatisme des sectateurs de Mahomet !...

Le célibat ecclésiastique n'est donc attaqué que par

les ennemis de *l'apostolat*, que par les ennemis de Jé-sus-Christ.

Ce grave sujet du célibat ecclésiastique a été traité excellemment dans des ouvrages offerts depuis les premiers siècles à l'étude et à la méditation des esprits consciencieux.

On a réduit à néant toutes les objections du protestantisme, par l'histoire, par le raisonnement, par les plus hautes considérations de l'intérêt social, comme par la tradition de l'Église et de sa discipline.

VIII

De l'Allemagne, de la France et de la Suisse, la réforme gagna l'Angleterre ; ou, plutôt, un roi d'Angleterre cruel et débauché se jeta dans le protestantisme pour satisfaire ses goûts de sang et de volupté : **Henri VIII.**

IX

Mais un rapide coup d'œil sur l'histoire de l'Angleterre est ici nécessaire.

La nation anglaise, qui, depuis bientôt deux siècles, exerce en Europe une influence si considérable, est le produit d'un mélange de races : Bretons, Pictes, Saxons, Danois, Normands.

Deux îles composent l'Angleterre : l'une comprend l'Angleterre primitive et l'Écosse, la seconde forme le royaume de l'Irlande.

La première de ces deux îles était appelée par les Romains *Albion* et *Bretagne ;* ce ne fut qu'en 810 que le pays prit le nom d'*Angleterre*, en vertu d'un édit du roi Egbert, qui voulut ainsi immortaliser la nation des Angles, à laquelle il appartenait. Plus tard Éthelred II prit le nom de *roi de la Grande-Bretagne,* par opposition à l'Irlande, nommée par les Romains *Petite-Bretagne*, et à la Bretagne (ancienne Armorique), province occidentale de la France où s'étaient établis au VIe siècle, avec la permission des enfants de Clovis, les peuples bretons chassés de leur pays par les Angles et les Saxons.

Comme celle de tous les pays, l'histoire de l'Angleterre est d'abord profondément obscure. César l'avait conquise ; au Ve siècle, l'empire se démembrant, elle tomba au pouvoir des Pictes et des Calédoniens.

Mais, divisés par l'hérésie de Pélage, les nouveaux vainqueurs furent trop faibles pour repousser les Saxons. Arrivèrent ensuite les Angles et Egbert, qui réunit les sept États primitifs dans sa main et leur donna le nom d'*Angleterre*.

Le pays fut longtemps ravagé par les Danois et les *hommes du Nord*, peuples farouches, que ne put apprivoiser la généreuse politique d'Alfred le Grand, le Charlemagne de l'Angleterre.

Cependant le mouvement de l'invasion barbare cède insensiblement à l'esprit de paix prêché par les apôtres de l'Évangile; le clergé est écouté, l'Église affermit son pouvoir; l'institution religieuse introduite par saint Benoît compense le désordre politique.

C'est alors que paraît le moine saint Dunstan, l'une des plus grandes figures religieuses du catholicisme, homme de génie qui règne sur les rois et sur les peuples, et élève paisiblement le pouvoir de l'Église au milieu des maux effroyables de la barbarie et de la guerre, au sein de la confusion et de l'anarchie. Puis, c'est Édouard II, prince chrétien, qui mérite à tous égards son titre de *saint* et de *confesseur*. Il s'était souhaité pour successeur Guillaume, duc de Normandie; mais à sa mort, le Danois Harold s'empara du trône. Guillaume arrive et triomphe; la bataille de Hastings fixe le sort de l'Angleterre.

Cette conquête normande fut aussi durable qu'elle avait été précipitée (1066).

Persévérant dans leur haine contre les Normands, les Anglais se soulèvent contre Guillaume, pendant un voyage qu'il fait en Normandie; il accourt et les écrase. Les Normands eux-mêmes se révoltent contre Guillaume, ainsi que son propre fils, Robert; Guillaume maintint ses prétentions contre Grégoire VII, qui venait de déposer courageusement l'empereur d'Allemagne, ouvrant ainsi un large champ au pouvoir universel du Saint-Siége.

Guillaume II, fils de Guillaume Iᵉʳ, eut à combattre son frère Robert, duc de Normandie, et s'empara de la couronne de vive force. Robert, employant mieux sa bravoure, se leva, comme toute la chrétienté, lors des croisades, et, pour cette noble entreprise, engagea son apanage au roi d'Angleterre.

Bientôt, les Plantagenets arrivent à la succession de la couronne (1155). Henri II est un tyran; il engage une lutte impie contre le clergé; il voue à la mort Thomas Becket, archevêque de Cantorbéry, dont la voix indépendante et sévère défend les droits du christianisme. Dès lors, sa vie n'est qu'une suite d'infortunes, châtiment de ses crimes; il meurt du chagrin que lui causent ses enfants révoltés, ainsi qu'il s'était lui-même révolté contre l'Église, et le souvenir sanglant du saint archevêque secoue et torture son agonie.

C'est pendant son règne que la chevalerie anglaise fit la conquête de l'Irlande.

Richard Cœur de Lion, son fils, après une jeunesse très-orageuse, fait oublier ses désordres par son courage ; il accompagne Philippe-Auguste en Asie, et y relève l'honneur des armées chrétiennes ; puis, par un de ces retours de la fortune qui sont les leçons et les épreuves de la Providence, il vient mourir sans gloire devant un château du Limousin.

Son frère, Jean sans Terre, qui lui succède, n'a pas sa grandeur ; lâche et rusé, il se fait partout des ennemis, même dans le pouvoir ecclésiastique, auquel il est contraint de céder, pour faire lever l'interdit jeté sur ses États par le pape Innocent III. Las de sa tyrannie, les barons et les évêques lui arrachent la *grande charte*, origine des libertés du peuple anglais, libertés faussement attribuées au protestantisme par les ignorants. Cet oppresseur, couvert de sang, meurt ; c'est un jour de fête pour l'Angleterre (1216).

Henri III, son fils aîné, est un prince faible et injuste, à la fois arrogant et servile ; caractère bas, indigne du commandement. Il viole maintes fois la *grande charte ;* il est fait prisonnier avec son fils par un hardi baron révolté, Simon de Montfort, et malgré la noble intervention de saint Louis. Simon crée le *parlement* ou *chambre des communes ;* mais ce n'était qu'une fantaisie d'équité, il se montra dur à la nation. On se soulève contre lui, le prince Édouard sort de prison et l'attaque ; Simon est vaincu et tué. Édouard, croyant à la paix publique, se croise pour la délivrance de saint Louis ; le désordre s'augmente et le roi meurt. Mais le séjour d'Édouard en Orient ne lui avait point été inutile ; il en rapporta une réputation méritée d'homme de guerre et une certaine sagesse politique ; il tenta de grands efforts et ne manqua pas des vues élevées. Mais il résista avec une déplorable habileté au pape Boniface VIII, auquel s'opposait également Philippe le Bel. A part ces fautes, disons ces crimes, Édouard fit de bonnes choses : il institua le corps représentatif, rédigea nombre de lois et assura le cours du pouvoir judiciaire ; il favorisa les communes et établit les juges de paix.

Sous Édouard II, l'autorité royale se laisse enlacer dans les liens de la haute aristocratie et de ses priviléges.

Plongé dans la plus vile débauche, ce roi laissait gouverner Gaveston, son favori, comme lui maudit du peuple. La révolte contre son autorité se dresse audacieuse, ayant à sa tête la reine elle-même, Isabelle de France, et le comte de Lancastre, premier prince du sang ; l'Écosse s'insurge. Débordé, Édouard jure de changer de conduite et de chasser Gaveston :

vaines promesses! Le favori expie par la mort le parjure de son maître. Malgré sa promesse, Édouard le remplace par un autre favori, Spencer. Il triomphe et fait périr Lancastre; mais il est vaincu à son tour par la reine, accourue avec Mortimer, son favori. Le roi est déposé, et meurt assassiné dans son cachot par Montravers et Gavany (1327). Édouard II est le premier des héritiers présomptifs de la couronne d'Angleterre qui ait porté le titre de *prince de Galles*.

Édouard III, son fils, règne pendant dix-huit ans sous l'autorité immorale de sa mère Isabelle et de Mortimer, le complice de ses désordres; mais dès qu'il peut gouverner seul, il fait pendre Mortimer et enfermer sa mère dans un château fort. Il reconquiert le royaume d'Écosse, qu'avait perdu son père; entreprend de détrôner Philippe de Valois, roi de France, contre lequel il gagne la bataille de Crécy et auquel il prend Calais et plusieurs autres villes (1346).

Quelques années après, son fils, le prince de Galles, dit le *prince Noir*, gagne la bataille de Poitiers (1356) sur le roi Jean, fils et successeur de Philippe de Valois; Jean est fait prisonnier et vient mourir en Angleterre. Moins heureux contre Charles V, Édouard perd la plupart de ses conquêtes; il meurt en 1377. Richard II, son fils, lui succède. C'est pendant sa

minorité que l'hérésiarque Wiclef prêche la démagogie et le communisme ; cent mille paysans soulevés pillent Londres ; on en fait justice. Déposé, le
roi meurt assassiné. Lancastre prend la couronne,
sous le nom de Henri IV ; cet usurpateur se défend
contre Percy, comte de Northumberland, sur lequel
il gagne la bataille de Sherwsburg. L'archevêque
d'Yorck est jugé et mis à mort. Henri fait condamner
au feu les lollards, insurgés wicléfistes. Il cède du
terrain au parlement, mais il lui résiste vigoureuse-
ment quand il prétend régler l'emploi des revenus
du clergé. Henri soutient les priviléges ecclésiastiques
comme un prince prudent qui pressent les passions
naissantes de la réforme.

Son fils, Henri V, avait eu une jeunesse dissipée,
livrée aux excès ; en changeant de condition, il chan-
gea de genre de vie, grâce au clergé ; son premier
acte fut d'abattre les lollards. Il porta une guerre
injuste en France, où il gagna la bataille d'Azin-
court, après avoir pris Harfleur (1415).

Il sortit de France épuisé lui-même, mais pour y
revenir plus fort deux ans après ; il prit Rouen, Pon-
toise, Gisors, et, par le traité de Troyes, se fit reconnaître héritier de la couronne. Il entra à Paris
comme *roi de France*, épousa Catherine de France
et reçut le serment des états généraux et du parle-

ment. Il retourna en Angleterre pour lever les subsides qui lui manquaient, mais il y mourut. Le parlement donna la direction de son fils mineur, Henri VI, à l'évêque de Winchester. Le duc de Bedfort, oncle du roi, vient gagner en France la bataille de Verneuil, en Normandie (1424), et réduit Charles VII à n'être plus que le roi d'une ou de deux provinces dont les Anglais affectent de ne tenir aucun compte. Mais les Bourguignons, complices des Anglais dans la spoliation de la royauté légitime, se brouillent avec ces derniers et se réunissent à Charles.

Le bâtard Dunois taille en pièces les Anglais à Montargis. Paraît enfin Jeanne d'Arc, l'héroïne inspirée, qui porte le coup mortel à la puissance anglaise en France (1430).

Sous le règne de l'incapable Henri VI, les Anglais, chassés de France, furent en proie à la guerre civile, dite de la *Rose blanche* et de la *Rose rouge*, suscitée par les prétentions respectives des maisons d'Yorck et de Lancastre. Le duc Richard d'Yorck, reconnu par un parlement servile, est vaincu à Wakefield par la reine Marguerite, et tué; après quoi, Édouard d'Yorck se fait élire sous le nom d'Édouard IV. Il continue l'œuvre de son père en disputant la couronne au roi Henri VI, de la maison de Lancastre. Il défait l'armée royale à Horthampton et à Mortimer's Cross (1460).

Le fameux comte de Warwick, qui l'avait puissamment secondé, passe dans le parti opposé, mais il est vaincu et tué par Édouard, à la bataille de Barnet (1471). L'infortunée Marguerite tombe avec son fils entre les mains des ennemis; cet enfant est massacré; quant à elle, on la confine dans la tour où est déjà son royal époux. Édouard IV, débarrassé de ses ennemis intérieurs, veut alors tenter de nouvelles conquêtes en France; il débarque à Calais (1475); Louis XI l'éloigne avec de l'or. Édouard IV passe le reste de sa vie dans la débauche et les plaisirs, et se montre aussi cruel que libertin. Le dernier ordre qu'il donne est celui d'égorger son frère Georges, duc de Clarence, dont il est jaloux. Il meurt, laissant le trône à son fils enfant, Édouard V, sous la tutelle du féroce Glocester. Ce monstre, l'un des plus abominables dont l'histoire ait enregistré les crimes, fait assassiner le jeune roi et son frère; le peuple, abruti de terreur, se tait, le lâche parlement approuve (1483). Mais Richard Glocester ne jouit pas longtemps des fruits de ses forfaits; il est vaincu et tué par Henri Tudor, comte de Richemond, de la branche de Lancastre, par sa mère.

Avec Richard s'éteint la branche des Platagenets.

Henri Tudor est roi sous le nom de Henri VII, c'est le chef de la famille des Tudors; il ne craint plus de compétiteurs. Cependant trois prétendants ridicules, trois imposteurs, naissent des guerres de légitimité; Henri en triomphe et règne paisiblement, mais méprisé pour son avarice.

X

Cependant, au milieu de ces anarchies, de ces violences, de ces fureurs, de ces ambitions, de ces crimes, l'Angleterre continuait à se civiliser sous le développement fécond du christianisme; la littérature britannique date de Chaucer, homme d'un grand talent, qui écrivit en vers anglais et en idiome anglo-saxon.

XI

Mais nous sommes arrivés à l'époque douloureuse où la débauche d'un roi jeta ce pays infortuné dans les abîmes du schisme; nous avons nommé Henri VIII.

Ce roi succéda à Henri VII, son père, en 1560, et se hâta de conclure son mariage avec Catherine d'Aragon, veuve de son frère. Il se distingua d'abord par son goût pour les lettres et pour les arts, et particulièrement par son zèle pour le catholicisme, alors menacé dans une grande partie de l'Europe. Un caprice criminel précipita l'Angleterre dans les doctrines hérétiques au sein desquelles elle se débat encore en ce moment. Henri VIII, s'étant épris subitement d'Anne de Boleyn, voulut obtenir du pape une bulle de divorce contre Catherine d'Aragon, sa femme légitime. Clément VII était un homme courageux et pieux ; comme pape, il ne pouvait avoir deux poids et deux mesures, et permettre le divorce à Henri VIII, comme l'avait fait l'hérétique Luther au landgrave de Hesse. Clément VII prit de longs délais pour répondre, bien que sa décision ne pût être douteuse ; ces retards, empreints de sagesse, irritèrent Henri VIII, qui rompit brutalement avec le Saint-Siége et se fit déclarer, par un parlement servile, *protecteur de l'Église d'Angleterre*. Un traître, Thomas Cranmer, archevêque de Cantorbéry, qui avait été le complice du roi en cette affaire, fut créé primat de l'Église anglaise. François Ier fit d'honorables efforts pour réconcilier Henri et le pape, mais il était trop tard ; celui-ci avait fulminé déjà contre le roi d'Angleterre la bulle d'excommunication, et Henri ne voulait pas se soumettre.

Contrairement à la conduite des chefs protestants, Henri VIII, tout en rompant avec le Saint-Siége, ne se sépara pas des dogmes catholiques; ce qui rendit son schisme plus frappant encore par son inconséquence. En effet, rien n'était plus étrange que de conserver les dogmes catholiques, comme s'il était possible de les séparer du reste. Ce protestant, qui exerçait en Angleterre une dictature plus absolue encore, si c'est possible, que celle exercée par Luther en Allemagne et Calvin à Genève, ne voulait pas entendre parler du protestantisme. Cet hérétique, qui avait fait acte de libre examen, n'admettait pas le libre examen. Henri VIII se montra donc aussi persécuteur envers les autres protestants qu'envers les catholiques. Il les fit brûler sans forme de procès. Cranmer, bas et abominable courtisan qui s'était mis, lui aussi, au-dessus du pape, ratifia le second mariage de Henri avec Anne de Boleyn, et fit couronner celle-ci. La cour de Rome, toujours impassible dans son droit, s'éleva contre ce scandale impie; elle cassa solennellement ces deux actes.

Henri répondit à la vigueur du Saint-Siége en faisant déclarer illégitime, par son parlement, Marie, fille de Catherine d'Aragon, et en donnant à sa fille

Élisabeth, née de la nouvelle reine, le titre de princesse de Galles, héritière présomptive de la couronne.

Henri VIII s'empara des revenus du clergé, et s'at-
tribua les redevances du royaume à la chambre apostolique. Le parlement lui reconnut tous les droits qu'il
lui plut de s'arroger, et, parmi ceux-ci, la plénitude
de l'autorité spirituelle ; cela flattait l'orgueil du roi,
qui se croyait un profond théologien. En même temps
qu'il signait l'arrêt de mort du vénérable évêque Fischer et du généreux Thomas Morus, Henri VIII effaçait
le mot *pape* de tous les livres de piété et de liturgie.

On le voit, avec sa prétention de ne pas passer
pour un protestant, il se conduisait en tout comme
les protestants les plus fanatiques. Il supprima les
grands monastères et les dépouilla avec la plus honteuse avidité. Dans le bill sanglant des *six articles*,
où il réglait une foule de points de dogme et de discipline, la mort était la garantie du succès contre les
dissidents, auxquels la rétractation n'était pas même
permise. Auparavant, il se montrait moins barbare ;
celui qui se rétractait avait la vie sauve. Alors le roi
discutait rarement lui-même ; mais malheur à qui
ne se rendait pas ! Sa querelle avec Lambert, maître
d'école à Londres, est demeurée célèbre. Ce Lambert
s'était jeté avec ardeur dans le protestantisme, et niait
résolûment la *présence réelle* de Jésus-Christ dans la

sainte eucharistie. Henri VIII, qui défendit constamment ce dogme avec un acharnement étrange de la part d'un protestant, convoqua le parlement de Westminster, et argumenta cinq heures contre le maître d'école ; mais la théologie royale ne put rien contre cet autre hérétique , plus conséquent que Henri VIII dans le mal. Le roi, irrité, usa du genre de persuasion qui lui était propre : Lambert dut choisir entre la rétractation ou la mort. Le maître d'école refusa de se rétracter et marcha au supplice.

Tout en écrasant ceux qui osaient lui disputer la palme théologique et la suprématie religieuse qu'il s'était attribuée, Henri VIII lâchait plus que jamais la bride à ses criminelles passions. Après avoir répudié Catherine d'Aragon , il accusa l'usurpatrice Anne de Boleyn devant le parlement. Celui-ci, tout entier aux ordres de son maître, la déclara coupable d'avoir trahi la foi conjugale , et la condamna à périr sur l'échafaud.

Avec elle, furent suppliciés lord Rochefort, son frère Norris , écuyer du roi , deux gentilshommes de sa chambre et même un de ses musiciens ; leurs cadavres furent *coupés par morceaux* et exposés en place publique. Ce fut le lendemain que Henri VIII, encore tout couvert de ce sang, depuis quelque temps épris de Jeanne Seymour, plaça le bandeau royal sur le front

de cette nouvelle conquête. Jeanne mourut après lui
avoir donné un fils, depuis son successeur sous le
nom d'Édouard VI.

Cependant Henri VIII épousa une quatrième femme,
Anne de Clèves, sœur de l'électeur de Hesse, protecteur de Luther et chef de la ligue protestante; il s'en
dégoûte et la répudie, et il fait à cette occasion mettre
à mort Thomas Cromwell, vicaire général de l'Église
anglaise, comme ayant préparé ce mariage et devant
être *responsable de la méprise du roi* sur la beauté
d'Anne de Clèves !

Ici encore, nous voyons Henri VIII s'abandonner à
ses deux plaisirs favoris, la volupté et la cruauté.

Il épousa ensuite Catherine Howard, qu'il mit à
mort pour adultère, et enfin Catherine Par, qui lui
survécut.

Chaque fois que Henri VIII prenait une femme nouvelle, l'esprit public, cet esprit malin qui court les
rues, s'écriait à cette nouvelle : le roi se marie :
Contre qui ?

Mot précieux ; parole profonde : en effet, rien n'é-
tait plus désavantageux, à tous les points de vue, pour
une fille d'Ève, que d'épouser ce prince sanguinaire,
hérétique et libertin.

Cet implacable tyran, ce débauché féroce mourut
en 1547, laissant trois enfants qui régnèrent après

lui : Édouard VI, Marie et Élisabeth, et continuèrent l'œuvre protestante de leur père.

Si la noblesse anglaise est aujourd'hui si opulente, elle le doit en partie aux biens de l'Église catholique, dont Henri VIII et Élisabeth l'ont enrichie, en dépouillant cette Église d'une manière aussi injuste que cruelle.

XII

Ainsi, la dynastie des Tudors substitua en Angleterre le protestantisme à la religion catholique instituée par Jésus-Christ (1533-1603).

Jacques Ier (VI d'Écosse) succède à Élisabeth ; il commence en Angleterre la dynastie des Stuarts, et, le premier, réunit l'Angleterre, l'Écosse et l'Irlande sous le nom de *Grande-Bretagne*. Charles Ier, fils de Jacques, périt sur l'échafaud (1649), et la république est proclamée ; Cromwell reste dictateur jusqu'à sa mort (1658).

Les Stuarts sont ensuite restaurés (1660), puis chassés de nouveau, sous Jacques II, pendant la révolution de 1688, qui renverse cette dynastie et donne pour souverain aux Anglais Guillaume III, prince d'Orange, puis Anne, fille de Jacques II. La maison de Hanovre fut ensuite appelée au trône après la mort de la reine Anne; elle a fourni cinq rois et la reine aujourd'hui régnante, Victoria.

Sous ces derniers rois, les événements les plus remarquables sont : la conquête du Canada (1760-1763), la perte des colonies anglo-américaines (1774-1783), la soumission de l'Inde (1757-1816), la lutte contre la Révolution française (1793-1815), le rappel des lois contre le catholicisme sous Georges IV (1829), la réforme électorale (1832), une recrudescence de persécution contre le catholicisme, malgré le rappel de 1849 : Irlande, O'Connell !

XIII

L'Église anglicane, nommée aussi *haute Église, Église épiscopale*, se dit de l'Église d'Angleterre, qui a adopté en grande partie les erreurs du calvinisme, mais qui soutient encore l'institution divine des évêques et la hiérarchie des prêtres. Le roi (ou la reine) est le chef de l'Église anglicane, sur laquelle il exerce une grande pression, bien qu'il soit convenu qu'il doive rester étranger au dogme et à la discipline de l'Église. On appelle *non conformistes* tous ceux qui ne suivent pas la religion anglicane, et ils sont fort nombreux, car là, plus que partout ailleurs, le protestantisme estdivisé avec lui-même : aussi les conversions au catholicisme y sont-elles fréquentes.

C'est pour la distinguer des milliers de cultes distincts qui y sont tolérés, qu'on appelle Église anglicane, la religion officielle, l'*Église établie*, le culte légal en Angleterre.

On a vu que l'*anglicanisme* doit son origine à une révolution religieuse qui marqua l'époque la plus malheureuse de l'histoire du peuple anglais.

Il y avait plus de quarante ans que le déplorable schisme de Luther et de Calvin imprimait à l'esprit public en Europe une révolution contre le pouvoir du pape, et contre le respect et l'obéissance auxquels a droit l'autorité pontificale. Ces ferments de désordre n'avaient que très-faiblement pénétré en Angleterre, noble sol catholique converti à la vraie foi par des moines, et surnommé à juste titre la *terre des saints*. Néanmoins, son isolement du continent, qui nuisait à ses rapports avec le centre de l'unité, avait favorisé les despotisme des rois normands, qui, après avoir asservi la nation, opprimèrent le clergé et les institutions ecclésiastiques, ainsi que l'attestent les fâcheux démêlés de Guillaume le Conquérant avec Grégoire VII, de Henri Ier avec saint Anselme, de Henri II avec saint Thomas.

Les rois mettaient des obstacles à l'entrée des légats

du Saint-Siége dans les États de la Grande-Bretagne ;
ils en mettaient également lorsque les prélats anglais
voulaient se rendre à Rome pour déposer en personne
leurs hommages aux pieds du Souverain-Pontife, selon
l'usage alors en vigueur dans toute l'Église ; de plus,
lorsque les autres princes demandaient régulièrement
au pape, ou à l'assemblée de leur clergé, l'autorisation
pour lever des décimes sur les revenus ecclésiastiques,
les rois d'Angleterre, depuis les Normands, prolon-
geaient indéfiniment la vacance des bénéfices et en
retenaient les fruits. Les grands imitaient la royauté,
et Wiclef profita de ces dispositions en formulant, le
premier, la révolte contre Rome et toute la hiérarchie
catholique ; ses disciples se confondirent avec les *lollards* ; ils furent vaincus, mais ils n'en préparèrent
pas moins les voies à la révolution anglicane du XVIᵉ
siècle.

Nous avons dit que cette révolution éclata sous
Henri VIII, à propos de son divorce avec Catherine
d'Aragon. Clément VII ne pouvait céder, il résista,
et préféra perdre l'Angleterre plutôt que de trahir la
doctrine catholique : grand exemple, souvent fourni
par les successeurs de saint Pierre !

Henri VIII, prince dissolu et sanguinaire, protes-
tantisa son pays, tout en persécutant les autres protestants non moins cruellement que ceux de ses sujets

qui prétendaient rester catholiques. Il supprima complétement l'autorité du Saint-Siége, se fit nommer chef de l'Église anglaise par un parlement traître à Dieu. Hélas ! le dogme fondamental de l'unité catholique était alors déjà si affaibli dans les esprits en Angleterre, que, dans tout l'épiscopat et dans la noblesse, il ne se trouva que deux chrétiens fidèles : le vénérable Fischer, évêque de Rochester, et le chancelier Thomas Morus, illustres l'un et l'autre dans tout le royaume par leurs talents éprouvés et leurs solides vertus. Le clergé inférieur et surtout l'ordre monastique fournirent d'autres martyrs du dogme divin de la suprématie pontificale.

Henri VIII, devenu antipape de l'Angleterre, dogmatisa, dépouilla, excommunia et canonisa, égalant les premiers tyrans des chrétiens dans leurs épouvantables persécutions. Après avoir aboli la suprématie papale dans ses États, Henri VIII supprima un grand nombre de fêtes, fit briser les croix et les images, détruire les reliques des saints et piller leurs châsses ; ce persécuteur du catholicisme fit couler en abondance le sang des vrais chrétiens. Pendant les dernières années de son règne seulement, il fit périr dans les supplices *soixante-douze mille* victimes. Sa fille Élisabeth se fit *papesse*, et marcha sur ses traces avec plus de résolution encore ; c'est elle qui présida à la constitution définitive de l'anglicanisme, dont le symbole sortit de l'assemblée du clergé ou synode de Londres (1562), formulée en trente-neuf articles, dont voici le résumé :

« Dieu, être infiniment parfait, existe, un dans son essence, et trois dans ses personnes. Dieu le Fils s'est fait homme pour nous ; il est mort, descendu aux enfers, ressuscité. Il faut reconnaitre également la divinité du Saint-Esprit (art. 1-5).

« Les livres de l'Ancien Testament non compris dans le canon des Hébreux sont apocryphes ; mais on doit recevoir tous ceux du Nouveau, et tenir l'Écriture sainte pour *règle suffisante de la foi*, sans cesser néanmoins d'admetttre les trois symboles (6-8).

« L'homme est tombé, et, depuis sa chute, tous ses actes, sans la grâce, participent à la nature du péché. La foi seule justifie, mais les bonnes œuvres sont agréables à Dieu, ce qui ne sanctionne nullement la bonté de celles de surérogation (9-15).

« Nous pouvons recouvrer par la pénitence la justice que nous fait perdre le péché ; et le dogme de la prédestination gratuite, consolant pour les âmes pieuses, n'est dangereux que pour les hommes envieux et charnels (16-17).

« L'Église est l'assemblée visible des fidèles, dans laquelle on enseigne la pure parole de Dieu, et où les sacrements sont administrés selon l'institution de Jésus-Christ. Dépositaire et conservatrice des Livres saints, elle doit les prendre pour règle de ses décisions, lesquelles ne sont pas infaillibles, même celles qui émanent des conciles généraux (19-21).

« L'Église romaine s'est trompée sur le dogme et le culte, et il faut rejeter comme inutiles ses dogmes du purgatoire, des indulgences, de la vénération et *adoration* [1] des images, des reliques, de l'invocation des saints (22).

« Les ministres ne peuvent prêcher ni administrer les sacrements sans vocation ni mission donnée par ceux qui en ont le pouvoir [2]. Ils doivent célébrer la liturgie en langue vulgaire (23-24).

« Les sacrements sont des signes efficaces de la grâce et de la bonté de Dieu, par lesquels il opère invisiblement en nous et confirme notre foi. Il y en a deux seulement, le *baptême* et la *cène*. Le baptême est le signe de notre régénération, et on doit l'administrer même aux enfants. La cène est la communion du corps et du sang de Jésus-Christ, que l'on mange véritablement, et toutefois d'une manière spi-

---

[1] Les rédacteurs des trente-neuf articles savaient parfaitement que l'Église catholique n'a pas pour dogme l'*adoration des images*. C'était là une calomnie pour tromper le peuple.

[2] Il faut lire : *Par ceux qui s'en sont arrogé le pouvoir.*

8.

rituelle, par la foi; tellement que les méchants ne reçoivent point le corps de Jésus-Christ, quoiqu'ils le mangent sacramentalement. Il faut donner la communion sous deux espèces ; mais rejeter, comme une source d'erreurs et de superstitions, la transsubstantiation, ainsi que l'usage d'élever, adorer, garder et porter le sacrement. L'eucharistie n'est point un sacrifice : on ne doit admettre que celui de la croix, et repousser la doctrine catholique sur la messe comme un blasphème (25-34).

« Il est permis aux évêques, prêtres et diacres de se marier; l'Église a le droit de lancer des excommunications ; et quoiqu'on ne puisse accorder à la tradition l'autorité que les catholiques lui attribuent, le bon ordre exige cependant que chaque particulier ne puisse s'arroger le droit de changer les cérémonies et le culte établi. Ce droit ne peut appartenir qu'aux Églises particulières et pour l'édification des fidèles (32-34).

Le Livre des Homélies et le Rituel des ordinations publiés sous Édouard doivent être reçus sans que l'on puisse contester la légitimité des ordinations faites selon ce Rituel, depuis la mort de ce prince (35-36).

« Tous, même les ecclésiastiques, doivent être soumis, dans *toutes* les *causes*, au roi d'Angleterre, qui n'est soumis lui-même à aucune juridiction étrangère, le pape n'en ayant point dans ses États. Néanmoins on n'attribue point au roi l'administration de la parole de Dieu, ni celle des sacraments (37-38).

« Enfin, il faut repousser la doctrine de ceux (les anabaptistes) qui refusent à la société le droit de punir de mort les criminels, et aux chrétiens, celui de porter les armes et faire la guerre, d'avoir des propriétés privées et de prêter serment (39). »

XIV

Tels sont les fameux trente-neuf articles, qui sont encore aujourd'hui la lettre du symbole anglican.

C'est un milieu misérable entre l'ancienne et la nouvelle doctrine. Cette œuvre d'hérésie et de despotisme fut vivement attaquée par des *dissidents*, qui lui reprochent ses perpétuelles inconséquences. D'autre part, les théologiens romains ont foudroyé cet échafaudage arbitraire, sans conviction comme sans logique. Ils ont avec justice contesté à l'anglicanisme les institutions par lesquelles il prétend se rattacher à l'antiquité catholique, et qui forment son côté original, celui par où il se distingue des autres sectes protestantes. C'est ainsi qu'ils ont prononcé que les ordinations anglicanes sont nulles; nullité qui entraîne la ruine même de l'épiscopat et de toute la hiérarchie de l'*Église établie*. Sous tous les rapports, les ordinations sont nulles de droit par le défaut essentiel de la forme, et elles le sont encore de fait, la chaîne pontificale ayant été brisée sans retour dans l'Église schismatique.

L'anglicanisme est donc faible partout, partout sans défense, partout vulnérable; il ne peut pas soutenir la plus légère discussion; ce ne fut qu'une création du pouvoir au profit du pouvoir. D'un côté, l'autorité royale et le parlement; de l'autre, le bourreau, voilà ses apôtres! Les amendes, les confiscations, la prison, les tortures, les bûchers et l'échafaud, voilà ses armes. Armes éternelles de l'hérésie et de la révolution, de l'athéisme et du socialisme! Mais rien n'a pu décourager le catholicisme; aux martyrs ont succédé les martyrs, aux soldats les soldats, aux apôtres les apôtres. Spectacle digne de Dieu! Si bien qu'à ce moment même où le XIXe siècle a fourni plus de la moitié de sa carrière, l'Église anglicane partout menace ruine, lézardée par ses inconséquences, épuisée par ses propres crimes, accablée par les attaques des dissidents et foudroyée par la vérité catholique, qui, chaque jour, gagne des âmes en Angleterre.

Le haut clergé anglican dévore annuellement *deux cents millions* de francs au Royaume-Uni; clergé oisif, complétement inutile et presque étranger au service de l'*Église établie;* il est composé de cinq mille membres, dont le revenu moyen est de 1,500 livres sterling (45,000 fr.). D'un côté, repos et richesse ; de l'autre, travaux et pauvreté ; voilà l'état du clergé anglican, état qui choque le plus simple bon sens et les notions les plus vulgaires de la justice et de la morale.

Mais où le scandale, où les abus révoltants de l'anglicanisme prennent des proportions vraiment déplorables, c'est en Irlande ; c'est là surtout que l'Église anglicane se déshonore scandaleusement. Voici des chiffres dont l'éloquence est accablante. Laissons parler M. l'abbé Blanc : Ce qui n'est qu'abus révoltant en Angleterre devient monstrueux dans cette nation opprimée. L'anglicanisme y compte 2,450 paroisses desservies par 1,015 recteurs, vicaires ou curés perpétuels, dont un tiers ne résident pas. Ils jouissent d'un revenu moyen de 24,000 fr., ensemble 25,800,600 fr. Le clergé épiscopal, où l'on trouve vingt-deux archevêques et évêques, n'a pas moins de 470,000 livres (plus de 7,800,000 fr.). Enfin le revenu total de l'Église établie de l'Irlande est de 1,426,587 livres (35,664,675 fr.), et cette somme énorme est absorbée par un clergé qui a moins de 600,000 prosélytes à gouverner. Il arrive, par suite

de ce petit nombre d'anglicans, qu'il est des paroisses
entières où l'on en rencontre à peine quelques-uns,
plusieurs où il ne s'en trouve pas un seul. On voit
aussi plus de la moitié des paroisses sans église et
plus des deux tiers sans presbytère. Pour obvier à ce
double inconvénient, au lieu de supprimer les dîmes
et autres redevances affectées à un culte nominal, on
a trouvé le secret des *unions*, c'est-à-dire qu'on a
formé une paroisse, un seul bénéfice, de plusieurs,
de trois, de quatre; il en est même de treize. De
cette sorte, 1,701 paroisses se trouvent réunies en
517 *unions*. Ce moyen de simplifier l'administration
des paroisses n'est point inconnu en Angleterre;
mais cet abus y est moins fréquent et moins scandaleux. Avec tant de revenus et si peu de prosélytes, la
résidence ne devait point peser aux ministres de l'É-
glise établie d'Irlande. On les voit donc, pasteurs
quelquefois sans troupeau, consumer avec leur famille, dans les grandes villes, à Londres ou sur le
continent, les richesses énormes qui sont le fruit des
sueurs de catholiques que la misère dévore! Aussi
l'Irlande, foulée depuis si longtemps comme une
terre ennemie, ne poussera pas toujours des cris inutiles. Elle a déjà eu part à l'acte d'émancipation;
mais son état présente encore des anomalies d'autant
plus monstrueuses qu'elles contrastent davantage

avec les progrès de la civilisation. Les ministres anglicans ont-ils du moins cherché à paralyser l'effet
inévitable de tant et de si justes réclamations, par un
pieux emploi de leurs revenus et par des mœurs
graves et imposantes? Hélas! il faut le dire, c'est le
contraire qui arrive. Absorbés par les soins que réclame une famille, leurs femmes et leurs enfants, les
ministres anglicans riches s'occupent avant tout de
l'administration et de l'extension de leurs revenus,
ou des moyens de pourvoir à leur insuffisance, s'ils
sont pauvres. Ces soins les jettent les uns et les autres
dans le mouvement des affaires temporelles, et les
mêlent à tous les chocs des intérêts et des passions
qui agitent le monde. Loin d'être retenus par des
règlements disciplinaires, on les voit, autorisés par
des actes du parlement, exploiter des fermes, faire la
banque, brocanter, en un mot, se livrer à toutes les
spéculations du commerce. De là, par une conséquence inévitable, une vie dissipée et mondaine, des
mœurs vulgaires, des habitudes qui les confondent
souvent dans les rangs les plus bas de la société.

Voilà donc ce clergé sur lequel se réunissent tous
les priviléges, et qui, au monopole des richesses et
des dignités, ajoute encore celui des droits civils les
plus importants. C'est entre ses mains que se trouvent
les registres qui constatent les naissances, les ma-

riages et les décès; et les dissidents sont dépourvus des moyens de constater légalement et de transmettre leurs droits les plus chers. Ces mêmes dissidents sont encore exclus des universités, non-seulement comme professeurs, mais aussi comme élèves. Et dès lors, par le fait, la plupart des postes importants leur demeurent interdits. Nous ne nous arrêterons pas plus longtemps sur ces griefs divers que l'on peut voir exposés dans la *Revue britannique* (avril 1835). Ils complètent ce système de choses où tout est, en quelque sorte, confisqué au profit de l'Église établie. Mais, se demande-t-on, comment un établissement si abusif dans toutes ses parties, et si dépourvu de toute force morale, a-t-il pu se soutenir; comment peut-il vivre encore? La solution de ce problème n'est pas difficile; personne ne l'ignore, les richesses, les priviléges et tous les abus de l'Église anglicane profitent presque exclusivement à l'aristocratie, qui règne depuis si longtemps en Angleterre. C'est elle qui possède les dîmes, les riches bénéfices, et qui se partage, et donne à ses créatures, les minimes revenus ecclésiastiques. Voilà ce qui inspire tant de zèle aux *tories* pour le culte national. Par une raison toute contraire, les *whigs* et des *dissidents,* surtout les catholiques, toujours les plus froissés dans cet état de choses, se trouvent naturellement unis pour réclamer

contre ce mépris public de tous les principes d'ordre
et de justice. Aux motifs d'intérêt se joint nécessairement l'influence des opinions politiques, d'autant
plus que le redressement de ces griefs ne peut se réaliser qu'au détriment de la classe noble et au profit
des doctrines libérales. Détruire l'opulence et les priviléges de l'Église établie, ce n'est pas seulement
l'affaiblir, c'est la tuer et enlever dès lors à l'aristocratie une grande partie de ses revenus et de son influence. Et la réforme parlementaire, cet objet fondamental du libéralisme anglais, ne se lie-t-elle pas
intimement à la question de l'Église? Mais ces résul-
tats probables dans l'ordre politique sont une barrière défensive, la seule même qui protége encore
l'anglicanisme. Le temps semble avoir consacré jusqu'aux abus de ce système ecclésiastique, et cimenté
son identification avec la constitution nationale;
comment y toucher sans ébranler l'État lui-même?
De là les craintes de tous ceux qui redoutent les révolutions; ils appréhendent par là même toute innovation hostile à l'Église établie. Une partie des whigs
eux-mêmes n'est pas étrangère à ce sentiment. Tandis que les hommes ardents, les puritains politiques
du parti libéral, poursuivent l'Église anglicane,
comme établissement tyrannique, absurde, dont le
renversement serait, à leurs yeux, un grand pas vers

leur système d'égalité républicaine, les autres, plus
modérés, n'en veulent réellement qu'aux abus. Ils se
flattent peut-être que l'Église nationale, si elle en
était purgée, reprendrait une vie nouvelle; mais ils
se flattent en vain.

XV

Le protestantisme épiscopal est donc la religion de
l'État en Angleterre; les autres cultes, longtemps
persécutés par l'hérésie triomphante, y sont tolérés,
mais ceux qui les professent sont exclus de plusieurs
emplois : les juifs, entre autres, ne peuvent même
pas jouir des droits civils des Anglais. Le clergé anglican est nombreux et magnifiquement doté; il a de
grands priviléges, des terres considérables, une fortune immense, dont il se sert généralement pour établir ses familles; le ministre protestant est époux et
père avant d'être prêtre. Les paroissiens sont écrasés
par les dîmes. Les bénéfices sont scandaleusement
vendus aux enchères publiques. Le sacerdoce en
Angleterre est un véritable métier, une lucrative
profession. Il y a deux archevêques, celui de Cantorbéry et celui d'York. Le premier, primat des
royaumes unis, a vingt et un diocèses suffragants :
ce sont ceux de Rochester, Londres, Winchester, Sa-

lisbury, Exeter, Bath-et-Wells, Worcester, Goven-
try-et-Lichfield, Harreford, Llandaff, Saint-David,
Bangor-et-Saint-Asaph, Gloucester, Bristol, Péter-
borough et Oxford. Les quatre derniers ont été érigés
par Henri VIII ; les autres datent des Saxons. C'est
encore Henri VIII qui a érigé les quatre évêchés suffragants d'York, dont le titulaire s'appelle *primat de
l'Angleterre*. Ces quatre évêchés sont ceux de Chester,
Durham, Carlisle et Sodor-et-Man. Chaque diocèse
est subdivisé en archidoyennés, chaque archidoyenné
en doyennés, et ceux-ci en paroisses. Dans chaque
archevêché, le clergé tient des synodes, appelés *con-
vocations*, pour les affaires générales de l'Église. Ces
conciles, présidés par l'archevêque, se composent des
évêques suffragants, des archidoyens et doyens, et
des *pasters*, ou représentants du clergé inférieur.
Le concile de Cantorbéry se partage en deux classes
ou chambres, dont la haute se compose des évêques,
et l'autre du clergé inférieur. Il faut une autorisation
du roi (ou de la reine) pour la tenue de ces conciles
et la promulgation de leurs résolutions ; car, partout,
le clergé protestant s'est fait l'esclave du pouvoir
séculier, *même en matière de dogme* : conduite sans
dignité, à laquelle l'histoire oppose l'héroïque indépendance des papes et du clergé catholique.

Les archevêques et évêques hérétiques anglais sont

élus par les chapitres de leurs cathédrales, lesquels chapitres possèdent des biens fonciers considérables ; le clergé d'Angleterre et du pays de Galles reçoit près de 4 millions de livres sterling pour bénéfice, avec ou sans charge d'âmes ; et dans les deux pays, il lève sur les paroissiens, en dîmes, un tribut de 7,220,000 livres sterling, c'est-à-dire près de *deux cent millions de francs*. Nul autre clergé n'est opulent comme celui de l'Église anglicane, et nul ne se montre moins humble, moins pieux et moins charitable pour les pauvres. Il ne connaît, comme tout ce qui est marqué du sceau protestant, que la *bienfaisance*, pâle copie de l'ardente et véritable charité ; bienfaisance officielle qui se trahit par la *taxe des pauvres*, par l'obligation pour les communes de nourrir des milliers de paresseux, des armées de vagabonds, que l'on ne cherche nullement à moraliser, à relever, à rendre dignes du beau nom de chrétien. Tandis que la charité catholique se prive du nécessaire pour le pauvre, la bienfaisance protestante laisse dédaigneusement tomber dans sa main quelque chose de son superflu.

Il y a dans les deux pays plus de 4 millions de dissidents , dont 1,200,000 *méthodistes* et plus d'un million de catholiques.

Le protestantisme est divisé en Angleterre autant qu'aux États-Unis d'Amérique, c'est-à-dire à l'infini ;

on compte, entre autres, 1,800 communautés, congrégations de *baptistes* ou *anabaptistes*, ayant à Bristol
une institution particulière, sous le nom d'*Académie*;
200 congrégations de *presbytériens*, 400 de *quakers*
ou *amis*, répandus surtout en Yorkshire, Lancas-
tershire et Cumberland. L'Écosse forme une Église à
part, la *presbytérienne*. On sait que l'Irlande est restée
catholique, fidèle à Jésus-Christ et au Saint-Siége
apostolique, malgré les persécutions les plus odieuses,
malgré les plus perfides menées d'un protestantisme
en délire.

XVI

Aucun de tous ces hérésiarques, ni Luther, ni Calvin, ni Zwingle, ni Henri VIII, n'avait embrassé la
réforme pour vivre d'une façon plus austère ; tous,
au contraire, l'avaient fait pour vivre selon la fantaisie
de leur esprit et le caprice de leurs passions. Les motifs des hérésies sont de tout temps les mêmes.

Bien peu, parmi les protestants, même parmi les
ministres, avaient embrassé la réforme par conviction. Bucer, ministre à Strasbourg, le disait dès
1549 : « On n'a rien tant cherché en embrassant la
réforme que le plaisir d'y vivre à sa fantaisie. »

C'était la concupiscence qui produisait les défec-

tions. C'était aussi l'orgueil, l'ambition, l'amour du commandement, de la souveraineté. — «Les laïques, dit Mycon, successeur d'Œcolampade dans le ministère de Bâle, les laïques s'attribuent tout, et le magistrat s'est fait pape. »

L'orgueil est un des mobiles de l'erreur. C'est l'orgueil qui est le principe fondamental de toutes les hérésies qui se sont élevées dans le christianisme. *La science enfle*, a dit saint Paul. L'Apôtre ne considère pas ici la science en elle-même, mais ce penchant du cœur humain à l'orgueil. Pour se préserver de l'hérésie, il faut être humble ; alors on peut dire avec saint Augustin : *Je peux tomber dans l'erreur, mais je ne serai jamais hérétique.*

Quand on pense ainsi, on ne s'écarte pas de la voie de la vérité. C'est l'orgueil qui fait tant de faux savants, tant d'opiniâtres disputeurs, bien moins jaloux d'éclairer le point de la difficulté, que de remporter la victoire sur leurs adversaires.

« La vengeance fut la mère du schisme, dit saint Optat, Père du IVᵉ siècle, l'ambition en fut la nourrice, et la cupidité fut le champion qui se chargea d'en prendre la défense. »

De son côté, saint Augustin fait la remarque suivante : « Ceux qui troublent la paix de l'Église agissent de la sorte, ou parce qu'ils sont aveuglés par l'orgueil et entraînés par l'envie, ou parce qu'ils sont séduits par l'amour des biens du monde, ou enfin parce qu'ils sont dominés par des passions honteuses. »

Tels sont les mobiles de tous les protestantismes, de toutes les hérésies.

Comme l'a parfaitement fait observer saint Jude, disciple de Notre-Seigneur, la chute des hérétiques vient de ce qu'ils sont murmurateurs, de ce qu'ils s'abandonnent à l'orgueil, à l'envie, à l'amour des plaisirs sensuels, de ce qu'ils négligent de crucifier les désirs de la chair.

Ainsi fit Luther, Calvin, Henri VIII, tous les autres. C'étaient tous des misérables, des athées, des voluptueux. Ce n'est pas moi qui le dis, ce sont eux-mêmes. Prenez leurs écrits, ils ne s'invectivent pas réciproquement autrement.

Calvin ne dissimule pas que les princes, les magistrats, les premiers rangs de sa communion et même ses propres collaborateurs sont des *athées*, et il ajoute qu'ils donnent l'*exemple de la perversité* [1].

L'orgueil, l'ambition, l'amour de la volupté et l'indépendance, voilà ce qui entraîna les sectaires à dogmatiser; leur conduite le démontre non moins que

[1] *Livre sur les scandales.*

leurs doctrines. Qu'étaient-ils pour la plupart ? Des moines et des prêtres apostats, sortis du cloître et de l'Église par incontinence, pour pouvoir se livrer sans pudeur aux emportements de leurs passions déréglées.

En se vantant tous de prêcher la vérité, et en n'étant d'accord sur aucun point, ils ont rendu le plus bel hommage à l'autorité qu'ils voulaient abattre.

Cette vérité, selon eux, c'était le libre examen, et ils annonçaient cela comme une doctrine neuve.

Le libre examen n'était pas nouveau dans le monde au XVIe siècle ; il avait été introduit dans le cœur de l'homme par le serpent dès le premier âge : Satan ne professa pas autre chose que le libre examen quand il séduisit Ève ; et depuis la tragédie de l'Éden, les hérétiques et les philosophes, agents du démon, n'ont pas manqué de répandre cette doctrine subversive.

XVII

Voici les difficultés que font les protestants en faveur de la voie d'examen :

« Ou les catholiques romains supposent que l'Église dans laquelle ils sont nés est infaillible, et le supposent sans examen ; ou ils ont examiné avec soin les fondements de l'autorité qu'ils attribuent à l'Église.

« On ne peut pas dire qu'ils aient attribué à l'Église une autorité infaillible, telles qu'ils la lui attribuent, sans savoir pourquoi : autrement il faudrait approuver l'attachement des mahométans pour l'Alcoran.

« Il faut donc examiner : or, cet examen est aussi embarrassant que la méthode des protestants ; si l'on en doute, il ne faut que voir ce qui est nécessaire pour cet examen ; il faut remarquer que ceux qui font cet examen doivent être considérés comme dégagés de toutes les sociétés chrétiennes et exempts de toutes sortes de préjugés ; car il ne leur faut supposer que les lumières du bon sens.

« La première chose qu'ils doivent *examiner* dans cette proposition : *l'Église est infaillible*, qu'on prétend qu'ils reçoivent comme véritable, c'est qu'ils doivent savoir ce que c'est que cette Église en laquelle on dit que réside l'infaillibilité ; si l'on entend par là tous les chrétiens qui forment les différents corps des Églises chrétiennes, en sorte que, lorsque ces chrétiens disent d'un commun accord qu'une chose est véritable, on se doive rendre à leur autorité ; s'il suffit que le plus grand nombre déclare un sentiment véritable pour l'embrasser, et si cela est, si un petit nombre de suffrages de plus ou de moins suffit pour autoriser ou pour déclarer fausse une opinion ; s'il ne faut consulter que les sentiments d'aujourd'hui,

9.

ou depuis les apôtres, pour connaître la vérité de ce sentiment ; qui sont ceux en qui réside l'infaillibilité ; si un petit nombre d'évêques assemblés et de la part des autres sont infaillibles.

« En second lieu, il faut savoir en quoi consiste proprement cette infaillibilité de l'Église : est-ce en ce qu'elle ne nous dit que des choses sur lesquelles elle ne peut se tromper? Il faudra encore savoir si cette infaillibilité s'étend à tout.

« En troisième lieu, il faut savoir d'où cette Église chrétienne tire son infaillibilité. On n'en peut pas croire les docteurs qui l'assurent sans en donner d'autres preuves que la doctrine commune, parce qu'il s'agit de savoir si cette doctrine est vraie : c'est ce qui est en question. On ne peut pas dire non plus qu'il faut joindre l'Écriture à l'Église, toutes les difficultés que l'on vient de faire n'en subsistent pas moins ; il faudrait comparer la créance de cette Église de siècle en siècle avec ce que dit l'Écriture, et voir si ces deux principes s'accordent ; car on ne peut croire ici personne. »

XVIII

Ainsi parle le protestantisme en faveur du libre examen.

A cela, on a répondu, au nom de la doctrine catholique, que ce n'est pas par *voie d'examen*, mais par *voie d'instruction* que les catholiques croient l'Église infaillible. Ce n'est pas non plus sans raison.

C'est l'instruction qui fait connaître aux fidèles la divinité du christianisme; c'est par ce moyen de l'instruction que nous apprenons que Jésus-Christ a confié à ses apôtres et *à ses successeurs* la prédication de sa doctrine, et que les successeurs des apôtres enseigneront jusqu'à la consommation des siècles la vérité, et que ce qu'ils enseigneront comme appartenant à la foi appartient en effet à la foi.

La question se simplifie donc ainsi : sont-ce les hérétiques ou les Pères de l'Église qui sont les successeurs légitimes des apôtres? Les protestants ont eux-mêmes répondu à cette question quand ils ont avoué que ce n'était pas le protestantisme, mais l'Église catholique apostolique et romaine qui descendait des apôtres; voici, en effet, ce qu'on lit dans le mémoire adressé en 1775 par les réformés de France au gouvernement français, à l'effet d'obtenir l'état civil : « Nous ne dissimulerons pas que dans le parallèle que nous faisons quelquefois de votre Église avec la nôtre, malgré les abus introduits parmi vous, *les grands traits sont à votre avantage. Vous étiez certainement avant nous, puisque vous remontez jusqu'au siècle des apôtres,* et nous n'avons pas *encore trois siècles* de notre existence, puisqu'en 1515, vos ancêtres et les nôtres communiaient à la même messe, célébraient la pâque ensemble, et vivaient dans une parfaite unanimité de sentiment. De plus, la chaîne de la tradition, dont Pierre et Paul ont attaché le premier anneau à l'Église de Rome, *s'est tellement perpétuée parmi nous* que, si les Irénée, les Grégoire, les Cyrille, les Athanase, les Chrysostome, revenaient aujourd'hui sur la terre, *ils ne reconnaîtraient que dans l'Église romaine la société dont ils étaient les membres.* »

Voilà un aveu non moins grave qu'étrange dans la bouche des protestants. Puisque l'Église romaine a été jadis la véritable Église de Jésus-Christ, elle le sera toujours : le divin Maître a promis à son Église d'être avec elle *jusqu'à la consommation des siècles.* Dieu n'a pas envoyé pour la corriger un Luther, un Calvin, un Henri VIII, c'est-à-dire un moine débauché, un orgueilleux despote et le plus licencieux des tyrans ; car ce n'est que cela, et il y a longtemps que les protestants rougissent de leurs premiers apôtres.

L'instruction religieuse que seule l'Église catholique a le droit de nous donner, est donc équivalente à la voie d'examen, puisqu'elle met le fidèle à même de répondre aux difficultés qu'on lui oppose pour rendre sa croyance douteuse.

Ce n'est pas, comme on l'a dit, sur la parole des premiers pasteurs que les fidèles se soumettent à leur autorité, c'est sur des preuves dont chacun peut s'assurer, sur des faits attestés par la tradition et des monuments aussi certains que les premiers principes de la raison. Non, l'Église ne nous conduit pas par le moyen d'une obéissance aveugle, mais par le moyen de l'instruction, c'est-à-dire par la lumière, voie qui nous guide jusqu'à l'autorité infaillible de l'Église. Parvenus à cette vérité, nous n'avons plus à examiner et à discuter, nous croyons, sans crainte de nous tromper, ce que nous propose le corps chargé par Jésus-Christ même d'enseigner, corps dont la mission et l'autorité sont attestées par des faits hors de toute difficulté ; corps en qui *les Irénée, les Grégoire, les Cyrille, les Athanase, les Chrysostome, revenant aujourd'hui sur la terre, reconnaîtraient la société dont ils étaient membres,* le protestantisme l'avoue !

Quand donc l'Église infaillible fournit aux simples fidèles le moyen facile, sûr, certain, de ne tomber dans aucune erreur contraire à la foi ou à la pureté du culte, le protestantisme ou le philosophisme peuvent-ils en dire autant de la voie d'examen ? Non ; et les

faits sont là qui parlent avec leur haute éloquence.
La voie d'autorité, c'est l'unité : voyez l'Église !
La voie d'examen, c'est la division : voyez le protes-
tantisme et le philosophisme !

XIX

Le libre examen confère à tout homme le droit
d'interpréter les Livres saints comme il lui plaît,
et de les rejeter même pour peu que cela lui con-
vienne. C'est la mort de l'autorité, de la révélation,
de la tradition, de toute religion et de toute morale.
Avec le libre examen, il n'y a plus de règle pour
juger les actions ; il n'y a plus de vérité morale universelle ; le christianisme est sans base.

Les protestants ne peuvent rien répondre à l'athée
qui dit : « Je vous rejette comme vous avez rejeté
l'Église ; pour moi, le droit de libre examen est de ne
pas croire à la divinité du Christ ; vous avez détruit
les vérités morales du christianisme, je repousse le
christianisme.

« Il m'est permis de tout nier, puisqu'il m'est permis de tout examiner ; quand vous venez me parler de
certaines lois que je ne reconnais pas ; quand vous
venez me parler d'autorité, vous êtes en contradic-

tion avec vous-mêmes. Il y avait une autorité spirituelle en ce monde, l'Église : en la répudiant, vous
me donnez le droit, à votre exemple, de m'insurger
contre toute autre autorité. Ma règle, c'est ma raison,
que vous avez déchaînée ; ce sont mes passions que
vous avez exaltées ; c'est mon orgueil, que vous avez
armé ! »

Encore une fois, à ce langage le protestantisme n'a
rien à répondre.

XX

Les protestants se vantaient encore de s'appuyer
sur les Écritures.

De tout temps, les hérétiques ont invoqué les
saintes Écritures à l'appui de leurs erreurs, et ils ont
semé leurs écrits funestes de citations tirées des
Livres sacrés. Comme le leur reprochait déjà au
V⁰ siècle saint Vincent de Lérins, ils affectent de citer
partout l'Écriture ; il n'y a presque point de pages
dans leurs écrits où l'on n'en trouve des textes ; mais
en cela, dit-il encore, ils ressemblent aux charlatans,
qui, pour se défaire de leurs drogues, leur attribuent
la vertu d'opérer des guérisons infaillibles ; et aux

empoisonneurs, qui déguisent sous des noms imposants leurs breuvages meurtriers. Ils imitent le père du mensonge, qui, en tentant le Fils de Dieu, cite l'Écriture.

Pour engager les peuples à la révolte contre l'Église, les protestants ont altéré les versions de la Bible.

Par ce moyen perfide, ils engagent les peuples à se séparer de la communion des fidèles.

Les protestants *biblistes* n'admettent que le texte de la Bible sans aucune interprétation, rejetant l'autorité de la tradition ainsi que celle de l'Église ou du Souverain-Pontife, prétendant que *tout fidèle qui sait lire est suffisamment en état d'entendre la parole écrite de Dieu, pour y conformer sa croyance.*

Ce qui fait que les protestants, en suivant leurs propres caprices, multiplient les religions en proportion des diverses opinions de chaque individu, lequel ne reste jamais lui-même dans la même croyance, car il changera de sentiment selon que de nouvelles idées lui suggéreront de nouvelles idées. Il est donc exact d'appliquer aux protestants modernes ce que Rabbi Juda Moskato dit dans son commentaire sur le livre Cozri, à propos des individus qui, comme les hérétiques sous la nouvelle loi se séparent de l'Église, se séparaient alors de la synagogue : « A mon avis, les individus des sectes séparées de la synagogue, comme les caraïtes, les saducéens, etc., sont appelés par nous *minim* (espèce), parce que, ne *s'appuyant par sur la tradition*, ils ne s'accordent jamais dans leurs opinions, de sorte que chacun bâtit sur son propre jugement un *faux autel à part*, et il devient ainsi une *espèce* différente des autres individus *de son espèce*. Car, en vérité, c'est la tradition qui réunit en un seul peuple tous les juifs dispersés sur le globe de la terre, et sans elle, ils seraient comme ces *minim* divisés dans leurs opinions individuelles. »

Et il ajoute : « La loi sainte prescrit *une religion unique et un culte unique*. »

Saint Paul dit aussi : *Una fides, unum baptisma.*

Les protestants voient dans la Bible, non ce qui y est contenu, mais leurs propres rêveries.

Qu'ont-ils pour garants de la tradition qu'ils cherchent à continuer? Des sectaires toujours condamnés par l'Église et repoussés par les fidèles. Avant les protestants modernes, les hérétiques ont déclaré voir leurs erreurs dans les saintes Écritures. Loin d'être un livre sacré, la Bible serait le plus pernicieux des livres, si elle contenait les erreurs que les sectaires de tous les siècles ont prétendu y trouver.

Ce qui fait que le protestantisme manque d'unité, et par conséquent n'est pas viable, c'est qu'une secte protestante ne peut prétendre au privilége d'entendre l'Écriture comme il lui plaît, sans que les autres sectes revendiquent avec raison contre celle-là le même droit. C'est ainsi que la règle fondamentale du protestantisme justifie toutes les erreurs et toutes les hérésies possibles. D'un autre côté, les protestants n'ont aucune raison de disputer à l'Église catholique le droit de voir dans l'Écriture que tous ceux qui se séparent d'elle, pervertissent le sens du livre divin que les apôtres, ses fondateurs, lui ont donné en dépôt. Ce reproche fut adressé aux hérétiques de son temps par saint Pierre, et plus tard, Tertullien démontra aux hérétiques que l'Écriture ne leur appartenait pas, puisque ce n'est ni à eux ni pour eux qu'elle a été donnée, que c'est le titre de la seule famille des vrais fidèles dont ils se sont séparés, titre auquel les étrangers n'ont rien à voir [1]. Les protestants, qui se vantent eux-mêmes de descendre de ces hérétiques, ne sauraient prouver que cette exclusion ne les regarde pas.

Pour que les protestants puissent offrir une concurrence sérieuse, comme tradition, à l'Église catholique, et que le doute fût possible, qu'on pût hésiter un seul instant à savoir qui d'eux ou de l'Église des-

---

[1] Tertul., *De Præscript.*, c. 37.

cend réellement des apôtres, il faudrait que les protestants formassent au moins entre eux, comme les catholiques, une seule et même société chrétienne, et qu'ils interprétassent tous la Bible de la même manière ; c'est tout le contraire qui existe.

Nous l'avons dit, Tertullien a démontré aux hérétiques qu'ils ne peuvent sans injustice en appeler à l'Écriture, puisqu'ils n'y ont aucun droit. En donnant les Écritures en dépôt à leurs successeurs, les apôtres leur ont en même temps confié le soin de les interpréter. Tertullien a prouvé que les hérésies causent la perte et la ruine de la foi ; qu'il ne faut cependant pas s'étonner d'en voir naître ; elles n'ont rien de plus surprenant que ces fièvres qui consument le corps humain ; après tout, elles ont été prédites par Jésus-Christ ; elles sont une conséquence nécessaire de l'empire que les hommes laissent prendre à leurs passions.

Contre ceux qui allèguent pour raison qu'il est écrit : *Cherchez et vous trouverez*, Tertullien prouve que ces paroles ne regardent que les juifs qui n'avaient point encore trouvé Jésus-Christ, et qu'elles ne peuvent signifier que nous devons toujours faire de nouvelles recherches : mais supposons que nous dussions chercher de nouveau, ce ne devrait pas être chez les hérétiques, qui sont éloignés de la vérité, qui n'ont point le pouvoir d'enseigner, qui n'ont de penchant que pour détruire, et dont les lumières mêmes ne sont que ténèbres. Les recherches trop curieuses en matière de foi sont une source d'hérésies. Jésus-Christ nous a laissé une règle de foi supérieure à toutes les chicanes, et contre laquelle les hérétiques seuls peuvent disputer.

Tertullien dit encore, à ce propos, qu'il ne faut point disputer avec les hérétiques sur les Écritures, auxquelles ils n'ont point de droit; que, dans de pareilles disputes, la victoire est souvent incertaine; qu'on en doit revenir à ce que les apôtres ont enseigné; que la tradition venue des apôtres prouve démonstrativement la vérité, et anéantit tous les sophismes et tous les subterfuges de l'erreur; que la communion avec les Églises apostoliques, qui vivent dans l'*unité d'une même foi*, sont la vérité hors de toute atteinte de la part des hérétiques, quelques objections qu'ils puissent faire.

Après quoi, il adresse à Marcion, à Apelle, à Valentin, à Hermogène, protestants de son siècle, des interpellations vigoureuses, qui conviennent parfaitement aux hérétiques qui les ont suivis. Leur origine est moderne; leur séparation d'avec l'Église catholique, dont on sait l'époque, prouve que cette Église était avant eux. Il faut donc qu'ils prétendent que Jésus-Christ est de nouveau descendu du ciel, qu'il a de nouveau enseigné sur la terre, et qu'il les a établis ses apôtres. S'ils s'attribuent une antiquité apostolique, qu'ils montrent l'origine de leurs Églises, l'ordre et la succession de leurs évêques, en remontant jusqu'à un apôtre !... Qu'ils prouvent aussi leur mission par des miracles, comme l'ont fait les apôtres de Jésus-Christ !... L'Église pourrait leur adresser ces paroles : « *Qui êtes-vous ? d'où, de quand êtes-vous venus ? que faites-vous dans mes pâturages, vous qui n'êtes point des miens ?* De quel droit entrez-vous dans ma clôture ? Pourquoi osez-vous écarter mes bornes ? Ce champ m'appartient de droit ; d'où vient que vous vous plaisez à y semer et à vous y nourrir ? Il est en ma possession ; j'en ai été maîtresse dans les temps passés ; je l'ai eu la première dans mes mains : mon titre est incontestable ; *il dérive de ceux à qui le champ était, et auxquels il appartenait en propre. Je suis l'héritier des apôtres ; je possède leur bien, comme ils en ont disposé par leur testament ; je le conserve dans l'état qu'ils me l'ont confié, et de la manière qu'ils m'ont ordonné de le garder.* »

Langage de l'Église, Luther, Calvin, Henri VIII et leurs pareils n'ont pas pu vous répondre davantage que ne l'avaient pu faire jadis Marcion, Apelle et leurs semblables.

XXI

Les protestants modernes avouent, du reste, qu'ils ne sont que les continuateurs des hérétiques qui les ont précédés. Pour répondre au reproche de manque de tradition, ils rappellent que les manichéens traitaient, avant eux, d'idolâtrie le culte rendu aux martyrs ; qu'Arius prétendait que c'était un abus de prier pour les morts ; que Bérenger déclarait absurde le dogme de la transsubstantiation ; que les albigeois traitaient de vaines cérémonies les sacrements de l'Église romaine ; que les Vaudois et d'autres niaient tout caractère et toute autorité dans l'Église aux évêques et aux prêtres.

Les protestants modernes invoquent encore les *gnostiques*, pour prouver qu'ils ne sont pas les premiers à avoir la prétention d'entendre mieux les choses divines que l'Église qui en a le dépôt ; les *marcionites*, pour prouver qu'ils ne sont pas les premiers à errer et à rejeter certains livres des Écritures ; les *ariens*, pour prouver qu'avant eux on a attaqué la trinité et la consubstantialité du Fils ; les *nestoriens* pour prouver qu'on a nié avant eux l'union hypostatique du Verbe avec la nature humaine ; **les *eutychiens*** pour prouver qu'avant eux on a nié la nature humaine en Jésus-Christ.

En un mot, les protestants modernes invoquent tous les hérétiques et disent : « Tous ces *chrétiens* ont vu dans la Bible ce que nous y voyons nous-mêmes. Nous ne sommes donc pas des novateurs, mais des continuateurs. »

C'est vrai ; les protestants continuent tous ces sectaires. Les protestants modernes ont en ceci raison : avant eux, il s'est trouvé des turbulents, des révoltés, des orgueilleux, des sensuels, des ambitieux, des impies, pour troubler la paix de l'Église, pour répandre l'erreur parmi les peuples, réclamer pour elle la liberté et égorger en son nom les chrétiens fidèles. En ceci, les protestants ont raison : ils n'ont rien inventé ; ils n'ont fait que renouveler les inventions impies de tous les hérétiques qui se sont succédé depuis l'ère chrétienne.

C'est vrai, la tradition protestante est ancienne, mais d'abord elle manque absolument d'unité, car les hérétiques anciens n'étaient pas moins divisés entre eux que les hérétiques modernes. Ensuite, qu'est-ce que tous ces hommes ? Des sectaires, toujours frappés d'anathèmes. Qu'on compare, nous le voulons, la pure et respectable tradition de l'Église avec la tradition protestante.

Les protestants modernes ne sont pas les seuls qui aient prétendu voir dans les saintes Écritures les erreurs et les rêveries de leur imagination. Mais quelles preuves les protestants modernes nous donnent-ils qu'ils voient mieux, dans la Bible, que tous ces hérétiques, les articles de croyance sur lesquels ils ne s'accordent pas avec eux ?

Pour que les protestants modernes pussent citer avec justesse les anciens hérétiques comme des *témoins de la vérité*, tels qu'ils les appellent, il faudrait qu'ils fussent en tout de leur avis, tandis qu'au contraire, en adoptant leur sentiment sur un point, ils le rejettent sur un autre, ce qui ne donne guère de crédit à ces prétendues autorités.

Le protestantisme moderne, comme le protestantisme ancien, n'est pas une croyance; c'est la réunion grotesque de tous les lambeaux empruntés aux hérétiques, dont plusieurs n'étaient plus chrétiens, de même qu'une foule de protestants modernes cessent de l'être, jusqu'à l'heure prochaine où le protestantisme se sera entièrement fondu dans la philosophie rationaliste.

Les protestants ne nous offrent donc nulle part une doctrine qui ressemble à la doctrine de Jésus-Christ ; qu'ils s'accordent d'abord entre eux, et puis nous mettrons la doctrine catholique en parallèle avec celle qu'ils nous offriront ; mais demander aux herétiques comme aux rationalistes de se mettre d'accord entre eux, c'est leur demander l'impossible.

Mais nous sommes pleinement de leur avis quand ils invoquent les hérétiques vaincus comme leurs prédécesseurs, comme leurs aïeux. Certainement, ils continuent les hérétiques des quinze premiers siècles du christianisme, c'est pourquoi, nous rappelant les désastres amenés en d'autres temps par les envahissements de la fièvre hérétique, nous voyons les mêmes excès de libre examen engendrer les mêmes crises religieuses au XVIe siècle, et depuis ces crises entraîner après elles les mêmes bouleversements de principes, les mêmes souffrances pour le genre humain, le même cortége d'erreurs, de sacriléges, de morts violentes, la même ruine et le même désespoir au sein des familles. Aussi, reconnaissons-nous qu'il est du devoir de tous les catholiques, gouvernants et gouvernés, prêtres et laïques, princes et peuple, d'opposer, chacun dans la limite de ses attributions et de ses forces, les digues qu'ils peuvent élever contre un tel débordement de maux.

Le présent ouvrage a donc principalement pour but de rappeler ce que d'autres avant nous ont signalé d'une manière saisissante, à savoir : le danger de ces fièvres d'hérésie, de rationalisme, qu'on peut qualifier à juste titre d'épidémies morales, car elles sont aussi funestes à l'âme des peuples que le sont au corps la peste et le choléra.

Et maintenant, la moralité qu'en doivent tirer les chrétiens, la voici : c'est que les temps modernes reproduisent plusieurs traits des temps anciens ; c'est que les agitateurs religieux qui se sont produits depuis l'établissement du christianisme ont trouvé des copies ; aussi l'histoire théologique nous montre-t-elle l'homme, avec ses penchants et ses passions, accessible, à toutes les époques et dans tous les pays, aux mêmes faiblesses et aux mêmes écarts, dont les chrétiens ne peuvent se préserver qu'en restant fidèlement attachés et soumis à l'Église fondée par le divin Maître, et en ne se laissant pas circonvenir par quelqu'une de ces milliers de petites Églises humaines qui composent ce monstre difforme qu'on appelle *protestantisme*.

XXII

Et si, maintenant, de la doctrine des protestants nous descendons à examiner leur conduite, nous n'y voyons que violences et anarchie.

L'hérésie est cruelle et ennemie de toute subordination. Les protestants du XVI° siècle ont imité les ariens, qui avaient excité les plus grands troubles e exercé les plus horribles violences.

La tendance bien formelle du protestantisme était la démocratie, l'anarchie politique et sociale, conséquence de l'anarchie religieuse. — « S'il m'est permis, disait Luther à son souverain, non-seulement de mépriser, mais même de fouler aux pieds les décrets des papes et les canons des conciles, pensez-vous que je respecte assez vos ordres pour les regarder comme des lois ? »

Preuve incontestable que la papauté est la sanction de l'autorité civile et politique, et que les princes qui ne donnent pas l'exemple de la soumission à Rome s'exposent à ce qu'on ne leur soit pas soumis, — et c'est logique.

Il faut du sang pour répandre l'Evangile ! avait dit Luther.

Oui, il y eut du sang répandu dans les premiers siècles de l'ère chrétienne, mais ce fut celui des martyrs, le sang des brebis, et c'étaient les loups qui le répandaient. — « Vous n'opposerez à leur cruauté que la patience et la douceur, » avait dit Jésus-Christ à ses apôtres.

Les apôtres n'apprirent aux fidèles que la douceur et la patience, que la soumission aux souverains.

— « Nos espérances, disait saint Justin [1], ne sont

---

[1] *Apologie.*

point fondées sur le monde présent ; c'est pourquoi nous ne faisons aucune résistance au bourreau qui vient pour nous frapper. » .

— « Nous n'adorons que Dieu seul, disaient les chrétiens aux empereurs ; mais, dans tout le reste, nous vous obéissons avec joie. »

— « Comme chrétiens, disait Tertullien, nous prions Dieu d'accorder aux empereurs une longue vie, un règne paisible, de la sûreté au dedans, des armes victorieuses au dehors, un sénat fidèle, des sujets soumis, une paix universelle, et tout ce qu'un homme et un empereur peuvent désirer. »

Il y a une différence entre cet esprit du christianisme et celui de la prétendue réformation.

Quelles affreuses scènes ces doctrines séditieuses ont-elles produites dans toute l'Europe ! en Allemagne, en Suisse, en Hollande, en France, que de sang le protestantisme n'a-t-il pas répandu ! Prises d'armes, révoltes, guerres civiles, pillage et incendie des églises, destruction des monastères et des châteaux, massacre des prêtres et des religieux, factions continuelles, sanglantes batailles ; on ne peut lire l'histoire de cette hérésie aux mille bras et aux mille têtes sans frémir au spectacle des excès qu'elle commit ou qu'elle occasionna.

Ces fanatiques révoltés contre toutes les lois divines et humaines ont détruit plus de vingt mille églises pendant le cours de quelques années. En France, dans la seule province du Dauphiné, ils ont assassiné trois cents prêtres, cent cinquante moines, brûlé neuf cents villes ou villages. Leur fureur s'exerçait même sur les morts; ils l'ont portée jusqu'à profaner de leurs mains sacriléges les reliques précieuses des martyrs et des confesseurs de Jésus-Christ; ils ont enlevé de force les corps des saints des dépôts sacrés où on les conservait; ils les ont brûlés, et ont jeté leurs cendres au vent.

Ils ont brisé partout les images de la sainte Vierge et des saints, après les avoir promenées en dérision et couvertes de boue, et comme le protestantisme fut toujours le même, nous avons vu, en ces temps-ci, les mêmes outrages et les mêmes fureurs se renouveler à Londres, foyer du protestantisme anglican.

XXIII

Le protestantisme a montré son impuissance dans l'œuvre des missions; et quelques écrivains hérétiques ont été obligés de reconnaître qu'il fallait laisser au catholicisme le soin de propager le christianisme chez les infidèles et les sauvages, attendu qu'il s'en acquitte avec une supériorité incontestable, et que ses missionnaires martyrs sont éternellement remplacés, à mesure qu'ils tombent, par de vaillants soldats de la milice sacrée.

Mais les fanatiques du protestantisme ne se contentent pas d'une criminelle indifférence à l'égard de l'instruction des barbares, ils empêchent encore, par des cruautés atroces, les catholiques de leur porter la lumière de la foi, comme l'a dit l'élégant auteur du *Theatrum crudelitatis* :

..... Fluctusque sacro scelerata cruore
Inficit, externis Christum ut procul arceat aris ;
Scilicet ut genio quæ negligit ipsa nefando,
Per cædes adimat populis ea dona remotis.

Ignace Azevedo, jésuite, s'étant embarqué pour le Brésil avec trente-neuf missionnaires pour aller convertir les sauvages, fut assassiné avec ses compagnons par le calviniste Souri, corsaire de Dieppe (1570).

Ceci nous rappelle l'assassinat de Saint Auréus, évêque de Mayence, et de sa sœur sainte Justine, qui furent massacrés, en compagnie d'autres chrétiens, par des ariens en 451. L'hérésie est toujours et partout la même, persécutrice, violente, meurtrière, ne reculant devant aucun crime pour détruire l'autorité, l'unité, la vérité. .

XXIV

De temps immémorial, tous les peuples du globe ont professé une espèce de culte pour les morts, et à part les habitants du Thibet, qui, sous prétexte de sépultures terrestes, célestes, ou aquatiques, se sont, dès la plus haute antiquité, débarrassés des restes de leurs aïeux en les faisant dévorer par les chiens, les vautours, ou les poissons, on peut dire que partout et toujours les morts ont été entourés d'un respect unanime. Cependant, au XVI° siècle et depuis, on vit de par le monde des gens traitant les restes mortels, non-seulement des premiers venus, mais des saints, avec une profanation remarquable.

En 1534, les protestants dispersèrent les reliques des deux saints Éwald ;

En 1547, les protestants dispersèrent les reliques de sainte Hunne ;

En 1553, les protestants profanèrent le corps de saint Hunfroi, évêque de Thérouane ;

En 1561, les protestants pillèrent l'église de Saint-Séverin et dispersèrent ses reliques ;

En 1561, les protestants brûlèrent le corps de saint Paul, évêque de Trois-Châteaux, en Dauphiné.

Parmi leurs hauts faits de 1562, voici :

Ils brûlèrent les reliques de sainte Jeanne de Valois, reine de France et fondatrice des Annonciades ;

Ils brûlèrent les reliques de saint Berlulphe, abbé de Renty, en Artois ;

Ils brûlèrent le corps de saint Guillaume, que l'on gardait dans la cathédrale de Bourges, et jetèrent au vent ses cendres vénérables ;

Ils brûlèrent le corps de saint François de Paule avec le bois du crucifix qui se trouvait avec ses reliques ;

Ils pillèrent la châsse de saint Rémy, à l'abbaye de Saint-Ouen, à Rouen ;

Ils brûlèrent les reliques de saint Julien, évêque du Mans ;

Ils enlevèrent, à Lyon, la châsse de saint Bonaventure ;

Ils en emportèrent toutes les richesses ;

Ils brûlèrent les reliques du saint et jetèrent ses cendres dans la rivière de la Saône ;

Ils détruisirent le corps de saint Paul, premier évêque de Léon, en Bretagne, avec beaucoup d'autres reliques ;

Ils dispersèrent les reliques de saint Irénée ;

Ils brûlèrent les reliques de saint Gatien avec celles de plusieurs autres saints;

Ils pillèrent la châsse et brûlèrent les reliques de saint Agnan;

Ils brûlèrent les reliques de saint Odon.

En 1564, les protestants, après la prise de Soissons, jetèrent dans les fosses de l'abbaye les reliques de saint Grégoire, pape, de saint Médard et de saint Sébastien.

En 1567, les protestants, dissipèrent les reliques de saint Affrique;

Ils brûlèrent les reliques de saint Évremond;

Ils dispersèrent les reliques de sainte Osmanne;

Ils brûlèrent les reliques de saint Launomar, que l'on vénérait à Blois.

En 1568, ils brûlèrent le corps de saint Lubin;

Ils brûlèrent les reliques de saint Maturin;

Ils pillèrent la châsse et brûlèrent les reliques de saint Martin;

Ils dispersèrent les reliques de saint Ausone.

En 1569, les protestants ont brûlé, entre autres, les reliques de saint André.

En 1572, les protestants jetèrent au feu le corps de saint Fulcran, évêque de Lodève, en Languedoc.

Dans la même année 1572, le neuf juillet, dix-neuf religieux et prêtres réguliers, après avoir souf-

fert plusieurs mauvais traitements de la part des calvinistes, furent pendus par eux à Bril, en Hollande,
en haine de la religion catholique. Leurs bourreaux
étaient le comte de Lunoy, Guillaume de la Marck,
l'un des chefs calvinistes les plus féroces des Pays-
Bas; il mourut de la morsure d'un chien enragé,
digne fin d'un homme aussi cruel.

En 1573, les protestants s'étant emparés de Geer-
truydenberg, en Hollande, martyrisèrent cruellement, puis pendirent un très-grand nombre de catholiques, parmi lesquels Guillaume Tappers,
récollet. Les cheveux se dressent d'horreur sur la tête
en lisant les cruautés qu'ils lui firent subir avec un
raffinement révoltant. Oh! oui, contre de pareils
monstres, les gouvernements, gardiens de la paix
publique, de la vie des citoyens, ont le droit de faire
respecter la loi qui défend la révolte et l'assassinat.
Guillaume et ses compagnons prièrent pour leurs
ennemis avant d'être mis à mort. Chrétiens, prions
pour eux; soldats de l'Église, défendons-la; citoyens,
défendons notre patrie, notre foyer, notre famille
contre ces forcenés.

En 1578, les protestants détruisirent la châsse de
saint Romold;

Vers la même époque, ils dissipèrent les reliques
de saint Arnold;

Ils profanèrent les restes de saint Ludens ;

Ils profanèrent les reliques de saint Hunfroi ;

Ils dissipèrent les reliques de saint Gobin ;

Ils brûlèrent les reliques de saint Félix, de saint Fortunat et de saint Achille, à Valence ;

Sous Henri VIII, les protestants dispersèrent les reliques de saint Elphège ;

Sous le même Henri VIII, ils détruisirent le tombeau de sainte Brigide, patronne d'Irlande ; etc., etc., etc.

Cette liste pourrait ne jamais finir !!!

Et toujours, toujours, les violences envers les chrétiens vivants marchaient de pair avec les profanations sacriléges envers les restes des chrétiens disparus. Les protestants violaient à la fois la vie et la mort !

Quand les maximes de la religion prétendue réformée autorisent de tels excès, son Évangile peut-il être l'Évangile de Jésus-Christ ?......

Et il aurait fallu respecter la liberté de ces gens-là qui en faisaient un pareil usage et qui eux-mêmes ne respectaient rien !

En 1793, les *jacobins*, protestants politiques, profanèrent les reliques de saint Vincent de Paul, chez les Lazaristes, et pillèrent sa châsse ;

Ils profanèrent également les reliques de sainte

Eusèbe, qui se trouvaient à l'hôtel des monnaies de Paris.

En 1830, les *libéraux,* autres protestants politiques, en pillant l'archevêché de Paris où se trouvaient les reliques de cette même sainte Eusèbe, sauvées en 93 par un chrétien nommé Desrotours, les dispersèrent, sans qu'on ait pu depuis les recouvrer; il n'en reste qu'un fragment.

Tous les protestants se ressemblent et à toutes les époques.

XXV

Ces crimes étaient les conséquences naturelles de la prétendue réforme. En proclamant ce principe, que les chrétiens ne peuvent être soumis à d'autres lois qu'à celles de Dieu, Luther avait ébranlé tous les fondements de l'ordre social, qui repose sur l'autorité; il avait également détruit la sanction de toute morale, en niant le libre arbitre, en niant la nécescessité des bonnes-œuvres et en avançant cette abominable proposition, que *l'homme baptisé qui conserve la foi ne peut perdre le salut pour aucun crime;* maximes incroyables, sérieusement soutenues dans des thèses longuement méditées, présentées comme les dogmes fondamentaux du protestantisme.

— « Le calvinisme, a dit Voltaire, devait *nécessairement* enfanter des guerres civiles et ébranler les fondements des États. Il n'y a pas de pays où la religion de Calvin et de Luther ait paru sans exciter des persécutions et des guerres. »

— Au XVI⁰ siècle, comme toujours depuis, ce sont les protestants qui ont porté les premiers coups.

— Au moins, dit-on, il fallait les laisser prêcher et écrire : tranquilles, ils n'auraient pas pris les armes.

D'abord, il est historiquement faux que les protestants se soient, à aucune époque, contentés de parler et d'écrire. Et quand bien même, niera-t-on le droit de la société catholique à proscrire les mauvais discours et les mauvais livres, à préserver la jeunesse de la propagande du vice et les fidèles de la séduction des hétérodoxes ?

Ce serait insensé, ce serait absurde, car ce serait nier à cette société le droit de se défendre, le droit de rester catholique. Il n'y a que des révolutionnaires, des anarchistes, qui aient cette audace effrontée. Or, on ne raisonne pas avec les anarchistes, on les disperse ; on ne raisonne pas avec les révolutionnaires, on les détruit.

Eh bien ! oui, je le dis avec conviction, on aurait dû organiser une sainte croisade contre les protestants du XVI⁰ siècle, car c'étaient des factieux, des révolutionnaires, des fléaux pour le genre humain, et il est bien à regretter qu'aucun prince se disant catholique n'ait pas eu cette pensée éminemment chrétienne, éminemment charitable, car il y a charité à empêcher les brebis d'être dévorées par les loups, à préserver les peuples de l'athéisme et de la révolution, à les défendre contre les révolutionnaires.

Les protestants du XVI⁰ siècle étaient non-seulement des factieux, c'étaient des assassins, ils méritaient le châtiment des assassins. Pour les juger, n'oublions pas que les ministres calvinistes, ne pouvant confondre saint François de Sales, le calomnièrent de la plus abominable façon, et que, ces lâches manœuvres ne suffisant pas pour assouvir leur rage, ces possédés du démon apostèrent des *bravi* pour l'égorger sur la route, et ceux-ci ayant manqué leur coup, les mêmes ministres et les chefs hérétiques, désolés des nombreuses conversions opérées par François de Sales, gagnèrent des misérables pour lui donner du poison; il fut sauvé miraculeusement. Le poison, le poignard, l'échafaud, l'assassinat en un mot, voilà l'éternel moyen des révolutionnaires, religieux et politiques. La société, contre eux, a le droit de se lever en armes et de repousser la force par la force.

La société chrétienne fait de même de nos jours

contre les jacobins et les communistes, ces protestants de la politique et de l'ordre social.

Que l'on ne dise pas que j'appelle l'*inquisition*, les *dragonnades*, etc., sur les protestants modernes; accusation accoutumée, qui n'est qu'une tactique. Non ! c'est par la persuasion, c'est par la discussion, dans la lumière et la charité que nous voulons ramener nos pauvres frères égarés, que nous aimons avec un amour égal à la haine que nous portons à leur erreur.

Nous disons seulement que, contre ceux qui ne discutent pas mais qui tuent, la discussion n'est plus l'arme qu'il convient d'employer. Contre des insurgés furieux et menaçants, il faut, pour le salut de la société, autre chose que des paroles de vérité; nous disons que ce furent les protestants religieux, comme plus tard les jacobins, protestants politiques, et les socialistes, protestants antisociaux, ce furent les protestants de tous les temps et de tous les ordres qui essayèrent de trancher les questions par la force brutale. Ils ont proclamé la souveraineté de la force, après avoir proclamé celle de la raison; la société a employé contre eux la force : de quoi avaient-ils à se plaindre quand cette force leur échappait ?

Ils n'avaient qu'à la garder soigneusement; en vérité, ils étaient mal venus à se plaindre, et à invoquer le droit contre la violence. Ils ont été vaincus par la force, tous ces révolutionnaires, fauteurs de l'anarchie et du despotisme, après avoir fait l'abus le plus abominable de la force. Justice! Celui qui tuera par l'épée périra par l'épée.

Et puis, il faut bien que les sociétés se défendent. Qui se laisse humilier et opprimer n'obtient pas la paix, mais la ruine et la honte.

XXVI

La réformation du XVIᵉ siècle fut le résumé de toutes les hérésies, de tous les protestantismes que nous avons vus la précéder.

Toutes les hérésies se ressemblent, comme toutes les révoltes, nous avons déjà eu maintes fois occasion de le dire. C'est toujours la même erreur sous des formes plus ou moins séduisantes, et pour moyen, les mêmes violences, les mêmes barbaries.

On frémit en lisant les détails de tant d'actes de férocité.

Dans les protestants du XVIᵉ siècle, nous retrouvons les fureurs des ariens, qui assassinaient les catholiques à domicile; des carpocratiens, qui prêchaient la communauté naturelle, se mettant tous nus pour prier, s'abandonnaient à des orgies inénarrables, avaient les femmes en commun, se livraient aux débauches les plus raffinées ; des circoncellions , qui pillaient les maisons des catholiques et assommaient ces chrétiens fidèles en chantant : *Louange à Dieu !* des valésiens, qui mutilaient leurs disciples et leurs hôtes, et guettaient les voyageurs sur les routes pour les *délivrer des périls* de la volupté ; des gnostiques, qui se deshonorèrent par tant d'ignobles démences ; des priscilliens, espèces de manichéens et de gnostiques, qui se livraient à tous les désordres et à toutes les impudicités, etc., etc.

Orgueil et concupiscence, tel était le mobile de tous ces sectaires, tel fut aussi le mobile de ceux du XVIᵉ siècle, et ce furent les rivalités de leur concupiscence et de leur orgueil qui les divisèrent, comme nous allons le voir ; spectacle fécond en enseignements, car le royaume de Satan ne peut subsister, puisque cet esprit de contradiction et de discorde est divisé contre lui-même !...

LIVRE XIV

Variations des églises protestantes. — L'anabaptisme. — Les protestants jugés par eux-mêmes.

I

Les efforts du protestantisme ne furent pas heureux pour constituer *une* religion, et ils ne pouvaient pas l'être. Du moment que quelques docteurs se séparent de l'Église et se font parti, leurs idées se rétrécissent, leur force s'amoindrit et leur liberté décroît en raison de la différence qui existe entre le niveau du parti et celui de l'humanité. Pour eux, la vérité, c'est le parti dont la vie et la domination constituent l'affaire capitale, car il faut vivre d'abord. Leur force, c'est celle du parti; leur volonté, c'est encore celle du parti.

Le gouvernement légitime de l'Église est impartial, au contraire, facilement noble et fort, car il est libre, il s'inspire des intérêts généraux, et s'appuie sur toute la masse des bons chrétiens.

Au vice originel, commun à tous les gouvernements de parti, vint se joindre, pour le protestantisme, sa déplorable constitution. Formés par un amalgame monstrueux de principes essentiellement divergents, et sans autre lien social qu'une communauté de haines, les protestants avaient pu s'allier pour détruire, mais ils n'avaient su se concerter pour édifier. La confusion de Babel s'était mise dans leur camp, dès qu'ils avaient tâché de s'entendre. Le protestantisme n'était pas d'une bien grande habileté collective, mais eût-il été plus capable qu'il n'eût pu constituer une unité.

Cela n'est pas fait pour surprendre.

Les hérétiques, les révolutionnaires, les protestants de toutes sortes contre l'autorité, au nom de la liberté de la raison, de sa souveraineté et de son infaillibilité, ne peuvent être jamais d'accord entre eux, car ils ne peuvent avoir aucun centre d'unité. Ils n'ont pas, comme les catholiques, cette unité religieuse qui met d'accord tous les esprits et tous les cœurs. N'ayant ni le *dévouement des martyrs*, ni la *sagesse des saints*, les protestants ne peuvent que se diviser, se disputer, se haïr et se battre. C'est ce qui leur est arrivé de tout temps.

Tandis que l'Église catholique est la réunion des chrétiens fidèles, qui n'ont tous qu'un seul pasteur et qu'une seule et même doctrine, les protestants ne forment pas entre eux une seule et même société chrétienne.

Toutes les petites Églises dont ils font partie ne sont pas plus unies les unes aux autres qu'elles ne le sont avec Rome.

Elle se haïssent tout autant qu'elles haïssent les catholiques; nous les avons vues se poursuivre, s'exclure, se persécuter les unes les autres.

Les protestants ne peuvent dire que toutes leurs sectes, qui ne s'accordent sur rien, forment une même Église chrétienne. Dans ces sociétés profondément divisées, qui n'ont ni la même croyance, ni le même culte, ni la même discipline, qui reconnaîtrait cette Église fondée par Jésus-Christ, et qu'il représente comme *un seul* royaume, *une seule* famille, *un seul* troupeau, rassemblé dan *un même* bercail et sous *un même* pasteur ?

Les ministres protestants et les fidèles protestants, manquant de centre d'unité, incertains de leurs propres pensées, n'ont point de dogmes qu'ils admettent uniformément. Ils professent les doctrines les plus contradictoires. Cette anarchie des opinions qui a jeté le protestantisme moderne dans l'indifférentisme, dans l'athéisme, dernier terme du rationalisme, cette anarchie des opinions obligea souvent l'autorité civile d'intervenir, dans les pays protestants, pour préserver d'une ruine complète la société, la civilisation, et l'*idée chrétienne* même, si funestement comprise par le protestantisme. Il arriva alors que la religion, dans ces pays, devint la vassale du pouvoir civil, et que la liberté illimitée de pensée proclamée par le protestantisme fut confisquée par les sectes protestantes victorieuses des autres. L'anarchie des intérêts temporels et des pouvoirs politiques remplaça ainsi l'anarchie des opinions individuelles.

Le protestantisme ne fut pas soumis aux décrets du pape et des conciles, mais à ceux des princes et des hommes d'État. Voilà la liberté du protestantisme, conséquence de ses variations, de ses fureurs, de ses principes, qui ne pouvaient engendrer qu'oppressions anarchies !

II

Le catholicisme ne connaît pas ces divisions et ces querelles intestines. Seule, l'Église demeure inébranlable, gardant sa foi, son unité, son espérance et sa charité, que rien n'effraye, que rien ne séduit et qui résiste à toutes les hérésies. C'est une chose admirable que l'immobilité de l'Église. Le monde a beau s'agiter et changer autour d'elle, elle reste éternellement la même. Ses ministres subissent les intrigues comme ils ont subi le martyre et les échafauds; on ne les trompe pas plus qu'on ne les épouvante. Ils sont les plus forts, croyez-moi, et il faudra que l'univers revienne à eux ou que l'univers périsse !

III

Les premiers réformateurs ne pouvaient dissimuler eux-mêmes les ruines qu'ils avaient faites et ne pouvaient se donner le change sur leurs divisions.

— « Nous en sommes venus au plus bas degré de *barbarie*, » disait Mélanchthon.

— « L'Elbe, écrivait-il à un ami, l'Elbe avec tous ses flots n'a pu me fournir assez d'eau pour pleurer les malheurs de la réforme *divisée !* »

Que les protestants n'aient jamais pu se mettre d'accord, ce n'est pas là un fait surprenant, c'est le caractère essentiel de l'hérésie d'être sujette à se diviser et à varier dans ses dogmes. Les sectateurs d'une hérésie ont tout autant le droit d'innover que son auteur ; chaque particulier peut changer par son propre esprit et modifier ce qu'il a reçu, attendu que c'est par son propre esprit que l'auteur de chaque hérésie l'a composée. Cette instabilité, qu'on a vue dans la doctrine des ariens, des pélagiens et de tous les autres, n'a pas été moins sensible dans les protestants du XVIᵉ siècle. Il fut impossible à Luther et à Calvin de contenir leurs prosélytes dans les bornes arbitraires qu'ils leur avaient prescrites. D'ailleurs, poser ces bornes, c'était contre la maxime fondamentale du protestantisme : ils avaient proclamé une liberté qu'ils appelaient *évangélique*, en vertu de laquelle chacun était maître de régler sa croyance. Une pitoyable confusion de doctrine et une perpétuelle variation, c'était là tout ce qui pouvait résulter de cette liberté impie et insensée.

Dès le Vᵉ siècle, Vincent de Lérins avait constaté cette logique, cette fatalité de l'hérésie :

— « Ceux, dit-il, qui ont retranché un seul article de foi, en attaqueront bientôt d'autres ; et quelle sera la suite nécessaire de cette manière de réformer la religion, sinon que ces réformateurs ne se tiendront jamais en repos, mais qu'ils la changeront sans cesse *jusqu'à ce qu'il n'en reste plus la moindre trace ?* »

C'est ce qui est arrivé dans la nouvelle réforme,

que nous verrons aboutir à l'athéisme par le philosophisme et le rationalisme. Après avoir répudié
l'autorité légitime et sainte de l'Église, elle n'a-
vait plus de principe d'unité, parce qu'il n'y a que
cette autorité qui puisse retenir la licence des esprits,
certains princes l'ont trop méconnu. Abandonnée à
l'examen et au jugement souverain de chaque particulier, la nouvelle réforme a varié cent mille fois ; elle
a pris cent mille formes différentes ; elle s'est divisée
en cent mille sectes : *anabaptistes*, *ariens modernes*,
quakers, *arminiens*, *gomorristes*, *épiscopaux*, *puritains*,
sociniens, etc., etc., qui ont des dogmes opposés, et qui
ne s'accordent que dans leur haine commune pour la
foi ancienne, et dans le mépris de toute autorité.

Vous avons réfuté l'arianisme moderne en parlant
de l'ancien.

Nous parlerons de suite de l'*anabaptisme*, parce que
cette secte fut la plus violente de celles qui sortirent
du luthéranisme, et qu'elle s'est reproduite de nos
jours sous le nom de *socialisme*.

IV

L'anabaptisme est une des milliers de sectes du
protestantisme. Cette secte, qui désola l'Allemagne,

avait pour erreur principale et pour prétexte la nécessité de renouveler le baptême chez les adultes à qui ce sacrement avait été conféré dans le bas âge. Elle prit naissance en 1520; ses premiers auteurs furent Thomas Muncer et Nicolas Storch, disciples de Luther.

Comme toujours, ce fut la concupiscence et l'orgueil qui les poussèrent dans l'hérésie. Ils professaient, entre autres maximes, qu'il fallait que l'homme lâchât la bride à toutes ses passions. Ils furent la logique et le châtiment de Luther, leur ancien maître.

En se séparant de lui, ils l'attaquèrent avec les armes dont il s'était servi lui-même pour attaquer la papauté, c'est-à-dire avec le droit pour chacun d'interpréter l'Écriture à son gré, au nom de la *liberté* et de l'*indépendance chrétienne*, proclamée par la prétendue réforme. Partant de ces principes faux et absurdes, attentatoires à toute hiérarchie et à toute autorité, Muncer et Storch prétendaient que le baptême des enfants est une *invention du démon;*

Que tout chrétien est en droit de prêcher l'Évangile;

Que, par conséquent, l'Église n'a pas besoin de pasteurs;

Que les sciences humaines sont condamnées par la religion, et qu'il faut vivre dans l'ignorance;

Que Dieu continue à révéler sa doctrine aux fidèles par des inspirations qui donnent le sens de l'Évangile.

Ils ne se contentaient pas de détruire ainsi toute hiérarchie et toute autorité dans le monde religieux, ils avaient fait descendre leur doctrine de la sphère théologique dans l'ordre politique et social. Ces hérétiques enseignaient que toutes choses doivent être communes entre les chrétiens; qu'il ne doit y avoir ni magistrats, ni propriétaires, ni impôts, etc., etc.

Storch, qui, le premier, prêcha cette doctrine, s'était fait de nombreux prosélytes dans le Wurtemberg.

Ceux-ci se prétendaient inspirés et interprétaient l'Écriture au gré de leurs passions.

Storch avait fait brûler les livres comme dangereux, comme *remplissant le cœur d'orgueil et l'esprit de connaissances profanes.* Thomas Muncer et Carlostadt (1521) renchérirent encore sur lui; ils ameutèrent la populace et livrèrent au pillage les églises, ils firent abattre les images et détruire les restes du culte catholique épargnés par Luther lui-même.

Luther, ainsi débordé par ses propres disciples, les fit bannir par les princes d'Allemagne, ses protecteurs.

Carlostadt se réfugia en Suisse, Muncer et Storch parcoururent la Souabe, la Thuringe et la Franconie :

tous les trois s'élevant contre le pape et en même temps contre Luther, appelant les peuples à la révolte contre toute autorité religieuse, politique et civile, semant ainsi partout le désordre et la haine.

A cet appel, des populations entières se soulèvent, s'emparent des châteaux, déposent les magistrats, livrent tout à feu et à sang.

Muncer est reçu avec amour, dans la ville de Mulhaüsen, par quelques fanatiques, qui obligent les habitants à se faire rebaptiser et à mettre tout en commun. Luther prêche une croisade contre ces sectaires; il provoque les gentilshommes à l'extermination des rebelles : le landgrave de Hesse, le comte de Mansfeld et plusieurs autres marchent contre eux, et les taillent en pièces.

Muncer est pris et meurt dans des supplices aussi horribles que les violences sanguinaires dont ils étaient le châtiment (1525).

Pendant ce temps, Storch et Carlostadt, réfugiés en Suisse, y répandaient l'hérésie, mais par des moyens plus pacifiques, n'en pouvant employer d'autres. De même que les anabaptistes d'Allemagne étaient à la fois combattus par les catholiques et par les luthériens, de même ceux de Suisse le furent par les catholiques et par les calvinistes. Mais les catholiques seuls étaient logiques et avaient ce droit, car

on ne le pouvait qu'à l'aide de la tradition, de l'autorité des Pères, des conciles et du Saint-Siége apostolique, tradition et autorité non moins repoussées par les luthériens et les calvinistes que par les anabaptistes.

Les protestants durent donc se résigner, pour combattre cette erreur sortie d'eux-mêmes, à invoquer l'autorité de la tradition qu'ils avaient rejetée. Frappante inconséquence, car c'était sur les principes mêmes posés par le protestantisme que les anabaptistes s'appuyaient. Quoi qu'il en soit, le sénat de Zurich, effrayé des crimes commis en Allemagne par les anabaptistes, les déclara confondus et décréta de fortes amendes contre quiconque leur donnerait asile (1526).

Les mêmes mesures de rigueur furent prises contre eux à Bâle, à la suite de conférences publiques (1525-1529), ainsi qu'à Berne (1527-1532).

Ils furent chassés du canton de Saint-Gall par suite du crime de l'un d'eux, Thomas Schuker, qui coupa la tête à son propre frère, dans une réunion d'anabaptistes, en disant : « Ayez l'esprit au repos, *je ne fais que ce qui m'est révélé par le Père céleste.* »

Les anabaptistes furent aussi expulsés de Strasbourg; leur chef, Melchior Hoffman, mourut en

prison; un autre Hoffman se mit à la tête des anabaptistes réfugiés en Hollande, qui, là encore, trouvèrent contre eux les catholiques et les protestants.
Hoffman avait pour compère Mathison, boulanger à
Harlem, accouru en toute hâte pour diriger l'insurrection, et qui se dit le prophète Énoch, envoyé de
Dieu. A la tête des insurgés de Munster, Mathison
chasse les magistrats et livre la ville au pillage; ceux
qui résistent sont massacrés; tous les livres sont
brûlés, la Bible exceptée; chaque habitant est obligé
d'apporter à Mathison tout ce qu'il possède; ces richesses sont déposées dans un trésor public et distri-
buées pour l'usage commun par des diacres commis
à cet effet.

L'égalité absolue est décrétée; les repas sont pris
en commun; une foule d'insensés et de scélérats, se
disant prophètes, s'abandonnent à toutes les extravagances et à toutes les luxures.

Cependant la ville était assiégée par le prince-
évêque de Waldeck.

Dans une sortie, Mathison est tué, bien qu'il se
fût vanté d'*exterminer les impies.* Il eut pour successeur dans la dictature un ignoble débauché, Jean
Bokold, plus connu sous le nom de Jean de Leyde;
ce type du chef révolutionnaire, avait été tour à tour
tailleur, matelot et aubergiste.

Cet imposteur s'empara du pouvoir par la ruse et régna en tyran farouche sur les malheureux habitants de Munster.

Dévoré d'une passion frénétique pour les femmes, il prêche la polygamie, qui seule pouvait légitimer la satisfaction de ses désirs, et, pour joindre l'action au précepte, il épouse deux filles d'un riche bourgeois de Munster qui avait embrassé les doctrines anabaptistes, puis il y joint la veuve de Mathison elle-même. Celle-ci devint *femme divine* et sultane favorite du *prophète*, qui prit successivement jusqu'à dix-sept épouses. Il y avait progrès : Luther n'en permettait que deux aux princes.

Cet exemple ne manqua pas d'imitateurs. De toutes parts, les jeunes filles furent arrachées aux bras de leurs mères, pour devenir la proie flétrie des plus furieux anabaptistes. La faculté du divorce se combinant avec la polygamie, Munster devint le théâtre d'une effroyable promiscuité.

Enfin, cet immense et sacrilége scandale eut un terme : Munster fut pris et livré au pillage ; Jean de Leyde, amené devant Valdeck, ne perdit rien de son arrogance ; on le promena de ville en ville pour l'exposer à la curiosité du peuple, comme il l'avait lui-même proposé ironiquemement à son vainqueur ; enfin il périt par le glaive, après avoir subi de cruelles tortures. Il n'avait que vingt-six ans (1535). Son corps, renfermé dans une cage de fer, fut élevé sur le clocher de la cathédrale, où ses ossements restèrent exposés pendant les siècles suivants, comme un horrible monument de cette effroyable histoire. Les anabaptistes qui parvinrent à se soustraire aux supplices, se réfugièrent en Hollande. Dès lors, les anabaptistes se divisèrent en une multitude de sectes différentes, dont la plus célèbre est celle de Gabriel et de Hutter, dont les membres prirent le nom de *frères moraves.*

Décimés, les anabaptistes n'étaient point encore anéantis. Un prêtre apostat, d'abord catholique, puis luthérien, Simon Menno, né en 1456, se mit à leur tête (1536), après la mort de Mathison et de Jean de Leyde ; il adopta la doctrine de Stoch sur le baptême, mais il prêcha contre la polygamie. Persécuté par les protestants, qui brûlèrent un malheureux qui lui avait donné asile, il le fut également par les autres anabaptistes, et excommunia ceux-ci à son tour. A sa mort (1561), les querelles s'envenimèrent de plus en plus parmi ces hérétiques.

Ils se divisèrent en une foule de sectes; ainsi il y eut les *rigides* et les *modérés*, les *enthousiastes*, les *catharites*, les *géorgiens* ou *dandiques*, les *melchiorites*, les *nudipédaliens*, les *augustiniens*, les *dirélictiens*, les *polygamites*, les *purificateurs*, etc., etc.

Maintenant encore, ces sectaires se subdivisent en *sabbataires*, en *famille d'amour*, en *adamites*, en *apostoliques*, en *taciturnes*, en *parfaits*, en *impeccables*, en *clanuclaires*, en *manifestaires*, en *frères libertins*, en *pleureurs*, en *indifférents*, en *sanguinaires*, en *antimariens*, en *abécédaires*, etc., etc. Il y a aussi les *galinistes*, les *apostoliens*, les *mennonites*; ces derniers sont communs en Hollande, en Suisse, en Allemagne et en Angleterre, où ils sont aussi connus sous le nom de *baptistes*. Aux États-Unis d'Amérique, ils possèdent environ douze cents églises, nombre qui pourrait bien s'accroître encore par l'extrême facilité que tout rêveur ou visionnaire a, dans ce pays sans roi, de créer un nouveau culte et de trouver des adhérents.

Dans quelques provinces de France, où les anabaptistes ont essayé de faire des prosélytes, le bon sens national a généralement fait justice de leurs ridicules extravagances; mais l'autorité a dû aussi quelquefois intervenir dans l'intérêt de l'ordre et de la morale.

V

Les anabaptistes ne furent pas les seuls qui, profitant des principes de liberté du protestantisme,
formèrent des Églises à part et s'abandonnèrent aux
violences infâmes. Chaque jour de nouveaux prédicants s'élevaient, mécontents de ce que les chefs
avaient établi, pour y faire des changements. Les
chefs eux-mêmes ne cessaient d'y faire des changements. De là, toutes ces sophistications du christianisme, toutes ces différentes confessions qui se
contredisent l'une l'autre, et cette exactitude d'application aux protestants de ce que saint Hilaire de
Poitiers disait aux ariens : « Vous ressemblez à des
architectes ignorants, qui ne sont jamais contents de
leur ouvrage ; vous ne faites que bâtir et démolir.
Il y a maintenant autant de confessions de foi différentes qu'il y a d'hommes, et une aussi grande variété dans la doctrine que dans les modes. Chaque
année, chaque mois, voit éclore une confession de
foi ; vous avez honte des anciennes ; vous en forgez
de nouvelles pour en rejeter encore. »

Cette inconstance de l'hérésie était si manifeste
dans le protestantisme, que ses docteurs ne purent

s'empêcher de s'en plaindre eux-mêmes. Dudicius l'un des théologiens de la réforme, écrivait à Théodore de Bèze : « Quelle sorte de gens sont nos protestants, qui, s'égarant à tout moment, puis revenant sur leurs pas, se laissent emporter à tout vent de doctrine, tantôt d'un côté, tantôt de l'autre. Vous pouvez peut-être connaître quels sont aujourd'hui leurs sentiments en matière de religion, mais vous ne pouvez jamais être assuré de ceux qu'ils auront demain. Sur quel article de la religion ces Églises qui se sont séparées de celle de Rome, sont-elles d'accord? Examinez tous les points de leur croyance, *depuis le premier jusqu'au dernier*, à peine trouvez-vous un seul article affirmé par tel ministre que vous ne le voyiez aussitôt condamné par l'autre comme une doctrine impie. »

Dans ces plaintes douloureuses se trouve la condamnation du protestantisme; elles suffisent seules à le faire juger !

Au reste, cet égarement n'est point étonnant; il devait en être ainsi chez des hommes qui n'avaient plus de guide pour les conduire. Le christianisme, c'est la barque de Pierre; la tradition en est la boussole. Le pilote et la boussole une fois jetés à la mer par les protestants, les matelots mutinés devaient se diviser et faire naufrage sur les écueils. Ayant abandonné l'Église, que Jésus-Christ ordonne d'écouter, les protestants, se trouvant seuls et sans conducteurs, devaient se perdre dans les sentiers inconnus où l'esprit de séduction les avait engagés; une fois écartés de la vérité qui est *une*, ils ne pouvaient que s'égarer par mille détours différents.

Il en est tout autrement de l'Église catholique, constante dans son gouvernement et sa conduite, ne changeant jamais dans sa doctrine, parce que, fondée par Jésus-Christ, elle est gouvernée par lui selon sa promesse, conservant sa foi toujours la même, telle qu'elle l'a reçue de son divin Maître, et ne permettant sur cet article aucune innovation.

VI

Ces variations des Églises protestantes produisaient l'irritation parmi les ministres, qui s'insultaient les uns les autres, comme s'insultent de nos jours les démocrates, les socialistes entre eux. Ils se traitaient avec la plus insigne grossièreté.

— « Dieu, dit un des premiers sacramentaires [1], Dieu, pour châtier l'orgueil et la superbe de Luther,

---

[1] Conrad. Reis., *Sur la Cène du Seigneur*, B. 2.

qui se découvre dans tous ses écrits, retira son esprit de lui, l'abandonnant à l'esprit d'erreur et de mensonge, lequel possédera toujours ceux qui ont suivi ses opinions, jusqu'à ce qu'ils s'en retirent. »

— « Voyez-vous, s'écrie Zwingle en parlant de Luther, comme Satan s'efforce d'entrer en possession de cet homme ! »

— « Je ne m'éveille plus, ô Luther, lui écrivait Henri VIII, comment tu n'es honteux à bon escient, et comme tu oses lever les yeux et devant Dieu et devant les hommes, puisque tu as été si léger et si volage de t'être laissé transporter par l'instigation du diable à tes folies de concupiscences. »

Il seyait bien, en vérité, à l'immonde Henri VIII de reprocher à Luther ses concupiscences ! C'était, comme dit le dicton populaire, *la pelle qui se moquait du fourgon.*

— « Toi, continue Henri VIII, toi, Luther, frère de l'ordre de saint Augustin, as le premier abusé d'une nonnain sacrée, lequel péché eût été, le temps passé, si rigoureusement puni, qu'elle eût été enterrée vive, et toi fouetté jusqu'à rendre l'âme. Mais tant s'en faut que tu aies corrigé ta faute, qu'encore, chose exécrable ! tu l'as publiquement prise pour femme, ayant contracté avec elle des noces incestueuses, et abusé de la pauvre et misérable p....., au grand scandale du monde, reproche et vitupère de ta nation, mépris du saint mariage, très-grand déshonneur et injure des vœux faits à Dieu. Finalement, qui est encore plus détestable, au lieu que le déplaisir et la honte de ton incestueux mariage te dût abattre et accabler, ô misérable ! tu en fais gloire : au lieu de requérir pardon de ton malheureux forfait, tu provoques tous les religieux débauchés, par tes lettres, tes écrits, d'en faire le même. »

Ces reproches sont mérités, seulement la bouche qui les articule est impure; Henri VIII n'est pas moins infâme que Luther.

L'Église de Zurich s'est exprimée ainsi [1] :

« Luther nous traite de *secte exécrable et damnée* ; mais qu'il prenne garde qu'il ne se déclare lui-même pour *archihérétique*, par cela même qu'il ne veut et ne peut s'associer avec ceux qui confessent le Christ. Mais que cet homme se laisse étrangement emporter par ses démons ! Que son langage est sale, et que ses paroles sont pleines des diables de l'enfer ! Il dit que le diable habite maintenant et pour toujours dans le corps des zwingliens, que les blasphèmes s'exhalent de leur sein ensatanisé, sursatanisé et persatanisé ; que leur langue n'est qu'une langue mensongère,

[1] *Contre les Conf. de Luther,* p. 61.

remuée au gré de Satan, infusée, perfusée et trans-
fusée dans son venin infernal. Vit-on jamais de tels
discours sortis d'un démon en fureur ? Il a écrit tous
ses livres par l'impulsion et sous la dictée du démon,
avec lequel il eut affaire, et qui, dans la lutte, paraît
l'avoir terrassé par des arguments victorieux. »

— « Il n'est pas rare, dit Zwingle, de voir Luther
se contredire d'une page à l'autre....., et à le voir au
milieu des siens, vous le croiriez obsédé d'une pha-
lange de démons. »

Furieux de ce que Luther avait mal accueilli sa
version des Écritures, Zwingle tempête contre celle
de Luther et l'appelle *un imposteur qui change et re-
change la sainte parole.*

Après avoir appelé Luther le *restaurateur du christianisme,* Calvin dit : « Luther n'a rien fait qui vaille ;
il ne faut point s'amuser à suivre ses traces, être
papiste à demi ; il vaut mieux bâtir une Église tout
à neuf.... »

— « Véritablement Luther est fort vicieux, dit encore Calvin ; plût à Dieu qu'il eût soin de réfréner
davantage l'intempérance qui bouillonne en lui de
tout côté ! plût à Dieu qu'il eût songé davantage à
reconnaître ses vices [1] ! »

<hr>

[1] *Theol. Calvin.*, liv. II, fol. 126.

— « Ceux, disent les disciples de Calvin, ceux qui mettent Luther au rang des prophètes, et constituent ses livres pour règle de l'Église, ont très-mal mérité de l'Église de Jésus-Christ, et exposent soi et leurs Églises à la risée et coupe-gorge de leurs adversaires [1]. »

— « Ton école, répondait Calvin, au luthérien Wesphal, n'est qu'une *puante table à pourceaux*..... M'entends-tu, *chien*? m'entends-tu, *frénétique?* m'entends-tu, *grosse bête?* »

— « Va-t-en à tous les mille diables! te puisses-tu rompre le col avant d'être de retour chez toi! » s'écriaient les protestants de Strasbourg en chargeant à coups de pierre l'hérétique Luther, venu dans leur pays pour disputer avec Carlostadt, retiré à Orlamunde avec sa femme.

Calvin ne fut pas mieux traité par les autres protestants qu'il ne les avait traités lui-même. — « Il n'y a nullement à s'étonner, dit Smidelin [2], qu'en Pologne, en Transylvanie, en Hongrie, et autres lieux, plusieurs passent à l'arianisme, quelques-uns à Mahomet : la doctrine de Calvin mène à ces impiétés. »

---

[1] In Admon. de lib. *Concord.*, c. 6.
[2] *Préface de l'Apol. de Danœus.*

VII

Carlostadt ne fut pas mieux traité par les autres
protestants que ne l'avaient été Luther, Calvin et les
autres.

— « Carlostadt, disait Mélanchton qui passait pour
un protestant *modéré*, Carlostadt était un homme
brutal, sans esprit, sans science et sans aucune lumière du sens commun ; qui, bien loin d'avoir
quelque marque de l'esprit de Dieu, n'a jamais su
ni pratiqué aucun des devoirs de la civilité humaine.
Il paraissait en lui des marques évidentes d'impiété ;
toute sa doctrine était ou judaïque ou séditieuse.
Il condamnait toutes les lois faites par les païens ;
il voulait qu'on jugeât selon la loi de Moïse, parce
qu'il ne connaissait point la nature de la liberté
chrétienne ; il embrassa la doctrine fanatique des
anabaptistes aussitôt que Nicolas Stock commença de
la répandre... Une partie de l'Allemagne peut rendre
témoignage que je ne dis rien en cela que de véritable. »

— « On ne peut nier, disent les luthériens [1], que
Carlostadt n'ait été étranglé du diable, vu tant de

[1] *Colloq. Altenb.*, fol. 502, 503, an. 1568.

témoins qui le rapportent, tant d'auteurs qui l'ont mis par écrit, et les lettres mêmes des pasteurs de Bâle. »

VIII

Voici le jugement qu'ont porté sur Mélanchton ceux de sa communion. Les luthériens déclarent en plein synode « qu'il avait si souvent changé d'opinion sur la primauté du pape, sur la justification par la foi seule, sur la cène, sur le libre arbitre, que toutes ses incertitudes avaient fait chanceler les faibles dans ces questions fondamentales, empêché un grand nombre d'embrasser la confession d'Augsbourg : qu'en changeant et rechangeant ses écrits, il n'avait donné que trop de sujets aux pontificaux de relever ses variations, et aux fidèles de ne savoir plus à quoi s'en tenir sur la véritable doctrine, » et ils ajoutent que « son fameux ouvrage sur les *Lieux théologiques* pourrait plus convenablement s'appeler *Traité sur les jeux théologiques.* »

Mélanchton avait, en effet, avancé cette proposition si contraire au christianisme : *Les articles de foi doivent être souvent changés, et être calqués sur les temps et les circonstances.*

12.

Aussi Schlussemberg, autre protestant, déclara-t-il que, « frappé d'en haut par un esprit d'aveuglement et de vertige, Mélanchton ne fit plus ensuite que tomber d'erreur en erreur, et finit par ne plus savoir ce qu'il fallait croire lui-même. »

Voilà où mène le protestantisme, de l'aveu des protestants eux-mêmes !

— « Manifestement, ajoute Schlussemberg, Mélanchton a contredit la vérité divine, à sa propre honte, et à l'ignominie perpétuelle de son nom. »

Les démocrates modernes ne se disent pas de plus dures vérités les uns aux autres dans un langage plus insolent.

IX

Œcolampade, fauteur de l'opinion sacramentaire, fut ainsi traité par le patriarche de la réforme :

« Ah ! misérable ! tu as été le prophète de ton malheur, quand tu appelas Dieu à prendre vengeance de toi si tu enseignais une mauvaise doctrine. »

Et Luther fit ainsi son oraison funèbre, pendant que les habitants de Bâle plaçaient son corps dans leur cathédrale [1] :

[1] Ils avaient mis cette épitaphe sur son tombeau : *Jean Œco-*

« Le diable, duquel Œcolampade se servait, l'étrangla de nuit dans son lit... C'est ce bon maître qui lui avait appris qu'en l'Écriture il y avait des contradictions. Voyez à quoi Satan réduit les hommes savants ! »

X

Nous vous avons montré les protestants jugés par eux-mêmes. Ne dirait-on pas qu'on assiste aux querelles de MM. Proudhon, Pierre Leroux, Louis Blanc et Lamennais entre eux ? Robespierre et Marat n'étaient pas plus divisés. Voltaire et Rousseau n'étaient pas plus mortellement ennemis.

Les principaux auteurs des soulèvements religieux et politiques qui désolèrent l'Église et l'ordre social au XVIᵉ siècle, étaient ce qu'ils se sont reproché d'être les uns aux autres.

De pareils hommes, que pouvaient attendre la religion et la morale ?

Après avoir reproché aux princes, aux magistrats, aux grands et aux ministres mêmes de sa communion d'être des athées, Calvin s'écrie : « Il est encore

lampade, théologien ....., premier auteur de la doctrine évangélique dans cette ville, et véritable évêque de ce temple.

une plaie plus déplorable. Les pasteurs, oui, les pasteurs eux-mêmes qui montent en chaire..., sont aujourd'hui *les plus honteux exemples de la perversité et des autres vices.*

« De là vient que leurs sermons n'obtiennent ni plus de crédit, ni plus d'autorité que les fables débitées sur la scène par un histrion. Et ces messieurs, pourtant, osent bien encore se plaindre qu'on les méprise et les montre au doigt pour les tourner en ridicule. Quant à moi, je m'étonne de la patience du peuple ; je m'étonne que les femmes et les enfants ne les couvrent pas de boue et d'ordures [1]. »

Que pouvait espérer l'univers des prédications de pareils personnages ? Les apôtres valaient la doctrine.

---

[1] Livre *Sur les scandales,* p. 128.

LIVRE XV.

I

Pendant que le schisme et l'hérésie faisaient es-
suyer en Europe des pertes assez notables à l'Église,
le zèle d'un jésuite, François-Xavier, gagnait à Jésus-Christ des contrées immenses. Ce grand homme
s'était attaché au vertueux Ignace de Loyola, son

condisciple à l'université de Paris, et était devenu l'un des premiers membres de cette Compagnie de Jésus, dont le nom seul, attendrissement des bons, rend furieux les scélérats.

Ce jésuite accompli avait été choisi par le pape Paul III pour porter les lumières de l'Évangile dans les Indes orientales, où les Portugais avaient formé des établissements (1541).

Saint François-Xavier commença par ramener aux principes du christianisme les mauvais chrétiens des Indes, dont la vie scandaleuse était le plus grand obstacle à la conversion des idolâtres. Il forma la jeunesse à la vertu, combattit courageusement les superstitions et les vices ; et sa prédication, soutenue par des miracles, produisit des fruits abondants.

Partout il opéra un nombre prodigieux de conversions, grandissant avec les dangers, surmontant, à force d'héroïsme et de charité, les peines les plus incroyables. Mais il fut bien dédommagé de ce qu'il eut à souffrir dans ses différentes missions, toutes si périlleuses, par les consolations intérieures. Il écrivait à saint Ignace : « Les périls auxquels je suis exposé, les travaux que j'entreprends pour les intérêts de Dieu seul, sont des sources inépuisables de joie spirituelle. Je ne me souviens pas d'avoir jamais goûté tant de délices intérieures, et ces consolations de l'âme sont și pures, si douces, si continuelles, qu'elles ôtent le sentiment des peines du corps. »

Ces lignes exhalent la bonne odeur de Jésus-Christ, le céleste parfum de l'âme généreuse de ces martyrs des premiers siècles de l'Église dont l'amour triomphait de la mort.

En 1549, saint Xavier convertit un grand nombre de Japonais.

Au moment où il espérait pénétrer dans la Chine, le saint apôtre tomba malade, pour ne plus se relever : la Sagesse éternelle, qui récompense la bonne volonté dans ses serviteurs, leur inspire quelquefois des desseins qui ne doivent point se réaliser.

Que le protestantisme ose donc nous offrir, parmi ses chefs, une seule figure apostolique digne de figurer à côté de saint François-Xavier !

II

Mais ce n'était pas assez que l'Église répondît à l'hérésie par la vertu de ses docteurs ; pour guérir les maux qu'elle avait faits et en arrêter le progrès, on résolut d'assembler ce concile général auquel les chefs de la réforme en avaient appelé, promettant de se soumettre à ses décisions. Cette imposante assemblée s'ouvrit à Trente, à la fin de l'année 1545, et les erreurs de Luther, de Calvin et de tous les autres hérésiarques y furent solennellement condamnées.

On y traita d'abord de la canonicité des Livres saints, ces premiers fondements de la foi chrétienne, et tous les livres de l'Ancien et du Nouveau Testament furent reconnus comme canoniques, comme ils l'avaient été par les conciles et les Pères des premiers siècles.

On s'occupa ensuite de la tradition, c'est-à-dire de la doctrine de Jésus-Christ et des apôtres qui n'est pas consignée dans les livres de l'Écriture et que repoussaient les protestants. Sur ces deux points, le décret suivant fut dressé :

— « Le saint concile de Trente, œcuménique et général, légitimement assemblé sous la conduite du Saint-Esprit, et présidé par les légats du Siége apostolique, considérant que les vérités de la foi et les règles des mœurs sont contenues dans les livres écrits, et sans écrit dans les traditions, qui, reçues de la bouche de Jésus-Christ par les apôtres, ou inspirées aux mêmes apôtres par le Saint-Esprit, nous sont parvenues comme de main en main; le saint concile, suivant l'exemple des Pères orthodoxes, reçoit tous les livres tant de l'Ancien que du Nouveau

Testament, et aussi les traditions concernant soit la foi, soit les mœurs, comme sorties de la bouche de Jésus-Christ, ou dictées par l'Église par une succession continue : il les embrasse avec le même respect et la même piété ; et afin que personne ne puisse douter quels sont les Livres saints que reçoit le concile, il a voulu que le catalogue en fût inséré dans ce décret. »

Après la liste de tous les livres canoniques, le concile ajoute : « Si quelqu'un ne reçoit pas comme sacrés et canoniques ces livres entiers et avec toutes leurs parties, ou s'il méprise avec connaissance et délibération les traditions dont on vient de parler, qu'il soit anathème. »

Le concile ordonne ensuite, pour contenir les esprits inquiets, que, dans les choses de la foi et de la morale qui ont rapport au maintien de la doctrine chrétienne, qui que ce soit n'ait assez de confiance en son propre jugement pour détourner les saints Livres à son sens particulier, contre l'interprétation que leur a donnée la sainte Église, à qui il appartient de juger du vrai sens et de la véritable inteprétation des saintes Écritures, ou contre le sentiment unanime des Pères. Le concile condamne ensuite comme profanateurs de la parole de Dieu ceux qui emploieront les paroles de l'Écriture à des usages profanes, comme à des railleries, à des applications ridicules, à des flatteries ou à des pratiques superstitieuses.

III

En confusion des erreurs des protestants sur le péché originel, le concile de Trente expose la doctrine catholique sur le péché originel et sur le remède de ce péché. Il y enseigne qu'Adam, après avoir transgressé le commandement de Dieu, perdit la sainteté et la justice dans laquelle il avait été établi. En désobéissant à Dieu, il encourut son indignation, il devint l'esclave du démon et sujet à la mort.

Par sa prévarication, le premier homme n'a pas nui à lui seul, mais encore à toute sa postérité ; en transmettant le péché, qui est la mort de l'âme, il a transmis à tout le genre humain la mort et les douleurs du corps, suivant ce que dit l'Apôtre :

« *Le péché est entré dans le monde par un seul homme, et la mort par le péché, et ainsi la mort est passée dans tous les hommes, tous ayant péché dans un seul.* »

Ce péché ne peut être effacé par les forces de la nature, mais seulement par les mérites de Jésus-Christ, l'unique médiateur, qui nous a réconciliés avec Dieu par son sang ; et ces mérites de Jésus-Christ son appliqués tant aux adultes qu'aux enfants par le sacrement du baptême, selon ces paroles. *« Il n'est pas sous le ciel un autre nom donné aux hommes, par lequel nous devions être sauvés;* et celles-ci : *Voilà l'Agneau de Dieu, voilà celui qui ôte les péchés du monde : vous tous qui avez été baptisés, vous avez été revêtus de Jésus-Christ. »*

Ainsi les enfants, même ceux qui sont nés de parents baptisés, ont besoin de recevoir le baptême, parce qu'ils tirent d'Adam la faute originelle, qui ne peut être effacée que par l'eau de la régénération, pour obtenir la vie éternelle.

C'est pour cette raison que, suivant la tradition des apôtres, les petits enfants mêmes, qui n'ont encore pu commettre aucun péché personnel, sont véritablement baptisés pour la rémission des péchés, afin que la régénération efface en eux ce qu'ils ont contracté de souillure par la génération; car quiconque ne renaît de l'eau et du Saint-Esprit ne peut entrer dans le royaume de Dieu.

Par la grâce qui est conférée dans le baptême, l'offense du péché originel est véritablement remise et effacée : car Dieu ne hait rien dans ceux qui sont régénérés, et il n'y a point de condamnation pour ceux qui ont été ensevelis avec Jésus-Christ par le baptême, pour mourir au péché, et qui ne vivent point selon la chair, mais qui, dépouillant le vieil homme et se revêtant du nouveau, sont devenus innocents, sans tache, héritiers de Dieu et cohéritiers de Jésus-Christ, en sorte qu'il n'y a plus rien qui fasse obstacle à leur entrée dans le ciel.

Le saint concile reconnaît toutefois et confesse que la concupiscence ou le foyer du péché reste dans ceux qui ont été baptisés : cette concupiscence, ayant été laissée pour être combattue, ne peut nuire à ceux qui n'y donnent pas leur consentement, mais qui résistent avec courage par la grâce de Jésus-Christ, et celui-là sera couronné qui aura légitimement combattu. Si l'apôtre saint Paul l'appelle *péché*, c'est parce qu'elle est un effet du péché et qu'elle porte au péché.

Le saint concile déclare ensuite que, dans ce qu'il a décidé touchant le péché originel communiqué à tous les hommes, son intention n'a point été de comprendre la bienheureuse et immaculée Vierge Marie, mère de Dieu.

Les Pères du concile de Trente ont, par là, témoigné leur zèle à maintenir la pieuse persuasion des fidèles touchant la conception immaculée de la sainte Vierge.

I V

La justification du pécheur était un des points sur lesquels les inventeurs de la religion protestante avaient le plus erré.

Luther avait dit que l'absolution sacramentelle ne justifie pas, que le principe de notre justification était la foi par laquelle nous croyons que Jésus-Christ est mort pour nous; et, dans son système, les actions de pénitence et de charité, en un mot, les bonnes œuvres étaient absolument inutiles pour nous rendre agréables à Dieu et pour mériter à ses yeux, quoiqu'elles soient faites avec la grâce : doctrine dont les conséquences entraînèrent Luther dans mille absurdités et dans mille contradictions, que Bossuet a relevées admirablement [1].

Le concile de Trente aborda cette question de la justification en rappelant que chacune des dispositions qui conduisent à la justification est l'effet d'une grâce actuelle et prévenante que Dieu ne doit point au pécheur, et qu'il lui accorde par pure libéralité. L'homme a pu se blesser et se donner la mort; mais

---

[1] *Hist. des Variations*, l. 1.

il ne peut, par ses propres forces, et sans la grâce du Libérateur, ni guérir ses plaies, ni même concevoir un désir salutaire de sa guérison.

C'est ce qui l'oblige de demander tout, et de tout attendre de la miséricorde de Dieu par les mérites de Jésus-Christ.

La première disposition à la justification est de croire fermement les vérités que Dieu a révélées et les biens qu'il a promis.

Parmi ces vérités que la foi découvre, il y en a de terribles, il y en a de consolantes. Les unes font naître dans l'âme du pécheur la crainte des châtiments, les autres l'espérance du pardon.

Le pécheur, abattu par la crainte, se relève en considérant les miséricordes de Dieu ; il y aperçoit une ressource assurée ; et, par une vive confiance, fondée sur les mérites de Jésus-Christ, il se jette entre les bras de cette miséricorde infinie, et il commence à aimer Dieu comme source de toute justice.

Le concile expose comment le pécheur parvient à la justification, après quoi, il en explique la nature et les effets : la justification ne consiste pas seulement dans la rémission des péchés, mais encore dans le renouvellement intérieur de l'âme, en sorte que le pécheur devient véritablement juste, ami de Dieu et héritier de la vie éternelle.

C'est le Saint-Esprit qui opère en lui ce merveilleux changement en formant dans son cœur les saintes habitudes de la foi, de l'espérance et de la charité, qui l'unissent intimement avec Jésus-Christ et le rendent un membre vivant de son cœur.

L'homme, ainsi devenu juste par la grâce de Jésus-Christ, ne se borne pas au degré de justice qu'il a reçu, mais il s'avance de vertu en vertu, et devient plus juste de jour en jour par la prière, par la mortification, par la pratique de ces bonnes œuvres jugées *inutiles* par Luther, par l'observation exacte de la loi de Dieu et des maximes de l'Évangile. En les accomplissant, il éprouve combien est véritable ce que dit l'Écriture : que les commandements de Dieu ne sont point pesants, que le joug de Jésus-Christ est doux et son fardeau léger ; parce qu'étant enfant de Dieu, il l'aime comme son père, et que, l'aimant, il trouve de la facilité et de la douceur à lui obéir et à faire sa sainte volonté.

Si Dieu, pour faire sentir à l'homme le besoin qu'il a de sa grâce, pour le rendre humble et plus vigilant, paraît quelquefois lui cacher son visage, se retirer de lui et le laisser à sa propre faiblesse, que l'homme ne se décourage point ; mais, sachant que Dieu ne lui commande pas des choses impossibles, et qu'en commandant il avertit de faire ce que l'on peut et de demander ce que l'on ne peut pas, qu'il s'adresse à lui par la prière, avec une humble et ferme confiance d'obtenir les secours nécessaires pour marcher jusqu'à la fin dans la voie de la justice.

V

Les sacrements sont les canaux de la grâce; ce sont autant de moyens pour obtenir la véritable justice, ou pour l'augmenter en nous, ou pour la recouvrer quand on l'a perdue.

Les erreurs de Luther sur les sacrements avaient généralement trois objets : leur *nature*, leur *nombre*, et leurs *ministres*.

Sur la nature des sacrements, Luther et les sectateurs de la confession d'Augsbourg prétendent que l'efficacité des sacrements dépend de la .foi; qu'ils n'ont été institués que pour nourrir la foi, et qu'ils ne donnent point la grâce à ceux qui n'y mettent point d'obstacle.

Cette erreur de Luther était la conséquence de ses erreurs sur la justification.

Quant au nombre des sacrements, la confession d'Augsbourg n'en reconnaît que trois : le baptême, la cène et la pénitence.

Quant au ministre des sacrements, Luther et tous les réformés ont prétendu que *tous les fidèles étaient ministres des sacrements ;* sophisme qui ne repose sur rien, tandis que l'Église appuie sur toute l'antiquité ecclésiastique son sentiment par rapport aux ministres des sacrements. Luther prétend même que les sacrements administrés en bouffonnant et par dérision, n'en sont pas moins de vrais sacrements que ceux qui s'administrent sérieusement dans les églises : proposition absurde autant qu'impie, mais qui n'est qu'une conséquence résultant visiblement du système de Luther sur la justification, si visiblement qu'il serait superflu d'insister.

Les protestants niaient encore la *présence réelle* dans l'eucharistie, ce qui était renouveler l'erreur de Bérenger, hérétique du Xe siècle qui fut condamné sous Léon IX par le concile de Rome ; par le concile de Tours quelque temps après, sous Nicolas II encore dans un concile où il fut confondu par Abbon et Lancfranc, et ensuite sous Grégoire VII dans le concile de 1079, ainsi que nous l'avons vu.

On oppose aux difficultés des protestants à propos de la *présence réelle,* ces paroles formelles de Jésus-Christ lorsqu'il institua l'eucharistie : *Ceci est mon corps.* Il dit : *Ceci est mon corps* ; il ne dit pas : *Ceci est l'image, la figure, la représentation de mon corps.*

13.

Rien n'autorise, contrairement à la foi constante de l'Église depuis les apôtres, rien n'autorise les protestants à prendre dans le sens figuré ces paroles si formelles de Notre-Seigneur, alors d'ailleurs que l'Écriture, invoquée par les protestants, ne parle jamais de ce sacrement que dans des termes qui, pris dans le sens *naturel* et littéral, expriment la présence réelle du corps et du sang de Jésus-Christ, et non pas que le pain et le vin sont la *figure* du corps et du sang de Jésus-Christ, comme le prétendent arbitrairement les protestants.

Comme pour ne pas laisser le moindre doute à cet égard dans les esprits, le Sauveur, avant d'instituer l'eucharistie, avait dit à ses apôtres que sa chair était *véritablement viande*, et que son sang était véritablement breuvage ; que ceux qui ne mangeraient point *sa chair* et ne boiraient point *son sang* n'auraient point la vie éternelle. Il leur avait promis de leur donner ce pain, et comme les juifs se demandaient, en l'entendant, comme il pourrait leur donner sa chair à manger, Jésus-Christ ne leur répondit qu'en répétant que *sa chair était véritablement viande et son sang véritablement breuvage, et que s'ils ne mangent la chair du Fils de l'homme et ne boivent son sang, ils n'auront point la vie éternelle.*

Jésus-Christ promettait à ses disciples de leur donner sa chair à manger et non pas la *figure* de sa chair; tous les ministres conviennent que, dans saint Jean [1], il était toujours parlé de la *véritable chair* de Jésus-Christ.

En ordonnant à ses disciples de manger le pain qu'il a béni, il les assure que *ce pain est son corps.* Aussi les disciples, qu'il avait préparés à prendre ses paroles dans un sens naturel et littéral, loin de les avoir avertis qu'il fallait les prendre dans un sens métaphorique, les apôtres, disons-nous, ne doutèrent pas un seul instant de la *présence réelle.*

D'un autre côté, le sens littéral et naturel des paroles de Jésus-Christ, qui fut celui que prirent les apôtres et après eux toute l'Église, ce sens est-il contradictoire et absurde, ainsi que le soutiennent les protestants? Mais s'il en était ainsi, comment le dogme de la présence réelle eût-il été la foi des apôtres et des chrétiens? Comment put-il s'établir dans l'Église chrétienne? Comment aucune réclamation ne s'éleva-t-elle? Comment personne ne réclamat-il en faveur du sens figuré? Lorsque Bérenger attaqua le dogme de la *transsubstantiation,* toute l'Église croyait, comme les apôtres, à la présence réelle. Les protestants n'ont pu assigner un temps où elle ne fut

[1] *Evang. selon saint Jean,* c. 6.

pas crue, ni un siècle où l'Église crut que l'eucharistie n'était que la *figure* du corps de Jésus-Christ !...

Le sens figuré s'offre si peu à l'esprit que Carlostadt fut abandonné des protestants eux-mêmes lorsqu'il le proposa, et que Zwingle fut plus de quatre ans à trouver cette traduction de ces paroles : « Ceci *est* mon corps, » par celles-ci : « Ceci *représente* mon corps » ; ce qui n'est pas du tout la même chose.

Enfin, on a prouvé, sans que les protestants qui nient la présence réelle puissent répondre, on a prouvé que ce dogme a toujours été cru dans l'Église, que tous les Pères l'ont enseigné.

Ce changement de la substance du pain et du vin au corps et au sang de Jésus-Christ a été appelé *transsubstantiation ;* mais quoique ce changement n'ait été exprimé par ce mot que dans les derniers siècles, il est certain que ce dogme fut de tout temps la croyance de l'Église.

Avant le concile de Trente, avant celui de Florence, les conciles de Latran (1215) et de Constance (1414), l'avaient défini. Ce mot n'est pas dans l'Écriture ; mais les mots de *Trinité* et de *consubstantiel* n'y sont pas non plus, ce qui n'empêche pas les protestants d'en faire usage. Quant aux nombreux sophismes par lesquels les luthériens et les calvinistes, cette fois réunis, combattent le dogme de la transsubstantiation, nous ne nous y arrêtons pas; de plus qualifiés que nous ont réduit à néant leurs spécieuses diffi- cultés [1].

VI

Le concile de Trente enseigne que les sacrements de la nouvelle Loi ont été institués par Jésus-Christ ; qu'il n'y en a ni plus ni moins de sept, savoir : le *baptême*, la *confirmation*, l'*eucharistie*, la *pénitence*, l'*extrême-onction*, l'*ordre* et le *mariage*; que chaque sacrement contient la grâce dont il est le signe, et confère cette grâce à tous ceux qui n'y mettent pas d'obstacle.

Après avoir condamné les erreurs de Luther sur les deux premiers sacrements, le concile passe à l'eucha- ristie. Il rappelle que la doctrine pure, que l'Église a toujours enseignée, et qu'elle conservera jusqu'à la fin des siècles, est qu'après la consécration du pain et du vin, Notre-Seigneur Jésus-Christ, vrai Dieu et vrai homme, est *contenu véritablement*, *réellement* et *substantiellement* sous les espèces de ces choses

---

[1] Voyez *Perpétuité de la Foi*, tom. II, l. VI, p. 586. Tom. III, l. VII, c. 11.

sensibles. C'est un crime et un attentat horrible d'oser détourner à un sens métaphorique les paroles par lesquelles Jésus-Christ a institué ce sacrement. L'Église, qui est la colonne de la vérité, déteste cette invention impie et diabolique, conservant toujours la mémoire d'un bienfait qu'elle regarde comme le plus excellent qu'elle ait reçu de Jésus-Christ.

Quant à l'usage de ce divin sacrement, le saint concile avertit avec une affection paternelle, exhorte, prie et conjure par les entrailles de Notre-Seigneur, tous ceux qui portent le nom de chrétiens de se réunir en ce signe de paix, en ce lien de charité, en ce symbole de concorde ; de se souvenir sans cesse de l'amour excessif de Notre-Seigneur Jésus-Christ, qui nous a donné *sa chair à manger*, et qui a souffert la mort pour notre salut ; de croire le sacré mystère de son corps et de son sang avec une foi si ferme, un respect si profond, une piété si sincère, qu'ils soient en état de recevoir souvent ce pain céleste, afin qu'étant soutenus par sa vertu, ils passent du pèlerinage de cette misérable vie à la patrie céleste, pour y manger sans aucun voile le même pain des anges qu'ils mangent maintenant sous des voiles sacrés.

VII

La Messe est l'acte par excellence, l'action principale de la religion ; acte tellement essentiel, qu'il n'y aurait point de culte s'il n'y avait point de sacrifice. Néanmoins les protestants l'avaient abolie. Le concile de Trente rappelle que l'eucharistie n'est pas seulement un sacrement où Jésus-Christ se donne à nous pour être notre nourriture spirituelle, mais qu'elle est encore un *sacrifice* où il s'offre à son Père comme victime pour nous. Le saint concile déclare ce sacrifice véritablement propitiatoire, que par lui nous obtenons miséricorde, et trouvons grâce et secours au besoin.

VIII

Aux erreurs des protestants sur la pénitence, ce *baptême laborieux*, comme l'ont appelé les saints Pères, le concile oppose la vraie doctrine sur la *contrition*, la *confesssion* et la *satisfaction*, qui sont comme la matière de ce sacrement. Selon Calvin, la nécessité de la contrition jette les hommes dans le désespoir;

selon Calvin encore, les catholiques sont dans une erreur dangereuse lorsqu'ils font dépendre la rémission des péchés de la satisfaction ; cet hérétique attaque ici dans son argumentation le mérite des œuvres : Luther avait fait la même chose.

Le concile de Trente déclara que les actes du pénitent sont la *contrition*, la *confession* et la *satisfaction*.

Sans la confession, comment le pécheur satisferait-il ? La confession des péchés est la conséquence nécessaire du sacrement de pénitence.

— « La confession, avait dit Calvin, n'est point fondée sur l'Écriture ; c'est une *invention humaine* introduite pour tyranniser les fidèles [1]. »

Non ! la confession n'est point une tyrannie ; c'est la meilleure des consolations. Il est si doux de montrer son âme à un ami ! Cela fait tant de bien de lui raconter ses secrets ! de verser dans son sein ces larmes qui sont les gouttes de l'orage du cœur !

---

[1] Calvin renouvelle ici l'erreur de Pierre Osma, professeur de théologie à Salamanque, qui, au XVᵉ siècle, avait enseigné une partie des erreurs de la prétendue réformation du XVIᵉ siècle. Les propositions d'Osma furent condamnées comme hérétiques, erronées, scandaleuses, malsonnantes, dans une assemblée de théologiens présidée par Alphonse Carillo, archevêque de Tolède ; jugement qui fut confirmé en 1479 par Sixte IV. Nous ne nous sommes point étendu sur cet hérétique, parce qu'on ne voit point qu'il ait fait secte.

Pour effacer nos fautes, nos malheurs même, aux yeux des hommes, il faut bien des misères, bien des humiliations, bien des souffrances, de longues captivités, des torrents de sang même : une seule larme suffit à Dieu !

Mais aussi, faisons volontairement pénitence ; résignons-nous aux maux qui nous frappent ; il n'en est pas que la chair corrompue d'Adam ne mérite de souffrir.

IX

Jamais ce qu'a entendu l'oreille du prêtre ne sort de ses lèvres ; sa mémoire est un abîme fermé.

Il nous dit : *Allez en paix !* Admirable sacrement, comment exprimer tout ce que tu as d'efficace ? Que de grâces ont découlé de cette institution divine ! Ainsi Dieu change l'humiliation en triomphe et place la force à côté de la douleur et la joie dans le repentir !

Mon Dieu ! il n'est pas d'*esprit fort* qui parfois n'ait senti le besoin de répandre dans un autre cœur les afflictions de son propre cœur. La confession, c'est cela. C'est l'âme défaillante et chargée de terreur, étouffant sous le poids des remords et des hontes, qui va chercher sûrement auprès du prêtre une compassion discrète et délicate, une âme assez dégagée des douleurs et des vilenies de la terre pour l'écouter patiemment : patience que rien ne lasse, charité que rien ne rebute, éloquence qui sait les paroles qui apaisent tout mal, et, par-dessus tout, autorité sainte qui absout.

En supposant qu'un autre homme soucieux et souffrant lui-même ne se montrât ni dur, ni railleur, ni indifférent pour le pécheur, encore est-il que, si grande que fût sa compassion, il ne pourrait le réconcilier avec lui-même et lui enlever, avec une parole, le fardeau d'iniquité qui l'étouffe.

Un seul peut donner appui à sa faiblesse, c'est le prêtre ; une seule voix peut lui dire avec autorité, et non comme une banale consolation, que Dieu le prend en merci : cette voix, c'est celle du prêtre.

Rien de ce que nous pouvons lui dire ne l'étonne ; il a tant vu de déchirements de cœur ! il a entendu l'aveu de tant de fautes ! Il comprend tout et a pitié de tout. Le désespoir des autres ne lui est point une offense : et jamais il ne repousse celui qui lui ouvre son cœur. Homme supérieur à nos misères, il nous entraîne par son indulgente bonté ; il nous écoute avec émotion, et quand notre voix se brise, quand notre cœur se gonfle, il nous relève par une sainte

et affectueuse parole, telle que les consolations humaines n'en savent pas, et sa main forte et pure vient
presser notre main coupable et découragée !...

Il arrête sur les lèvres du désespéré les paroles de
malédiction et de blasphème, et sous son onction, la
paix rentre dans le cœur brisé : telle une douce pluie
qui abat l'orage. Il lui apprend à se courber sous la
main du Seigneur qui le frappe et à ne pas mur-
murer contre Celui qui donne et qui reprend.

Voilà la confession ; voilà le prêtre.

L'Évangile ne loue pas l'Homme-Dieu ; il redit ses
paroles et ses actions, voilà tout. Il faut parler de
même de ces fidèles imitateurs de Jésus-Christ, raconter ce qu'ils font, et s'en remettre à leurs œuvres
du soin de les louer.

X

Le concile de Trente rappelle que les prêtres ont
été établis par Jésus-Christ comme ses vicaires,
pour être des juges devant qui les fidèles porteraient
tous les péchés mortels où ils seraient tombés, afin
que, selon le pouvoir qu'ils ont reçu *de remettre ou
de retenir les péchés*, ils prononçassent la sentence.

Il est manifeste qu'ils ne peuvent exercer ce pouvoir sans connaissance de cause, ni garder l'équité dans l'imposition des peines, si les pénitents ne déclaraient leurs péchés qu'en général et non en particulier et en détail.

C'est une impiété de dire que la confession telle qu'elle est ordonnée est impossible, et de la regarder comme une torture des âmes; car il est constant que l'Église n'exige des pécheurs que de s'examiner avec soin et de déclarer tous les péchés mortels dont ils pourront se ressouvenir, les péchés dont on ne se souvient pas, malgré toute l'application possible, étant censés compris dans la confession générale, et le pénitent disant pour eux avec confiance ces paroles du prophète : *Purifiez-moi, Seigneur, de mes crimes cachés.*

Certes, la confession peut paraître à plusieurs un joug pesant, par la honte que l'on a à découvrir ses crimes, mais les grands avantages qu'elle procure et les consolations que répand l'absolution dans les cœurs pieux et sincères, rendent le joug léger.

XI

Sur la satisfaction, le concile déclare qu'il est absolument faux et contraire à la parole de Dieu de dire, avec les protestants, que le Seigneur ne pardonne jamais la faute qu'en même temps il ne remette toute la peine ; car, outre l'autorité de la tradition divine, il se trouve dans les Livres saints plusieurs exemples remarquables qui détruisent manifestement cette erreur.

Il n'est pas vrai de dire, avec Calvin [1], que *les catholiques, en faisant dépendre la rémission des péchés de la satisfaction, donnent aux actions des hommes un mérite capable de satisfaire à la justice divine, et détruisent la gratuité de la grâce et de la miséricorde de Dieu.*

D'abord, il est de la clémence divine que nos péchés ne nous soient pas remis sans quelque satisfaction, de peur que, les croyant légers, nous ne nous laissions aller à des crimes plus énormes par une conduite injurieuse au Saint-Esprit ; ensuite, ces peines imposées sont comme un frein qui retient les pécheurs et les empêche d'amasser sur leurs têtes des trésors de colère au jour de la vengeance ; et puis, l'Église de Dieu a toujours cru qu'il n'y avait de voie plus assurée pour éviter le châtiment dont Dieu menace continuellement les hommes, que de pratiquer ces œuvres de pénitence avec une vraie douleur de cœur ; enfin, en souffrant pour nos péchés ces sortes de satis-

---

[1] *Inst.*, l. III, c. 4.

factions, nous devenons conformes à Jésus-Christ, qui a satisfait lui-même pour nos péchés ; et par là nous avons un gage assuré que nous aurons part à sa gloire, ayant part à ses souffrances. L'homme n'a donc pas de quoi se glorifier, comme l'ont prétendu Luther et Calvin, mais toute notre gloire est en Jésus-Christ, sans le secours duquel nous ne pourrions rien.

XII

Les protestants ont supprimé le sacrement de l'extrème-onction, qui fortifie le chrétien à la fin de sa course, alors que notre adversaire, après avoir tenté pendant le cours de notre vie de dévorer notre âme par tous les moyens, emploie avec plus de force et d'attention ses ruses et ses artifices pour nous perdre.

Le concile rappelle que les saints Pères ont regardé le sacrement de l'extrème-onction comme la consommation, non-seulement de la pénitence, mais de toute la vie chrétienne, qui doit être une pénitence continuelle ; que l'effet réel de ce sacrement est la grâce du Saint-Esprit, dont l'onction purge l'âme du malade de ses péchés, la soulage, l'affermit, lui donne confiance et courage, et lui communique la force de résister plus aisément aux tentations du démon, qui lui dresse des embûches en cette extrémité.

XIII

De leurs principes sur la pénitence, Luther et Calvin conclurent que le *purgatoire* et les *indulgences*, regardés par les catholiques comme des suppléments à la satisfaction des pécheurs convertis ou justifiés, sont *des inventions humaines qui anéantissent, dans l'esprit des chrétiens, le prix de la rédemption de Jésus-Christ.*

Après avoir frappé d'anathème les erreurs de Luther et de Calvin sur le sacrement de l'*ordre*, et sur celui du *mariage*, le concile de Trente prouva que le protestantisme, en niant qu'il y eût un *purgatoire*, s'insurgeait contre la constante doctrine de l'Église, contre la tradition chrétienne et contre les saintes Écritures.

De tout temps, la doctrine de l'Église était qu'il y avait des peines dues à certains péchés qui s'expiaient après la mort, et qu'il fallait prier pour la délivrance des fidèles trépassés. La croyance du purgatoire remonte aux premiers siècles. Nous en trouvons une preuve bien frappante dans la vision de sainte Perpétue, martyre en 203, et dans les prières qu'elle adresse à Dieu en faveur de son frère Dinocrate, mort fort jeune après avoir reçu le baptème, mais qui avait souillé son innocence, soit en faisant quelque acte d'idolâtrie, à la sollicitation de son père, resté païen, ou en blessant la vérité, ou en commettant quelqu'une de ces fautes dans lesquelles les enfants peuvent tomber.

Plus tard, au milieu du IV° siècle, nous voyons saint Cyrille, archevêque de Jérusalem et docteur de l'Église, recommander à la messe les prières pour les morts, *l'Église étant persuadée que les prières offertes en présence de la sainte et redoutable victime seront d'une grande utilité aux âmes des défunts.*

— « L'Église, instruite par le Saint-Esprit, dit le concile de Trente, a *toujours* enseigné, suivant les saintes Écritures et la tradition ancienne des Pères, qu'il y a un purgatoire, et que les âmes qui y sont détenues reçoivent du soulagement par le suffrage des fidèles, et particulièrement par le sacrifice de l'autel, si digne d'être agréé de Dieu. »

En conséquence, le saint concile ordonne aux évêques d'avoir grand soin que la foi des fidèles touchant le purgatoire soit conforme à la saine doctrine qui nous a été donnée par les saints Pères et par les saints conciles, et qu'elle soit prêchée et annoncée en tout lieu.

XIV

Luther fulmina d'abord contre les *indulgences.*
C'était une chicane impie.

Le concile de Trente a dit à ce sujet :

— « Jésus-Christ ayant conféré à son Église le pouvoir d'accorder des indulgences, et l'Église ayant, *dès les premiers temps,* fait usage du pouvoir *qu'elle a reçu d'en haut,* le saint concile enseigne et ordonne que l'on conserve dans l'Église cette pratique *très-salutaire au peuple chrétien,* et confirmée par l'autorité des conciles. Il frappe d'anathème ceux qui assurent que les Indulgences sont inutiles, ou qui nient que l'Église ait le pouvoir d'en accorder. Il désire néanmoins que l'on use de ce pouvoir avec modération et réserve, suivant la coutume observée anciennement et approuvée dans l'Église, de peur que la discipline ecclésiastique ne soit énervée par une excessive facilité. »

XV

Renouvelant une erreur de l'hérétique Vigilance [1] et des Vaudois, Calvin prétend qu'on ne doit prier que Dieu, et il condamne l'intercession des saints comme une *impiété*.

En dehors même de l'autorité de l'Église, qui suffit à ses enfants pour leur faire respecter les saintes images, notre raison seule nous dit que ce culte est logique, dès qu'on a la foi chrétienne. De même que les mystères de la vie spirituelle sortent de dessous les figures et les allégories dont les enveloppe un prédicateur, de même la représentation matérielle des saints conduit l'âme à la méditation sur leurs vertus. Telle est la déplorable condition de l'homme que, quelle que soit la vivacité de son esprit pour pénétrer les choses sensibles, il a néanmoins besoin de figures et de similitudes pour pouvoir, par les objets extérieurs, parvenir à quelque connaissance des choses

---

[1] Prêtre et curé d'une paroisse de Barcelonne, à la fin du IVe siècle, réfuté par saint Jérôme. Il attaquait le culte des saints, celui des reliques et le célibat ecclésiastique, erreurs qui furent adoptées par les prétendus réformateurs du XVIe siècle, qui ne firent que ramasser les erreurs des hérétiques qui les avaient précédés.

invisibles. S'élever contre cette exposition des choses sensibles, c'est aller contre la nature humaine et contre la raison même; c'est tomber dans le *spiritualisme*, erreur moins vile que le *matérialisme*, mais qui n'en est pas moins une erreur.

Est-il rien de plus touchant et de plus raisonnable que le culte de la Sainte-Vierge et des saints? Et peuvent-ils se dire *chrétiens*, ces protestants qui, non-seulement, dans leur orgueil, leur refusent leurs prières, mais qui, dans leur fureur impie et sacrilége, foulent aux pieds leurs images vénérables, brûlent, brisent, outragent et couvrent de boue leurs traits chéris?... L'Église catholique enseigne que la Sainte-Vierge Marie, reine du ciel, et les saints, qui règnent avec Jésus-Christ, offrent à Dieu leurs prières pour les hommes; qu'il est bon et utile de les invoquer humblement, et d'avoir recours à leurs prières, à leur aide et à leur assistance, pour obtenir de Dieu ses bienfaits par son Fils Notre-Seigneur Jésus-Christ, qui est seul notre Rédempteur et notre Sauveur; que les fidèles doivent aussi respecter les corps des saints, parce que ces corps ont été autrefois les membres vivants de Jésus-Christ et les temples du Saint-Esprit, et qu'ils doivent un jour ressusciter pour la vie éternelle; que Dieu autorise ce respect en opérant des miracles par la présence de ces saintes reliques, comme autrefois par l'ombre de saint Pierre, et par les linges qui avaient touché au corps de saint Paul ; de plus, qu'on doit voir et conserver, surtout dans les églises, les images de Jésus-Christ, de la Très-Sainte-Vierge, mère de Dieu, et des saints ; qu'il faut leur rendre l'hommage, l'honneur et la vénération qui leur est due.

Ce n'est pas que l'Église enseigne qu'il faille croire qu'il y ait dans les images aucune divinité ni aucune vertu pour laquelle on doive les révérer, ni leur demander aucune grâce, ni placer en elles sa confiance, comme faisaient les païens, qui mettaient leurs espérances dans les idoles ; mais l'honneur qu'on leur rend se rapporte aux originaux qu'elles représentent : en sorte que, par les images que nous baisons, et devant lesquelles nous nous découvrons et nous prosternons, nous adorons Jésus-Christ, et nous honorons les saints dont elles portent la ressemblance.

— « C'est pourquoi, dit le concile de Trente, les évêques doivent s'appliquer aussi à faire entendre que les histoires des mystères de notre Rédemption, exprimées par la peinture ou autrement, servent à instruire le peuple et à l'affermir dans la pratique de se souvenir continuellement des articles de notre foi ; que l'on tire encore un grand avantage de toutes les saintes images, non-seulement en ce qu'elles rappellent au peuple chrétien la mémoire des bienfaits et des grâces qu'il a reçues de Notre-Seigneur, mais encore parce qu'elles exposent aux yeux des fidèles les miracles que Dieu a opérés, et les exemples salutaires qu'il nous a procurés par les saints, afin qu'ils lui en rendent grâces, et qu'ils soient excités par la vue de ces objets à imiter les exemples des saints, à adorer et aimer Dieu, et à vivre dans la piété. »

D'ailleurs, le culte des saints et des reliques a été de tout temps dans l'Église; ce n'est donc pas, comme le disent Calvin, Chamier, Daillé, Vossius, Basnage, Lenfant, Barbeyrac, etc, une *bêtise*, une *rage*, un *blasphème*, une *idolâtrie*.

XVI

Le protestantisme n'a point été attendri par ces bonnes raisons, par ces convenances, par ces saintetés. Il a grossièrement repoussé le respect des saints et brutalement foulé aux pieds, déchiré, outragé leurs vénérables images. Ce culte si salutaire, il le repousse, il le traite de vain et inutile fétichisme, d'inintelligente et puérile bigoterie. Et joignant l'outrage au mépris, il permet, il autorise le scandale des plus déplorables excès, des plus vils emportements.

14.

Il est incontestable pour tout homme de bon sens que le mépris que l'on montre pour les images retombe sur ceux qu'elles représentent.

Les protestants se disent *chrétiens*, et ils outragent la Mère du Christ ! Qu'osent-ils donc attendre de son Fils, Dieu qui l'a choisie entre toutes les femmes pour prendre la forme humaine dans son sein ? Car, au point de vue purement humain, qu'espérer d'un roi, d'un prince, d'un homme quelconque quand on a profané l'image de sa mère ?...

Qu'attendre de Dieu, au point de vue religieux, quand, après avoir refusé d'aimer la Sainte-Vierge, on traîne sa douce et pure image dans la boue des rues, en dansant de la danse infernale des démons ?..

Les premiers *iconoclastes* convenaient qu'on pouvait honorer les Croix et les Livres des Évangiles. Pour être logiques, ils auraient dû avouer qu'on pouvait aussi honorer les saintes images, puisqu'il ne s'agissait de part et d'autre que d'un culte de *relation*. Mais les hérétiques tombent perpétuellement en contradiction avec eux-mêmes.

Par exemple, comment les protestants avouent-ils qu'il faut imiter les saints, qui ont triomphé des épreuves, et prescrivent-ils le culte que l'Église leur rend depuis les premiers temps ?

Ils ont fait cela, pourtant, au mépris des miracles

opérés par les saints ou sur leurs tombeaux : témoignage que leur intercession est puissante au ciel, que la vie qu'ils ont menée conduit à Dieu, et que celle embrassée par Luther, Calvin et leurs semblables n'y mène pas, c'est-à-dire mène à l'enfer.

XVII

Le concile de Trente, ouvert sous Paul III (1545), termina ses séances sous Paul IV (1563). Si les dissidents avaient été de bonne foi, les sages décisions de cette auguste assemblée les eussent ramenés.

Mais si elles n'eurent pas ce résultat, du moins ne laissèrent-elles pas de porter les fruits qu'on en devait attendre pour l'Église elle-même, en provoquant dans son sein d'utiles réformes, et en y suscitant des âmes d'élite, telles que saint Charles Borromée, sainte Thérèse, saint François de Sales, saint Vincent de Paul, etc.

Voilà de véritables réformateurs, et non pas Luther et Calvin, dont ils condamnèrent les doctrines comme hérétiques.

XVIII

Saint Charles Borromée, cardinal et archevêque de Milan, travailla avec un zèle admirable à la réforme de la discipline ecclésiastique. Par ses soins assidus, il fit disparaître les scandales, les désordres et l'anarchie; il convoqua six conciles provinciaux et onze synodes diocésains, où il remit en vigueur les règlements du concile de Trente.

Il fonda au Vatican une académie d'ecclésiastiques et de laïques, d'où sortirent des évêques, des cardinaux, un pape, et une foule de savants; il créa la congrégation des *oblats* qui s'engageaient, par vœu, à porter aide et secours à l'Église.

Il fonda des écoles, des séminaires, des couvents, des hôpitaux; il bâtit et répara plusieurs églises.

Son zèle apostolique ne connaissait point d'obstacles; il bravait tout pour visiter son vaste diocèse.

Parmi ses adversaires, il trouva le chapitre de la *Scala* et l'ordre des *humiliés*, moines dégénérés.

Un jour qu'il célébrait la messe, un de ces religieux, moine à la façon de Luther, lui tira un coup d'arquebuse. Le prélat, qui n'avait point été atteint, continua tranquillement le saint sacrifice.

Il intercéda vivement pour son assassin et pour ses complices, et ce lui fut une amère douleur de n'avoir pu réussir à les sauver.

Il avait banni de son palais tout luxe mondain ; il soumettait sans cesse son corps au jeûne et son esprit à la méditation. Pendant la peste qui ravagea Milan, il fit des prodiges d'héroïsme.

Dans sa charité, il vendit jusqu'à son lit pour les pauvres et coucha sur des planches. Ce modèle des évêques mourut épuisé de fatigues (1584).

XIX

Sainte Thérèse, qui réforma les ordres monastiques, au milieu des difficultés qui paraissaient insurmontables à la sagesse humaine, est une des plus suaves figures du catholicisme. De même qu'il faut comparer saint Charles Borromée à Luther et à ses pareils, de même il est instructif de comparer la vierge d'Avila à ces religieuses qui abandonnèrent le cloître pour aller faire débauche avec les ministres protestants. Sainte Thérèse est une de ces belles âmes qui ont porté l'amour divin au plus haut degré de sensibilité dont soit capable le cœur humain.

C'est elle qui introduisit dans les cloîtres la véritable réforme, non la réforme hérétique, et y ramena par ses pieuses exhortations l'antique ferveur de la vie monastique. Belle âme et beau génie, qui rappelle saint Augustin, autre adversaire des hérésies et des désordres.

XX

Saint François de Sales et saint Vincent de Paul, ces hommes vraiment apostoliques, réparèrent également autant qu'ils le purent les malheurs causés par le protestantisme, qu'ils combattirent avec courage.

Tandis que le calvinisme se propageait autour de son berceau, la parole et l'exemple de François de Sales, évêque de Genève, firent plus pour en arrêter les progrès que toutes les guerres et toutes les disputes théologiques.

Comme son ami Vincent de Paul, François de Sales était un de ces hommes qui donnent l'exemple des vertus que la religion inspire et qui en même temps la font aimer.

On ne peut prononcer ces deux noms sans éprouver un doux frémissement dans les entrailles.

En envoyant leur cœur au-devant des malheureux et des égarés, leur charité avait toutes les prévenances de l'amour qui pense à tout, les suaves délicatesses de la tendresse à laquelle aucun besoin n'échappe. Les pauvres et les égarés pouvaient se fier à eux en toute sécurité ; les infortunés étaient leurs amis.

C'est quelque chose, surtout quand on est malheureux, de pouvoir compter éternellement sur un cœur, de pouvoir se dire en toute confiance : Il sera là, toujours sincère, toujours fidèle, toujours dévoué !

Le dévouement, c'est là l'âme de la charité catholique, inconnue aux hérétiques. La charité catholique se sacrifie ; elle ne calcule pas ; rien ne la rebute, pas même l'ingratitude ; elle fait bon marché de l'imperfection des êtres ; plus l'humanité souffre, plus elle est faible et coupable, et plus la charité, vertu exclusivement catholique, se montre généreuse et tendre. C'est que l'amour est plus grand dans sa cause que dans son objet.

En vérité, ne cherchez pas l'amour, ne cherchez pas la bonté avec ses magnifiques épanouissements, avec ses chaudes et rayonnantes splendeurs, ne la cherchez pas en dehors de l'Église. Aussi le protestantisme et la philosophie n'ont-ils aucun de leurs docteurs à opposer à François de Sales, à Vincent de Paul — et à tant d'autres !

Ouvrez l'histoire théologique : la charité est toujours orthodoxe ; la vertu ne s'est jamais séparée du centre de l'unité. Les sectaires, au contraire, sont tous des hommes ou vicieux, ou orgueilleux, ou faibles, ou ignorants, et le plus souvent, tout cela à la fois : ils n'ont pas la *bonté*.

C'est par la bonté que l'homme est vraiment supérieur ; c'est par l'amour qu'il est vraiment grand. Aimer, c'est-à-dire se donner, se dévouer, se sacrifier, c'est la perfection ; c'est le bonheur des âmes élevées, qui sont les âmes chrétiennes, les âmes catholiques.

Aimer ! il n'y a que cela de vrai et de bon en ce monde. Tout le reste, la beauté, le génie, et même la fortune, tant adulée par les lâches et les voluptueux, tout le reste est méprisable, tout le reste n'est rien, comparé à un regard, à une caresse du pauvre aimé. Les plus beaux diamants ne valent pas une larme tombée d'un cœur, car les diamants, c'est de la matière ; tout le monde en peut avoir, tandis qu'une larme d'amour, c'est toute la tendresse d'une âme, et l'argent ne donne pas cela. Ceux-là qui aiment sont donc les véritables riches ici-bas ; l'amour, c'est toute la vie ; ceux qui n'aiment pas sont morts.

Malheureux les égoïstes et malheureux les libertins, car ils sont souillés, ils sont indignes, ils sont infâmes.

Ce n'est qu'avec l'amour, c'est-à-dire la charité, qu'on peut combattre le mal.

La charité est donc la première des nécessités religieuses et des nécessités sociales.

La charité s'adresse au corps, au cœur et à l'âme, tous trois désolés par des misères saignantes et lamentables.

Ces misères du corps, du cœur et de l'âme n'ont pu être guéries par la main de l'homme. Ces révolutions, ces hommes armés pour des luttes fratricides, trompés par des méchants, qui les apaisera ?

La charité ! vainement la demanderait-on à la science, au droit et même à la force, parce que ni la science, ni le droit, ni la force n'ont d'entrailles, parce qu'ils ne peuvent soulager, ne sachant aimer.

La charité seule était capable de faire de grandes choses et de combattre l'hérésie, parce que, tandis que la science professe des théories impuissantes et formule des promesses menteuses dont l'inanité soulève des orages, tandis que le droit abuse de lui-même pour opprimer et que la force comprime et ne soulage pas, la charité se donne, s'humilie, sert, se fait l'esclave volontaire et libre de la souffrance et de la misère.

Puissance bien supérieure, vous le voyez, à toutes les forces humaines, car elle seule se sacrifie et aime. Or, l'amour est de Dieu ; *l'amour est plus fort que la mort*, l'amour divin se jette, comme Mgr Affre, au milieu des combattants furieux, sublime médiateur entre les frères ennemis, entre les classes divisées, entre les haines amoncelées par l'esprit du mal !...

Ainsi, la charité guérit les misères du corps par son dévouement ; elle aime le pauvre et le soulage ; elle fonde pour lui de pieux asiles ; elle est la servante de toutes les douleurs comme de toutes les infortunes, la médiatrice des discordes : *sœur de charité* auprès des blessés et des malades, *petite sœur des pauvres* pour recueillir les vétérans du travail ; *frère de Saint-Jean-de-Dieu* pour soigner les intelligences qui s'égarent ; martyr dans les épidémies, dans les guerres civiles ; partout sacrifice, abnégation, chaste tendresse de mère, soins ardents et continuels, amour complet, c'est-à-dire dévoué et persévérant ; voilà la charité par rapport au corps.

Elle n'est pas moins ingénieuse pour les misères de l'âme. Ah ! celles-ci sont affreuses aussi, plus affreuses sans aucun doute que celles du corps. La plus grande de ces misères, c'est l'ignorance du vrai et du bien. Mal horrible ! qui ronge à cette heure tant d'hommes infortunés, élevés par des sceptiques qui leur ont fait croire que l'Église est l'erreur et le prêtre le mal. Aveuglement funeste, pour la guérison duquel l'instruction religieuse, qui s'adresse à l'âme, ne suffit pas. Pour restaurer le vrai et le bien dans les âmes, la prédication de la parole ne suffit pas, il faut y joindre la prédication par les actes qui touchent le cœur. Saint Vincent de Paul et saint François de Sales ramenèrent une foule d'égarés par leur douce parole, mais ils en ramenèrent un bien plus grand nombre par leurs adorables actions. La parole s'adresse à l'esprit, l'acte s'adresse au cœur.

Touchez l'homme qui souffre, par un acte d'amour, vous aurez trouvé infailliblement accès chez lui. Il y a une puissance qui dompte les plus rebelles, c'est le bien qu'on leur fait.

Aimez tendrement vos ennemis et prouvez-le-leur par des faits, ils seront désarmés.

Aux violences des méchants, le prêtre oppose la douceur, l'humilité, la résignation, et c'est par là qu'il convertit ses bourreaux !

La splendeur du bien démontre ainsi la splendeur du vrai.

En faisant connaître le *bon Dieu*, on a fait connaître le vrai Dieu.

L'amour s'adressant au corps pour soulager ses misères, à l'âme pour l'éclairer, pour l'instruire, au

cœur pour le fortifier dans ses défaillances, médiateur entre les haines, serviteur de toutes les misères,
esclave de toutes les souffrances, consolateur de toutes
les douleurs, prédicateur par ses actes; voilà la charité, vertu qui n'appartient qu'aux catholiques, qu'aux
fils de l'Église de Jésus-Christ.

Nulle autre part que dans l'Église vous ne trouverez la charité telle que nous venons d'en esquisser
le portrait si au-dessous de l'original. Vous ne la
trouverez ni parmi les philosophes, ni parmi les
protestants, ni parmi les démagogues, ni parmi les
socialistes.

Pourquoi donc? C'est que tous ces gens-là sont des
hommes d'orgueil et de haine : unis pour détruire,
ils sont divisés pour édifier; ils ignorent l'humilité,
le dévouement, le sacrifice; ils ignorent l'amour.

Demander de la charité à ceux qui sont en dehors
de l'Église, foyer de la charité divine, c'est demander
la pluie au soleil et la lumière aux rivières.

C'est encore dans l'Église que l'homme doit chercher le spectacle le plus attendrissant; c'est la charité qui console de tant de tristesses et d'anxiétés
qui fatiguent l'esprit, de tant d'abaissements et de
lâchetés qui affligent l'âme. Quand tant d'hommes
sont méchants, haineux, violents, lâches, iniques,
l'Église demeure bonne, aimante, douce, brave et

juste, au milieu de la haine, cette pire des dégrada-
tions, qui faisait dire à sainte Thérèse, en parlant de
la torture et de la plaie de l'ange des ténèbres : « *Le
misérable, il ne peut pas aimer!* »

Haïr, c'est Satan ; aimer, c'est la divine charité.

Malgré toutes les ruines amoncelées autour de nous
par le protestantisme, la philosophie, le jacobinisme
et le socialisme, la charité catholique ne périra pas,
parce que l'Église de Jésus-Christ est éternelle.

Quand tous les trônes craquent et tombent, celui
de Pierre reste debout au sein des orages, comme un
fanal sauveur au milieu des abîmes et de la mer en
furie !...

LIVRE XVI

I

Allez et enseignez toutes les nations, avait dit le
Sauveur à ses disciples. Et ils étaient partis de Jérusalem pour aller porter la parole de Dieu jusqu'aux
extrémités du monde. Les premiers apôtres furent les
premiers missionnaires. Nous avons vu saint François-Xavier, un des premiers membres de la Société
de Jésus, parcourant les Indes et le Japon, une croix
à la main, et mourant en vue de la Chine, en mon-
trant le chemin à ses frères. Ces héroïques soldats de
l'Église le suivirent dans cette voie généreuse. Il n'est

point de pays sur la terre où le sang des jésuites n'ait coulé pour le nom de Jésus-Christ !

Saint Vincent de Paul avait également fondé la *congrégation des prêtres de la Mission* ; et le pape Grégoire XV, voulant régulariser les travaux des missionnaires, qui n'avaient eu jusque-là pour guide que leur zèle, fonda à Rome la *congrégation de la Propagande*, composée de treize cardinaux et de trois prélats (1622). Plus tard (1663), le père Bernard de sainte Thérèse, carme déchaussé et évêque de Bayonne, fonda à Paris le séminaire des *Missions étrangères*, pour la conversion des peuples infidèles. Mais aucune société ne travailla avec plus de zèle et de persévérance apostolique que la Compagnie de Jésus ; aussi vit-on déchaînés contre elle, avec une délirante furie, les implacables ennemis de l'Église, qu'ils voulaient ainsi affaiblir dans ses plus vaillants soldats.

II

Les missions furent encore l'une des supériorités des catholiques sur les hérétiques. Là encore le genre humain put voir de quel côté était le dévouement, la vertu, le courage, la grandeur et l'unité, cette unité précieuse sans laquelle aucune mission ne peut être fructueuse, car comment espérer convertir des âmes auxquelles, au nom de la vérité qui est *une*, on tient tantôt un langage, tantôt un autre ? Le plus simple bon sens nous dit que l'hérésie, étant divisée contre elle-même, offre aux idolâtres des scandales qui les repoussent invinciblement. Les missions protestantes ne sauraient donc être que dangereuses.

Les protestants ont essayé de faire des missions, mais ils ont échoué misérablement. Ils ont formé des *sociétés bibliques* dont le but est de distribuer la Bible traduite dans le sens des hérétiques, et falsifiée en certains endroits pour mieux favoriser l'erreur. Ils en répandent plusieurs millions chaque année, qu'ils donnent gratuitement ou à très-bas prix. Ces sociétés dites *bibliques* ont à leurs gages des émissaires qu'ils appellent très-improprement *missionnaires*. Ces commis-voyageurs du protestantisme se contentent de distribuer une quantité considérable d'exemplaires de la Bible en en recommandant la lecture. Ils répandent aussi de *petits traités*.

— « Allez, *instruisez* toutes les nations, les baptisant au nom du Père, du Fils et du Saint-Esprit, » a dit Jésus-Christ [1]. Il n'a pas dit : — « Allez, distribuez

---

[1] Saint Matth., XXVIII, 19.

des bibles et des traités de votre fabrique aux nations. »

Pour ne pas ressembler aux *missionnaires papistes*,
les missionnaires protestants font en même temps
le commerce pour leur propre compte; ils se sont
fait allouer en sus plus de six mille francs de traitement, plus quatorze mille francs par an pour leurs
femmes, et six cents francs pour chaque enfant issu
du couple convertisseur.

Les missionnaires protestants n'obtiennent aucun
résultat, cela se conçoit, et leurs bibles sont vendues
à la livre par ceux auxquels ils les ont données. Les
gouvernements protestants, rendant, en ceci, à la véritable Église de Jésus-Christ cet hommage qu'elle
seule a le caractère d'*apostolicité*, ont recours aux
missionnaires catholiques pour civiliser les idolâtres
des contrées qu'ils ont soumises. Ce fait n'a pas besoin
de commentaires. La stérilité des missions entreprises
par les protestants n'est un mystère pour personne.

Pour mettre l'univers en garde contre ces pernicieuses sociétés, les Souverains-Pontifes ont de tout
temps veillé à ce que l'Écriture ne fût point altérée.
Ils ont invité tous les évêques du monde catholique
à exercer leur vigilance pastorale contre les embûches
que l'hérésie tend à la simplicité du commun des
fidèles, par ces sociétés-bibliques qui pervertissent le

15.

sens de l'Écriture, sous prétexte d'en répandre la connaissance. Les versions de cette nature mettent obstacle à la prédication de l'Évangile ; et comme l'a dit le savant Silvestre de Sacy et un illustre écrivain moderne : — « On ne peut presque pas dire *toutes les monstruosités, toutes les horreurs* qui entrent dans ces versions. »

Les protestants ont vainement tenté de faire des missions ; ils y ont constamment échoué. Un ministre anglican donnait ainsi les excuses de son insuffisance : « C'est une tentative prématurée que de vouloir introduire le christianisme sur cette frontière (il parlait de l'Inde). La religion demande un certain degré de civilisation. Vous me direz que les premiers apôtres n'étaient pas des hommes instruits, suivant le monde, mais ils étaient civilisés. La Palestine était un pays civilisé, et les Hébreux étaient un grand peuple. Je regarde l'exemple donné par notre divin Sauveur comme un commandement qui doit être suivi en tout temps ; et, en paraissant dans la Judée, il disait par cela seul à ses apôtres : Allez et prêchez mon Évangile à toutes les nations *civilisées.* »

Comme on faisait à cet insigne hérétique, la remarque que le précepte de l'Évangile ne portait aucune restriction, il répondit avec un imperturbable aplomb : « Il est vrai, mais le sens n'en est pas moins clair, et *tel que je vous l'explique*. Et puis, c'était avant la découverte de l'Amérique, et il est assez présumable que le commandement ne s'appliquait qu'aux nations alors connues. *Il ne faut pas violenter les textes de l'Écriture*, il faut au contraire *les interpréter naturellement*, et telle me semble être, après mûre réflexion, l'explication naturelle de ce passage.

« Je le sens, *je me suis laissé emporter par un zèle exagéré*; et, à l'avenir, je concentrerai mes efforts dans la sphère qui m'est assignée. Allez donc parler raison à des Indiens qui ont toujours le tomahawk à la main pour vous prendre votre chevelure ! Non, non, je crains fort qu'il ne soit impossible de les ramener. Il est bon d'avoir des sociétés charitables qui s'occupent d'eux, mais *de loin ;* ce ne sont pas des messieurs qu'il soit, en aucune façon, agréable d'approcher. »

Et cela dit, le ministre protestant retourna près de sa femme et de ses enfants.

III

L'hérésie, impuissante et divisée, fut encore combattue par les travaux des *bénédictins de Saint-*

Maur, auxquels on doit la plupart de ces éditions des Pères de l'Église si supérieures à toutes celles qui avaient paru auparavant. La congrégation des *oratoriens de France*, fondée par le cardinal Pierre de Bérulle, ami de saint Vincent de Paul, rendit également d'immenses services à l'Église, et eut sa glorieuse part dans les batailles livrées par l'hérésie au Saint-Siége et à la doctrine catholique. Cette congrégation avait pour but d'honorer l'enfance, la vie et la mort de Jésus-Christ, d'instruire la jeunesse, d'élever des clercs pour l'Église dans les séminaires, d'enseigner le peuple dans les prédications et les missions. Comme les bénédictins, les oratoriens produisirent une infinité d'hommes remarquables, qui rendirent les plus grands services à la religion, aux lettres et à l'enseignement.

IV

Toutes ces résistances à l'hérésie protestante avaient contribué à l'apaisement des esprits ; l'ère des guerres civiles religieuses était fermée ; mais le protestantisme avait déposé dans le monde une semence funeste qui ne devait pas tarder à germer.

De là ces querelles intestines qui agitèrent l'Église ; inévitable résultat des passions humaines soulevées par les sectaires. La plus considérable de ces querelles fut celle du *jansénisme*. On a tant écrit sur cette hérésie, qui semble aujourd'hui tout à fait disparue, que nous nous contenterons, dans cette rapide étude, d'en esquisser l'histoire à grands traits.

Le Hollandais Jansénius, évêque d'Ypres, avait composé un livre intitulé *Augustinus*, qui ne parut que deux ans après sa mort (1640). Il prétendait y développer les opinions vraies de saint Augustin sur la grâce et le libre arbitre.

L'hérésie de Jansénius consistait à tout attribuer à l'efficacité de la grâce, c'est-à-dire à Dieu, et rien à l'homme. Cette hérésie n'était point nouvelle ; elle avait longtemps agité l'Église au Ve siècle ; c'était la contre-partie de cette autre hérésie qui consistait à tout attribuer au libre arbitre, c'est-à-dire à la volonté de la créature, et rien au Créateur.

Or, voici, sur ce point, ce que l'Église enseigne comme article de foi : la grâce est un don et un secours surnaturel de Dieu ; sans la grâce, nous sommes incapables par nous-mêmes d'accomplir ses commandements ; cette grâce, quoique inégalement répartie, n'est refusée à personne. L'homme est libre, c'est-à-dire qu'il a la faculté de choisir entre le bien et le mal, de céder ou de résister à la grâce, et ce n'est point malgré lui et par nécessité qu'il est vertueux ou coupable ; en un mot, il n'est pas entraîné au bien ou au mal par une fatalité invincible qui n'en ferait qu'une pure machine.

V

Attaqué dès son apparition, le livre de Jansénius fut examiné par la Faculté de théologie de Paris ; elle en tira cinq propositions, qui furent dénoncées au pape Innocent X, qui les condamna solennellement (1653). Rome avait parlé ; les catholiques n'avaient qu'à s'incliner.

Les chrétiens, les yeux attachés sur la tiare, qui ne les égare jamais, attendent les lumières de ce phare qui éclaire tous les écueils ; mais les esprits orgueilleux regimbent contre cette infaillibilité de droit divin.

Les jansénistes, ambitieux de briller par la dispute, osèrent défendre Jansénius contre les censures de Rome. Antoine Arnauld, docteur de Sorbonne, et ceux qui, comme ce théologien, avaient embrassé les opinions condamnées, essayèrent d'éluder la bulle du pape en se retranchant dans la *question de fait*, prétendant que les cinq propositions ne se trouvaient point textuellement dans le livre de Jansénius, et que,

dans le cas où elles s'y trouveraient, elles n'avaient pas
été bien comprises. C'était là une chicane dépourvue
de bonne foi. Toutefois, pour couper court à toute
distinction, et pour ôter tout prétexte et tout refuge
aux jansénistes, Alexandre VII déclara, par sa constitution de 1656, que *les cinq propositions étaient
extraites du livre même de Jansénius, et condamnées
dans le sens de cet auteur.*

Mais rien ne peut abattre l'esprit de rébellion, et
convaincre qui ne veut pas l'être. Les jansénistes,
d'autant plus opiniâtres qu'ils étaient plus confondus, imaginèrent de prétendre que la bulle pontificale ne renfermait qu'*un règlement de discipline,* qui
n'exigeait qu'un silence respectueux et non une adhésion intérieure. Ils furent encore poursuivis dans ce
dernier retranchement ; et pour les atteindre, en
quelque sorte, jusque dans leur conscience, on les
obligea à signer un *formulaire,* c'est-à-dire un acte
de foi qui condamnait toute restriction mentale.

VI

En somme, le système du jansénisme était si révoltant qu'on s'étonnerait qu'il eût pu trouver des partisans et des défenseurs, surtout parmi des hommes

érudits et distingués par leurs talents, si l'on ne savait, d'après les leçons affligeantes que nous donne l'histoire des hérésies, à quels excès d'égarement l'esprit humain est susceptible de se porter dès qu'une fois il a fermé les yeux aux lumières de la foi.

Cette doctrine odieuse, on ne prend plus la peine de la réfuter, après les jugements solennels et réitérés par lesquels le Saint-Siége l'a condamnée, et que l'Église entière a adoptés; ils doivent suffire pour en inspirer l'horreur à tout véritable chrétien, et pour fixer irrévocablement sa croyance à cet égard.

Comme le protestantisme, dont il est une des branches mortes, le jansénisme ouvre la porte au désespoir et au libertinage; il attaque Dieu dans ses attributs; il détruit les principes de la morale et les dogmes de la religion dans leurs fondements : c'est un monstre qui se déchire de ses propres dents.

Arrière ce système odieux de fatalité qui arrache de nos cœurs l'espérance chrétienne, qui nous prive de toute liberté, qui nous ravale au-dessous de la brute, et fait Dieu injuste, cruel, horrible!...

VII

Dans cette misérable querelle qui émut le monde chrétien, la lutte se personnifia entre les jésuites, défenseurs intrépides de l'autorité de l'Église, et quelques hommes également doués de savoir et de talent, qui, sous le nom de *Port-Royal*, étaient à la tête du parti janséniste, dont les plus illustres étaient le docteur Antoine Arnauld, son frère Arnauld d'Andilly, le Maître de Sacy, Nicole, Lancelot, etc. Ce fut pour défendre ces ardents défenseurs de la doctrine de Jansénius, que Blaise Pascal publia ses *Provinciales* (1656), le seul ouvrage qui ait survécu à cette querelle théologique ; œuvre de génie, mais injuste, passionnée, — un crime.

VIII

Le protestantisme n'avait pas manqué de profiter de ces disputes pour agiter le monde et particulièrement la France.

Il n'entre pas dans le plan de cet ouvrage de faire l'histoire chronologique du protestantisme, nous ne voulons qu'en indiquer à grands traits les erreurs et les crimes.

Nous rappellerons que, tel il s'est montré sur un point, tel il s'est montré sur un autre, et cela à toutes les époques : toujours et partout on l'a trouvé libertin, violent, divisé, révolutionnaire, despote au nom de la liberté, dur, inflexible, intolérant, fanatique, sanguinaire.

Nous avons vu que la prétendue réformation avait été introduite en France avant Calvin ; mais ce fut son livre des *Institutions,* écrit en français, qui servit de ralliement aux sectaires.

François Ier et Henri II portèrent des édits contre ces révoltés qui troublaient la paix publique, et voulaient *républicaniser* et *décatholiser* la France monarchique et chrétienne, fille aînée de l'Église. On connaît les guerres et les discordes civiles qu'ils fomentèrent après la mort de Henri II. Charles IX essaya de les détruire dans la nuit de la Saint-Barthélemy, nuit horrible qui vit un coup d'État POLITIQUE, purement politique, dont la religion ne fut que le prétexte.

Parmi les mystifications historiques, il faut placer celle qui consiste à dire, d'après le récit de Brantôme et autres chroniqueurs dignes de la même confiance, que *les cloches de la collégiale de Saint-Germain-l'Auxerrois donnèrent le signal de la Saint-Barthé-*

lemy ; il est notoire que ces cloches sonnèrent paisiblement et comme d'ordinaire l'office de matines, qui se chantait chaque jour à minuit dans cette église ; les assassins prirent cela pour signal, ce qui n'est pas tout à fait la même chose, tant s'en faut.

Il est faux que les prêtres catholiques aient conduit les assassins, qu'ils les aient encouragés. C'est aujourd'hui un point historique qui n'est plus même contesté par les écrivains sérieux.

Ce ne fut que la conversion de Henri IV qui mit fin aux guerres civiles fomentées par les protestants ; les concessions qu'ils obtinrent par *l'édit de Nantes* leur firent déposer les armes ; mais ils se remuèrent et conspirèrent de nouveau sous Louis XIII ; le cardinal de Richelieu parvint à les réduire. Mais la révocation de l'édit de Nantes par Louis XIV, jointe aux mesures qui la suivirent, diminua considérablement en France le nombre de ces hérétiques agitateurs.

Ici nous rencontrons les figures de Bossuet et de Louis XIV.

I X

Bossuet fit ses études chez les jésuites, maîtres illustres qui, avec leur discernement des aptitudes et des vocations, devinèrent la haute destinée qui l'attendait.

Le jour où il vint à Paris, le spectacle de Richelieu mourant ramené à Paris avec pompe, fit sur lui cette profonde impression dont il a tant ému son auditoire, toutes les fois que l'occasion lui a été offerte d'exprimer sa pitié sur le néant des grandeurs humaines.

Bossuet reçut et mérita par son génie le surnom D'AIGLE DE MEAUX, dont il devint évêque.

X

Bossuet fut l'un des adversaires les plus redoutables des protestants. Continuateur de saint Augustin et de saint Bernard, ce grand homme terrassa l'hydre de l'hérésie avec la massue d'une éloquence chrétienne incomparable.

Lutteur terrible au protestantisme, il commença par réfuter le *Catéchisme* du ministre Paul Ferri. Les réformés eux-mêmes ne purent refuser leur admiration à ce beau génie, qui, d'ailleurs, avec une charité toute catholique, séparait les doctrines des personnes, inflexible pour celles-là, plein de douceur pour celles-ci.

Vint ensuite son *Exposition de la doctrine catholique,* où, après avoir montré les preuves de la religion
divine, il la venge des calomnies de ses adversaires.

Ce livre magnifique opéra plusieurs conversions,
entre autres, celle du maréchal de Turenne, *cet homme
qui faisait honneur à l'homme,* et des deux frères Dan-
geau, petits-fils du fameux Duplessis-Mornay, ardent
défenseur du calvinisme.

Dans son *Traité du libre arbitre,* il nous montre
ensuite quel doit être le véritable rôle de la raison.
Il ne rejette pas son autorité, puisque sans elle nous
ne pourrions pas même croire, mais il démontre que
la raison n'explique pas tout et ne nous fait pas tout
connaître.

La raison nous dit d'aimer Dieu ; elle nous invite
à la foi qui nous fait l'adorer sans le comprendre.

Les protestants, qui voulaient faire de la monarchie
française une république bourgeoise, ont reproché à
Bossuet d'incliner pour la monarchie absolue dans sa
Politique tirée de l'Écriture sainte. Mais c'est que la
monarchie absolue était alors le besoin impérieux de
la société catholique et surtout de la France, à peine
remise des agitations de la Fronde, des guerres civiles
du protestantisme, toujours agitée par leurs intrigues.
C'était pour fortifier l'autorité que Bossuet tendait à
la concentrer, et il était dans le vrai. D'un autre

côté, les philosophes reprochent à Bossuet de rapporter tout à la religion dans son impérissable *Discours sur l'histoire universelle*. C'est fort bien fait, car la religion étant la cause de Dieu, c'est pour elle, en définitive, que tout subsiste ; elle est le foyer du genre humain, toujours invariable quand tout change autour d'elle, et Dieu agit pour sa manifestation.

XI

Dans son zèle pour la conversion des huguenots, la charité de Bossuet ne se ralentit pas. Il leur adressa plusieurs ouvrages, réfutant leurs théologiens dans toutes leurs erreurs, les pressant avec vigueur dans la lice, les poursuivant sans relâche dans tous les retranchements derrière lesquels ils abritaient leur mauvaise cause, leur reprenant les textes torturés par eux des Livres saints, et les confondant précisément avec les passages mêmes dont ils tiraient gloire pour la réforme et ses auteurs.

L'ouvrage par lequel il acheva le protestantisme, c'est l'*Histoire de ses variations*, livre immense, marqué au sceau du génie et de la foi, dans lequel il démontre qu'avec tous ses changements le protestantisme aboutit à l'athéisme ; œuvre inspirée par l'amour de la vérité; éternelle réfutation du protestantisme, auquel on peut dire avec défi, en la lui présentant : *Répondez !*

Aucun ne le put. Jurieu l'essaya; pauvre atôme qui se mesure avec le roi des forêts! Bossuet le pulvérisa dans ses vives répliques. Il réduisit à néant, au nom de l'autorité, de la vraie liberté, du catholicisme et de la royauté, la fausse liberté et la démocratie de Jurieu. Bossuet aimait la royauté, comme c'est le fait de tout homme d'ordre; et il détestait la tyrannie, comme c'est le fait de tout homme juste; mais il ne voulait pas remettre la punition de la tyrannie aux mains des peuples, dans la crainte de maux plus grands encore pour la société; crainte trop bien fondée : la suite l'a prouvé!...

Il ne faut pas laisser violer la majesté du pouvoir et souffrir que son respect soit perdu, autrement la civilisation est en péril. Mais ces considérations ne pouvaient attendrir Jurieu, protestant et démocrate, logique dans l'erreur après tout, car la question religieuse et la question politique étaient intimement liées ensemble. Et c'est précisément pour cela que la révocation de l'*édit de Nantes*, concession malheureuse par laquelle l'hérésie était tolérée et protégée, fut principalement un acte politique, d'autant que Louis XIV voyait surtout dans la religion un moyen de gouvernement : tyran magnifique qui, tout en affectant un grand zèle religieux, a fait à la papauté, notre mère chérie, des blessures qui saignent encore !...

Les catholiques ne peuvent s'empêcher de déplorer le système oriental de Louis XIV, dans lequel tout fut abattu devant le monarque, parce que, quoi qu'en disent leurs ennemis, les catholiques sont des hommes de liberté. Ils la défendent, parce qu'eux seuls la comprennent, contre le despotisme d'en haut et la tyrannie d'en bas. Louis XIV ne voulait dans l'État qu'un maître et des esclaves ; un maître absolu servi par des ministres maîtres absolus eux-mêmes, pouvant impunément abuser du pouvoir envers les grands et envers les petits. Colbert et Louvois, deux hommes habiles, surent exploiter, au profit de leur ambition et de leur orgueil, l'orgueil et l'ambition de leur maître, le sang et la substance du peuple. *L'État c'est moi*, avait dit Louis XIV, croyant avoir résolu le problème du gouvernement monarchique par ce mot d'un profond égoïsme politique, qui prouvait qu'il comprenait très-imparfaitement la société telle que l'a faite la religion chrétienne. Pourtant, il était fortement attaché à cette religion, et il fallait qu'il en fût ainsi pour que Colbert n'en fît pas un Henri VIII. Effectivement, ce ministre, profitant du long enivrement que le *grand roi* avait pour lui-même, eut l'audace impie de prétendre le soustraire entièrement à l'ascendant que l'autorité spirituelle exerçait encore sur les souverains, ascendant, hélas! de jour en jour moins sensible. C'était entraîner Louis XIV dans la voie la plus funeste, car le christianisme a une autorité obligatoire pour les gouvernants comme pour les gouvernés; rois et sujets vivent également dans l'unité du catholicisme et dans la dépendance spirituelle du vicaire de Jésus-Christ, et la légitimité du pouvoir d'un prince sur une société chrétienne dérive de la soumission de ce prince à l'autorité divine. Comment, en effet, sans contradiction, lui obéir, s'il est lui-même en révolte contre l'autorité que les catholiques savent supérieure à la sienne? C'est par la loi divine qu'il a droit de commander; s'il la viole, il perd ce droit. Ce sont là les vrais principes d'autorité et de liberté. Autrement, au nom de quoi le prince commanderait-il? Au nom de la force? elle se déplace; au nom de son intelligence? mais il n'est pas d'intelligence, si supérieure soit-elle, qui ait le privilége d'imposer une règle tirée d'elle-même à d'autres intelligences; Henri VIII et ses successeurs ont pu seuls imaginer cette tyrannie avilissante et monstrueuse.

Louis XIV, en isolant son pouvoir, en cherchant à

amoindrir le pouvoir spirituel intermédiaire entre
lui et son peuple, à se rendre indépendant du joug
salutaire et léger que lui imposait l'autorité religieuse, ne fortifia pas son pouvoir, comme ses mauvais conseillers le lui persuadèrent; il l'ébranla. Les
conséquences de son système de gouvernement écla-
tèrent sous la Régence, où il n'y avait pas, comme
sous Louis XIV, un monarque dans lequel le despote
était sans cesse adouci et réprimé par le chrétien.

Louis XIV se trouva lui-même en face de deux oppositions : celle des vrais chrétiens, qui posaient devant lui les limites de la loi divine qu'il voulait fran-
chir, et celle des sectaires, qui, s'emparant avidement
du principe de révolte qu'il avait proclamé, en ti-
rèrent sur-le-champ toutes les conséquences, et se
soulevèrent à la fois contre l'une et l'autre puissance.

Alarmé, dans les derniers temps de sa vie, de cet
esprit de rébellion qu'il avait encouragé sans le savoir
et sans le vouloir, Louis XIV chercha un refuge dans
cette même autorité spirituelle qu'il avait outragée.
Et cependant, voyez l'inconséquence ! en même
temps qu'il semblait rendre au Saint-Siége la plénitude de ses droits, il appelait *opinions libres* cette
même *déclaration* qui les sapait jusque dans leurs
fondements, et allait jusqu'à ordonner qu'elle fût publiquement professée et défendue ! Les jansénistes et

les parlements ne l'oublièrent pas, les protestants et les philosophes non plus, et réservèrent ces *opinions libres* pour de *meilleurs temps*.

Là est la source de la Révolution française, du socialisme et de l'athéisme. Pour conjurer ces fléaux, il aurait fallu que le successeur de Louis XIV adoptât un système différent, qu'il demandât la sanction de son autorité et la guérison de la société au seul pouvoir qui sanctionne le droit et guérit le mal, à l'Église; il aurait dû être un prince qui reconnût qu'une des sources du mal était la séparation, l'antagonisme, l'hostilité du pouvoir politique et du pouvoir religieux, et qui fît tout au monde pour cimenter leur alliance, au lieu de se prémunir contre les entreprises de Rome. Car Rome seule pouvait aider la royauté à rétablir l'ordre dans la société, à calmer les esprits, à lutter contre l'erreur, à apaiser les ressentiments, à modérer les impatiences, à réprimer les factieux, à combattre la licence des opinions, et à ramener la société à cette unité de doctrines et de croyances que la soumission seule peut produire; car se soumettre et croire, même chose; où manque la foi, c'est révolte et désordre.

Cet exemple de la soumission, c'était aux rois de France à le donner; ils firent autrement, et ils tombèrent! Le faible et bon Louis XVI paya les fautes de ses aïeux. Voilà à quoi a abouti le matérialisme politique, abjecte doctrine, qui chercha à atténuer l'influence du catholicisme, qui l'embarrassait dans sa marche coupable. La religion fut réduite à être protégée par des hommes vils qui, en même temps, la profanaient par leurs scandales et l'outrageaient par leurs moqueries! A chacun sa part dans la responsabilité de l'histoire : les révolutionnaires ne sont pas les seuls coupables, quoiqu'ils soient les plus féroces. Qui leur a fait la partie belle? Qui a rendu leur victoire un moment possible? Qui a fait que Dieu les a déchaînés, fléaux chargés de ses châtiments terribles? C'est le protestantisme, c'est la philosophie, ce sont les politiques qui ont voulu soustraire l'État à l'autorité de l'Église! Ah! vous avez cru pouvoir vous passer du pape et méconnaître, limiter ou nier même son autorité absolue, toute-puissante, infaillible, éternelle, de droit divin? Arrière, protestants, philosophes, hommes d'État, rois, princes et bourgeois révoltés contre Jésus-Christ dans la personne sainte de son Vicaire; arrière, vous dis-je! Laissez passer vos sombres et implacables logiciens, les révolutionnaires radicaux, les républicains, les tueurs, les démocrates, les jacobins, les *sans-culotte*, les communistes! Place à la guillotine démocratique et sociale! Place! vous ne reconnaissez pas le pouvoir de Dieu, ils nient le vôtre, et contre vous ils ont raison! Vous avez méconnu la charité catholique, vous subirez la *fraternité* républicaine! Vous avez désigné le prêtre aux fureurs populaires ; ces fureurs vous emporteront avec lui, vous, vos trônes, vos maisons, vos foyers, vos enfants, vos femmes, — tout! Ah! vous avez voulu des ruines, enfants qui avez joué avec le feu! Eh bien! en voilà des ruines! Vous avez voulu diminuer la hauteur de la croix; elle est abattue, et avec elle le trône; avec l'autel et le trône, le palais; puis la chaumière et la boutique! On vous tutoiera; on vous appellera *citoyen ;* on vous fera crier *vive la ré-publique !* et danser la *carmagnole*, et chanter la *mar-seillaise !*... Vous avez refusé de vous mettre à genoux devant Dieu, qui ne vous demandait que votre amour; vous vous agenouillerez devant Robespierre, qui vous donnera sa haine et vous prendra votre tête !......

XII

O mon Dieu! peut-on bien nier votre intervention dans les choses humaines, après ces grands enseigne-ments? Et se peut-il que des gouvernements insensés rêvent encore la révolte contre l'autorité de votre

Église, contre le pouvoir du Saint-Siége, quand les ruines déjà faites par une semblable révolte ne sont pas encore relevées, quand l'incendie allumé par cette rébellion fume encore?...

Que les États se persuadent profondément de cette vérité : s'ils ne sont pas soumis à l'Église, ils périront dans l'abomination de la désolation. Les sociétés ne pourront rien contre les démolisseurs, contre les *socialistes*, leurs ennemis, sans le secours de l'Église, parce que ces démons ne peuvent être combattus que par l'autorité, la liberté, l'ordre et la charité, qu'on ne trouve pas en dehors de l'Église.

Les gouvernements ne peuvent pas plus se soustraire à l'action catholique que les hommes ne peuvent se soustraire à l'action de la grâce ; seulement ils sont également libres de repousser cette action ou d'y céder, et ils seront responsables, peut-être bien en ce monde, mais infailliblement dans l'autre, du parti qu'ils auront pris ! Vérité essentielle, digne des méditations du philosophe et de l'homme d'État.

XIII

Nous avons exposé comment Louis XIV est apprécié par les hommes religieux, par les enfants de voués de l'Église, enfants dévoués et libres, vraiment libres, parce qu'ils savent obéir, la liberté étant inséparable de l'autorité catholique.

Les vrais catholiques seuls sont indépendants dans leurs jugements, parce qu'ils ne relèvent d'aucune coterie, d'aucune intrigue, d'aucune secte; ils ne relèvent que de l'Église, laquelle est assurée de ne se point tromper dans ses jugements, parce qu'elle ne juge ni avec les passions ni avec les yeux d'un parti, mais avec l'infaillible doctrine catholique.

. Les catholiques ne sont donc pas plus embarrassés pour juger une révolution qu'un coup d'État, un prince qu'un simple particulier. Ils n'ont qu'à chercher la moralité de leurs actes, et ce que la justice, l'ordre, l'autorité, la liberté, la vérité, l'Église, en un mot, a pu y perdre ou y gagner. Je parlerai donc sans détour :

Catholique, je n'aime pas le despotisme de Louis XIV. Je n'aime pas que cet homme, incontestablement grand à bien des égards, se mette tant au-dessus des autres qu'il semble se croire d'une autre chair que celle d'Adam. Louis XIV n'est pas aussi bon catholique qu'il affecte de le paraître, qu'il croit l'être, c'est un peu trop sa religion pour laquelle il combat. Cela dit avec toute l'indépendance d'une plume catholique qui reconnaît sur la terre, dans la personne du vicaire de Jésus-Christ, une puissance au-dessus de celle des rois, et qui, en même temps, s'incline avec respect devant l'autorité des princes, et exècre plus encore l'anarchie, ce despotisme de plusieurs, que l'autocratie, ce despotisme d'un seul ; cela dit, nous sommes parfaitement à notre aise pour répondre aux clameurs passionnées des révolutionnaires contre la *révocation de l'édit de Nantes*. C'est ce que nous ferons, en revenant à Bossuet.

XIV

Comme hommes politiques, les protestants de France se croyaient le droit de conquérir, même par la force, l'autorité suprême qu'ils possédaient dans d'autres pays, et dont ils usaient en persécutant cruellement les catholiques. Ils s'étaient portés à des luttes dangereuses pour le repos public ; la révocation de l'édit de Nantes avait pour but de rendre à la France le repos et la vigueur en lui redonnant l'unité.

Quant à accuser Bossuet d'avoir appelé des rigueurs cruelles, des châtiments sans pitié, d'atroces proscriptions sur la tête des dissidents *exclusivement religieux*, c'est une infâme calomnie à laquelle il a répondu lui-même quand il a dit, en parlant de la mort violente de Charles IX, le *héros* de la Saint-Barthélemy : « *C'était avec pitié qu'on voyait nager dans son sang un prince qui avait si cruellement versé celui de ses sujets.* »

XV

Nous reviendrons sur la révocation de l'édit de Nantes.

On a vivement reproché à Bossuet sa conduite vis-à-vis de Fénelon à propos du *quiétisme*. Il aurait pu, tout en combattant les doctrines mystiques de Mme Guyon, ne pas poursuivre le doux et pieux évêque de Cambrai auprès du roi, ne pas souffrir qu'il fût disgracié et exilé; mais il eut parfaitement raison de s'adresser au pape, puisque Rome condamna les *Maximes des Saints*. J'aurais même été aise de voir à Bossuet le même zèle dans l'affaire de la *Déclaration de* 1682, non pour la faire admettre, mais pour la faire rejeter. Ces vives alarmes que lui firent ressentir Mme Guyon et l'archevêque de Cambrai, auraient bien dû s'emparer de lui lorsque des évêques de peu d'indépendance, trop absolument, trop exclusivement humbles serviteurs du roi, proposaient de régenter la papauté, de circonscrire son autorité, et de s'en attribuer une partie à eux-mêmes et aux souverains temporels.

L'épiscopat obéit à Louis XIV, à l'exception de deux courageux évêques, qui refusèrent intrépidement de souscrire à la volonté du monarque (1673, Édit royal).

Le pape Innocent XI ayant pris parti pour les deux prélats, le roi convoqua, en 1682, une assemblée du clergé, composée de trente-cinq évêques, pour délibérer sur cette affaire, c'est-à-dire pour poser, dans l'intérêt du pouvoir temporel, des limites au pouvoir spirituel. Ainsi furent rédigées les quatre propositions dont voici la substance, et qui ont été regardées, depuis, comme la base et le résumé de ce qu'on appelle *les libertés de l'Église gallicane :*

« 1° Dieu n'a donné à Pierre et à ses successeurs aucune puissance directe et indirecte sur les choses temporelles ;

« 2° L'Église gallicane approuve le concile de Constance qui déclare les conciles généraux supérieurs aux papes dans le spirituel [1] ;

---

[1] On sait que les cardinaux, qui se trouvaient à Constance au nombre de vingt-deux, protestèrent contre cette doctrine imposée par les quatre nations, et déclarèrent *très-mauvais qu'elles s'arrogeassent le droit de réformer le pape et l'Église romaine, leur mère.* Le cardinal de Florence, chargé de faire la publica-

« 3° Les règles, les usages, les pratiques reçues dans les royaumes et dans l'Église gallicane doivent demeurer inébranlables ;

tion des décrets dans le concile, refusa de publier celui-ci, et l'on fut obligé de le faire lire par un prévôt nommé à l'évêché de Posnanie.

Ce n'est pas tout, le pape Martin V, nommé par le concile de Constance, dont il présida les dernières sessions, protesta, à son tour, devant le concile même, contre cette doctrine de la prétendue supériorité des conciles généraux sur les papes, et aucun des Pères du concile ne s'éleva contre la parole du Souverain-Pontife. Ils se soumirent tous respectueusement à cette bulle publiée par Martin V, portant « qu'il n'était permis à personne d'appeler du souverain juge, c'est-à-dire du juge apostolique ou du pontife romain, vicaire de Jésus-Christ sur la terre, ni de décliner son jugement dans les causes de la foi, qui, étant majeures, devaient lui être déférées. »

D'autres faits viennent à l'appui de ceux-ci, pour démontrer *jusqu'à l'évidence* la fausseté radicale de cette doctrine du gallicanisme, doctrine absolument insoutenable. Les réunions du concile de Constance, dans lesquelles cette doctrine anti-évangélique fut admise, sont actuellement nulles, on l'a prouvé, et les Pères du concile de Constance l'ont eux-mêmes reconnu dans les séances suivantes, qui étaient régulières, ce que n'étaient pas ces deux-là. Cette décision est donc nulle, non avenue, dépourvue de valeur et d'autorité. S'en prévaloir, c'est un misérable expédient, qui ne résiste à aucun raisonnement, à aucune lumière. — Voilà pourtant sur quoi porte le *gallicanisme*, auquel il est impossible de ne pas reconnaître un faux air de protestantisme, soit dit sans intention de blesser personne, mais comme une conviction appuyée sur des preuves irréfragables, accablantes.

« 4° Les décisions du pape en matière de foi ne sont irréformables qu'après que l'Église les a acceptées. »

Louis XIV défendit par un édit de *jamais* rien enseigner de contraire.

Les partisans de cette doctrine furent appelés *gallicans;* on appela *ultramontains,* par opposition, ceux qui reconnaissent au Saint-Siége l'étendue de pouvoir qui lui a été de tout temps reconnue par la majorité des évêques et par l'union catholique, et qui défendent l'infaillibilité du pape. Ils sont ainsi nommés parce que le pape, résidant en Italie, est, par rapport à la France, *ultra montes, par delà les monts.*

Les quatre fameux articles de 1682 ont été le *berceau de la Révolution française*, c'est M. Louis Blanc, l'un des révolutionnaires les plus ardents, qui le dit, et ce qu'il est très-utile d'enregistrer. Ainsi, le *gallicanisme*, à l'insu de ses auteurs, malgré eux, on l'admet volontiers, conduisait à l'anarchie révolutionnaire en détachant l'Église de son vicaire pour la soumettre à l'État, lequel devait être soumis aux majorités parlementaires, elles-mêmes soumises au peuple, soumis lui-même à ses passions.

Le premier article sépare l'Église de l'État; le second met les conciles au-dessus du pape et tend à changer le gouvernement monarchique de l'Église;

le troisième est inutile en ce que le pape n'a pas besoin qu'on les oumette aux saints canons, attendu que jamais aucun n'a prétendu avoir ses caprices pour règle ; il est dangereux en ce que quelques-uns peuvent en tirer cette conclusion, que le pape n'a pas le pouvoir d'interpréter et de modifier les canons ; le quatrième, qui fait dépendre la validité des jugements du Saint-Siége du consentement des évêques, prive l'Église de son centre d'unité et en y substituant l'empire des majorités, est essentiellement révolutionnaire.

La déclaration de 1682 eut les plus funestes conséquences, et elles eussent été bien autrement affreuses sans les vertus, l'héroïsme des évêques et du clergé de France, qui, à l'époque de la Révolution, signèrent de leur sang, glorieux confesseurs, leur dévouement filial et leur obéissauce absolue au Saint-Siége.

Les *quatre articles* furent justement regardés à Rome comme un attentat contre l'autorité du Saint-Siége. Innocent XI refusa des bulles à tous les évêques et à tous les abbés que le roi nomma ; de sorte qu'à la mort de ce ferme et vertueux pontife (1689), il y avait vingt-neuf diocèses en France dépourvus d'évêques.

Alexandre VIII, son successeur, se montra aussi

saintement inflexible, et les prélats français, alarmés et las de n'être nommés que par le roi, et de se voir sans fonctions, demandèrent enfin au monarque absolu la permission de transiger avec la cour de Rome. Elle leur fut accordée, et chacun d'eux écrivit séparément à Rome qu'*il était douloureusement affligé des procédés de l'assemblée.* Innocent XII daigna se contenter de cette démarche, et le calme revint. Mais les nouveaux empiétements du pouvoir politique sur le pouvoir religieux préparèrent la Révolution française, avec toutes ses conséquences, en laissant le champ libre aux protestants et aux philosophes, et livra la société aux expérimentations des novateurs sceptiques, alors que le pouvoir religieux était la seule barrière qu'on pût leur opposer en droit, en morale, en justice et en fait.

XVI

Nous faisons difficulté à croire à la dureté de Bossuet envers Fénelon, car nous ne pourrions l'attribuer qu'à des sentiments peu honorables, indignes de ce grand caractère, de ce noble cœur. Nous préférons le juger seulement emporté par la passion de la vérité, qu'il importait de défendre avec d'autant plus d'ardeur qu'elle était compromise par un homme de l'influence de l'archevêque de Cambrai. Plus grand était le péril de la vérité, plus vigoureux était Bossuet à la défendre.

Et puis, quoi donc! Rome n'a-t-elle pas parlé?

Silence donc! Fénelon était dans l'erreur puisque Rome l'a condamné. Inclinons-nous, aimons, et fléchissons le genou!

XVII

Dans le même temps, l'évêque de Meaux travailla, de concert avec Leibnitz, à la réunion des Églises luthériennes à l'Église catholique, et entretint à ce sujet avec lui une correspondance suivie (1692-1701), mais ses efforts n'eurent point le succès désiré ; résultat stérile qui, comme l'a dit Bossuet lui-même, ne peut pas lui être imputé.

Sa grande âme en fut affligée, car elle savait tout le mal que les hérésies et les schismes font à l'humanité, combien ils nuisent à l'Église de Dieu en la troublant, en suscitant des obstacles à sa mission universelle, qui est de civiliser le monde, par la connaissance pratique du vrai Dieu.

XVIII

Nous l'avons dit déjà :

Bossuet prit également une grande part à la funeste *déclaration de* 1682, dont la tendance était de restreindre le pouvoir de la papauté et posait le clergé français comme une sorte de puissance, sinon précisément hostile et rebelle vis-à-vis du Saint-Siége, du moins comme un corps avec lequel il lui fallait compter : attitude que n'aiment pas les catholiques dévoués absolument et sans restriction au successeur de saint Pierre.

Ce fut là la faute de ce grand esprit ; faute qui, du reste, grâce à l'attachement du clergé français au Saint-Siége, n'eut pas les conséquences fatales qu'on pouvait prévoir. La majorité du clergé français, tout en admirant Bossuet, tout en rendant hommage à ses talents et justice à son caractère, se sépare de lui dans cette question, d'où un schisme aurait bien pu naître.

Ce fut, dit-on, précisément pour éviter un schisme que Bossuet s'associa à cette manifestation, et la couvrit de l'autorité de son nom et de sa parole.

Que son intention fut telle, nous le voulons. Il

a pu craindre de voir pousser les choses à l'extrême, en présence des esprits aigris, et quand plusieurs évêques de France se montraient plus dévoués à Louis XIV qu'au pape, ce qui est bien lamentable. Dans leur zèle pour le roi, ces évêques étaient dans la résolution « *de pousser les choses à l'extrême,* » et comme on était voisin des divisions produites dans l'Église par la prétendue réforme, et à une époque assez disposée au schisme et à la révolte contre l'autorité pontificale, Bossuet tâcha d'apaiser ces emportements, de conjurer cette crise, en conciliant, dans un juste équilibre, l'autorité spirituelle et l'autorité temporelle.

Voilà ce que disent, pour la défense de Bossuet, les partisans de la *déclaration,* les partisans de ce qu'ils appellent les *libertés de l'Église gallicane,* libertés suspectes aux catholiques dévoués à la papauté, qui voient dans ces franchises une tendance à l'insoumission vis-à-vis de la chaire de Pierre.

Ce côté est celui par lequel il convient de ne pas regarder la grande figure de Bossuet.

Le soleil lui-même a des taches.

XIX

Pour nous, nous avons dit notre opinion sincère sur cette question ; c'est celle de tout l'univers catholique, excepté des champions de toutes les libertés et de toutes les licences gallicanes.

Le texte des *quatre articles* doit être comparé avec la véritable doctrine professée constamment par l'épiscopat français depuis l'origine des Églises des Gaules, et alors les *quatre articles* ne peuvent manquer d'être condamnés comme une innovation dangereuse, attentatoire aux droits et à l'autorité du Siége apostolique. Ce magnifique témoignage de l'épiscopat français, pendant les quatorze siècles consécutifs qui précèdent 1682, est unanime. Empressons-nous de dire que le dévouement de la France au Siége apostolique n'a point cessé depuis cette malheureuse *déclaration*. Aujourd'hui, comme avant, il est démontré que les évêques de France reconnaissent l'*immuable et inébranlable stabilité dans la foi accordée, par Notre-Seigneur Jésus-Christ, à Pierre et à ses successeurs ou au Saint-Siége apostolique.*

Il suffira d'appuyer cette démonstration de quelques lignes empruntées au XVIII⁰ siècle :

— « Il sera éternellement vrai de dire que l'Église de Jésus-Christ est fondée par Pierre et ses successeurs. »

(Mgr de Belzunce, évêque de Marseille, en 1732.)

— « C'est sur vous, Très-Saint-Père, que les colonnes de l'Église sont appuyées. Jésus-Christ a établi le Saint-Siège pour être le soutien fixe et immuable de la foi.

(Mgr de Mailly, archevêque de Reims, en 1718.)

— « Le Saint-Siège est cette pierre immuable qui brise tout ce qui luit par le mensonge et la vanité. »
(Mgr l'évêque de Lectoure, en 1723.)

— « C'est au chef visible de l'Église qu'il a été dit : *Tu es Pierre, et sur cette pierre je bâtirai mon Église.* »
(Mgr l'évêque de Fréjus, en 1715.)

— « Aux yeux du Saint-Père, les artifices des différentes sectes se réunissent pour lui arracher, s'il était possible, les clefs qui lui sont confiées et pour braver son autorité ; à ses yeux, des pierres du sanctuaire, détachées du corps de l'Église, conspirent contre la pierre ferme et lui disputent son inébranlable solidité. Les efforts des hommes ne sauraient renverser un fondement que Dieu a posé : ce que sa main a établi est inébranlable. »

(Mgr l'évêque d'Angers, en 1721.)

— « Les prérogatives que Dieu a accordées à ce Siége et à cette Église sont éternelles : on peut les attaquer, mais on ne saurait les abattre. »

(Mgr l'évêque d'Apt, en 1777.)

En 1700, le clergé de France fit cette déclaration : « Il y a un premier évêque, il y a une première pierre préposée par Jésus-Christ même à la conduite de son troupeau, il y a une mère Église qui est établie *pour enseigner les autres*, et l'Église de Jésus-Christ, fondée sur cette unité comme sur un roc immobile, est inébranlable. »

Après comme avant la déclaration de 1682, l'épiscopat français a toujours eu cette doctrine, que la solidité de l'Église dépend de la solidité du Siége apostolique :

— « L'épiscopat français est un : sa force est dans son unité, dans son chef, comme dans sa source. »

(Mgr de Belzunce.)

— « L'Église, appuyée sur la chaire de Pierre, ne manquera jamais. »

(Mgr de Castellane, évêque de Fréjus, en 1715.)

— « L'enfer ne prévaudra point contre l'Église, et par conséquent jamais. Et pourquoi ? parce que l'Église est appuyée sur la pierre, et que Jésus-Christ est avec cette pierre, et avec le corps dont Pierre est le chef. »

(Mgr Languet, archevêque de Sens.)

Monseigneur de Sens dit encore : « Dans ces paroles de Notre-Seigneur : *J'ai prié pour toi, afin que ta foi ne défaille pas : quand tu seras converti, confirme tes frères,* les évêques de France ont reconnu le privilége d'une foi qui ne saurait faillir, privilége accordé à Pierre et à ses successeurs. C'est la doctrine des évêques de France, conforme à celle d'un des nos plus illustres apôtres, saint Irénée de Lyon. »

Les évêques de France, réunis en 1626, avaient dit : « Les évêques respecteront N. S. P. le pape, chef visible de l'Église universelle, vicaire de Dieu en terre, évêque des évêques et patriarches, en un mot le successeur de saint Pierre, auquel l'apostolat et l'épiscopat doivent leur commencement, et sur lequel Jésus-Christ a fondé son Église, en lui donnant les clefs du ciel avec l'infaillibilité que l'on a vue miraculeusement durer immuable dans ses successeurs jusqu'à aujourd'hui. »

Et cent ans après, Mgr de Belzunce s'écriait : « Nous

17.

voulons demeurer inséparablement unis à l'Église romaine, à cette Église mère et maîtresse, avec laquelle toutes les Églises et tous les fidèles doivent s'accorder dans les causes de Dieu, à cause de sa principale et excellente principauté. Ce sont là les véritables sentiments de l'Église de France, et on en impose quand on lui en attribue d'autres ! »

La cause est finie, avait dit saint Augustin, quand le pape avait parlé.

Comme saint Augustin, avant et après la déclaration de 1682, les évêques de France ont reconnu que le jugement du Siége apostolique est *suprême et irrévocable*.

L'immortel archevêque de Cambrai a dit : « Avant les rescrits qui viennent de Rome, les deux conciles d'Afrique *ne finissent point la cause ;* mais *elle fut finie* dès le moment que les rescrits de Rome furent venus. Dès ce moment, le jugement devint *infaillible, final, suprême*, irrévocable; la cause ne fut finie *ni plus tôt, ni plus tard* [1]. »

Quesnel lui-même s'est exprimé ainsi : « On ne peut nier que, dans le langage de saint Augustin, dire qu'une chose est finie et dire que l'Église a prononcé un jugement infaillible et irrévocable, *c'est précisément la même chose.* »

[1] Mandement de 1714.

L'épiscopat français fit un grand et noble et orthodoxe usage du texte de saint Augustin à propos de la
bulle *Unigenitus*. Les hérétiques prétendaient qu'elle
ne pouvait être regardée comme un *jugement infaillible*, les évêques de France répondirent : « *Les rescrits sont venus de Rome, tout est fini.* » C'est-à-dire :
« Le jugement est prononcé : il est infaillible et il est
irréformable. »

L'infaillibilité pontificale a triomphé de la déclaration de 1682, comme elle avait triomphé des hérésies. Ce n'est pas seulement pour ce qui est de la
doctrine que les évêques de France et de l'univers
catholique s'inclinent devant l'autorité suprême du
chef de l'Église, c'est pour tout. Dans tous leurs actes,
éclate leur constante et respectueuse soumission, leur
amour filial pour le père commun des fidèles ; et
c'est cet exemple de tendre adhésion de cœur qui a
mérité à la France l'admirable titre de *fille aînée du
Siége apostolique.*

Dès qu'un décret paraît, ils s'empressent d'y souscrire, et ne se croient point le droit d'examiner au
préalable les constitutions apostoliques :

— « Si les évêques, a dit le cardinal de Noailles,
souscrivent *sans délai* aux décrets du Saint-Siége, c'est
qu'ils s'y croient obligés pour montrer leur *parfaite
obéissance* au chef de l'Église ; afin qu'on n'altère pas

insensiblement la simplicité de l'obéissance pour le Saint-Siége. »

— « Obéissance dont ils veulent donner l'exemple jusqu'au dernier soupir de leur vie, » a dit Fénelon.

L'assemblée du clergé de France, en 1653, 1700, 1705 et 1714, a déclaré que les évêques embrassent et exécutent les décrets du pape, parce que c'est l'oracle du Vatican qui a prononcé, et non point l'examen de son jugement qui les détermine ; qu'ils croient fermement et sont persuadés, avec l'Église primitive, que les Souverains-Pontifes jouissent d'une autorité divine et suprême, pour sanctionner la règle de la foi, en vertu de la promesse faite par Jésus-Christ à saint Pierre ; qu'ils tiennent pour certain que les décrets dogmatiques des Souverains-Pontifes sont d'une telle autorité, que tous les fidèles, sans exception, leur doivent une obéissance parfaite, parce que c'est ce qu'exigent, des autres évêques, la modestie chrétienne et la subordination à l'autorité ecclésiastique.

Ces témoignages rattachent, par une chaîne non interrompue, la tradition de la doctrine et de la vérité ; celui de Bossuet et de quelques autres manque, on le regrette. Les intentions de Bossuet devaient être pures, mais on frémit en pensant à ce qu'aurait pu enfanter, sans la grâce de Dieu qui n'abandonna pas l'épiscopat français, cette funeste déclaration, grosse de tempêtes et peut-être bien même d'hérésies.

Aujourd'hui, les ridicules prétentions des *gallicans* contre les droits de la monarchie pontificale ne troublent plus le monde religieux. Deux théologiens français ont décidé la question il y a longtemps déjà dans quelques lignes très-sensées.

L'un, le cardinal Perron, dit que « l'infaillibilité que l'on présuppose être au pape Clément, comme au tribunal souverain de l'Église, n'est pas pour dire qu'il soit assisté de l'esprit de Dieu pour avoir la lumière nécessaire à décider toutes les questions. Mais son infaillibilité consiste en ce que toutes les questions auxquelles il se sent assisté d'assez de lumières pour les juger, il les juge, et les autres auxquelles il ne se sent pas assez assisté de lumières suffisantes pour les juger, il les remet au concile [1]. »

Le second, Thomassin, dit : « Ne nous battons plus pour savoir si le concile œcuménique est au-dessus ou au-dessous du pape ; contentons-nous de savoir que le pape, au milieu du concile, est au-dessus de lui-même, et que le concile décapité de son chef est au-dessous de lui [2]. »

[1] *Perronoria*, au mot INFAILLIBILITÉ.
[2] *Dissertatio de Conc. Chalus*, n° 14.

Les bons catholiques ne reconnaissent pas d'*Église gallicane;* dans leur opinion, aucune Église n'a et ne peut avoir de nom propre, toutes les Églises sont au même titre, les filles tendres, respectueuses, soumises, fidèles, obéissantes de leur sainte, unique et vénérable mère, l'Église romaine.

Malgré cela, nous verrons les quatre articles dits *libertés de l'Église gallicane* fournir des armes contre la papauté, lors du concordat de 1802.

Toute mauvaise graine porte mauvais fruit; tout principe funeste engendre une conséquence funeste.

Bossuet, non content d'avoir fait adopter ces quatre malheureuses *propositions,* satisfaction donnée aux passions, dont il voulait, dit-on, prévenir ainsi les tristes effets, Bossuet les défendit avec cette sorte d'acharnement intéressé de l'auteur qui défend son œuvre.

Oublions cela, et ne nous souvenons de cet homme de génie que comme de l'adversaire intrépide et victorieux du protestantisme, qui, soit dit en passant, applaudit à la *déclaration de* 1682, comme à une humiliation infligée à la papauté, comme à un commencement de cette mauvaise humeur, de cette résistance, qui conduit au chemin de la révolte, au schisme et même à l'hérésie!...

XX

Lorsque ce géant rendit son âme à Dieu, il préparait contre le jansénisme un ouvrage sur *l'autorité des jugements de l'Église*, à l'occasion du *cas de conscience* sur la nature de la soumission que l'on doit aux constitutions des papes. Il mourut plein de gloire et plein de vertus, le 12 avril 1704.

Esprit droit, cœur honnête, bon sens souverain, amour de la vérité, mœurs irréprochables, talent grave, noble, majestueux, loyal, magnifique; voilà cet homme, qui mit son génie hors ligne au service de la plus noble des causes : celle de Dieu.

XXI

Par la révocation de l'édit de Nantes, dont les protestants avaient tant abusé pour miner sourdement et parfois même attaquer ouvertement et à main armée la société chrétienne, Louis XIV voulut se débarrasser de factieux qui, par leur opposition à l'unité catholique, nuisaient à l'unité monarchique. Cet acte ne fut pas, comme plusieurs l'ont prétendu, la boutade d'un vieillard pénitent après de longs désordres, l'effet d'un entraînement imprévu et d'un retour soudain à la dévotion. Cette mesure avait été arrêtée *plus de vingt ans auparavant* par ce monarque ; l'idée en remontait à Richelieu. Dès le commencement de son règne, Louis XIV fit les efforts les plus soutenus pour ramener au catholicisme les protestants de toutes les parties de la France. Les intendants des provinces, empressés de flatter le roi, lui exagérèrent le succès, et quand il résolut de frapper un dernier coup, il crut qu'il ne s'agissait que d'effrayer quelques mutins entêtés.

Un certain nombre de familles émigrèrent ; elles portèrent, dit-on, de grandes richesses et de grandes intelligences hors de France. C'est là une considération nulle dans une question de principes ; et puis, nous ne voyons pas que la France en ait été fort appauvrie et que son génie s'en soit amoindri !

L'ordonnance portait que l'exercice *public* de la religion protestante était défendu : il était dit que les protestants étaient libres de demeurer en France sans pouvoir être troublés pour cause de religion, à la condition de s'abstenir de toute démonstration *extérieure*.

Il paraissait tout naturel à un roi d'une monarchie catholique, d'empêcher une imperceptible minorité *d'exercer publiquement* l'erreur religieuse et de se livrer à des démonstrations *extérieures* de nature à troubler la paix et à scandaliser les populations.

Maintenant que, dans l'application, certains agents du gouvernement aient agi avec une rigueur excessive, après avoir été provoqués par les protestants soulevés par leurs ministres, que les représailles aient été vives, c'est là une autre question. D'ailleurs, après la mort de Louvois (1702), on parvint à pacifier ces fanatiques.

La révocation de l'édit de Nantes répondait aux vœux de toutes les populations de la France, restées sincèrement catholiques malgré les efforts de l'hérésie ; l'opinion générale poussait le roi dans cette voie ; on en témoignait le désir de toutes parts. C'est ce qui, joint à sa propre conviction, le décida à rendre cette ordonnance.

On juge généralement mal cet acte parce qu'on ne tient plus compte des circonstances qui l'ont précédé et accompagné ; on en accuse avec aigreur le clergé ; or, pour donner une idée de l'ignorance dans laquelle on est sur cette question, ainsi que sur une multitude d'autres faits de notre histoire, il suffit de lire l'extrait suivant d'un ouvrage historique sérieux :
« Le premier confesseur du roi Louis XIV fut le P. Lachaise ; le P. Letellier lui succéda : c'était un

zèle plus ardent, plus exalté que celui de son prédécesseur, et, sans doute, *ses exhortations n'ont pas été sans influence pour arracher la révocation de l'édit de Nantes aux scrupules et à la faiblesse de son auguste pénitent.* »

Ceci se trouve mot à mot, non dans un feuilleton, dans un roman, mais dans un livre d'histoire, dû à un écrivain grave, qui a écrit plusieurs volumes sur des matières d'histoire.

Or, voyez quelle erreur grossière : révocation de l'édit de Nantes : 1685 ; mort du P. Lachaise et nomination du P. Letellier à sa place : 1709.

On le voit, l'anachronisme est *de vingt-quatre années !*

XXII

La religion catholique est une et indivisible. Elle ne peut tolérer des opinions ou des sectes qui tendent à la troubler et à désunir ses membres. Son devoir est de les combattre toutes comme filles de l'orgueil ; elle préfère l'humble publicain au glorieux pharisien, qui se croit plus parfait.

En dehors de l'Église il n'y a pas de véritable chrétien, car le véritable chrétien est humble de cœur ; il s'efforce de remplir tous ses devoirs ; il est soumis aux lois immuables de l'Église; il veut la paix et la maintient de tout son pouvoir; il aime la vertu, soulage ses semblables, rend le bien pour le mal, et combat continuellement ses passions; sévère pour lui-même, indulgent pour les autres, il ne condamne que les mauvaises doctrines, et souffre avec patience et résignation ses peines et ses infortunes; il bénit même Dieu de mettre ainsi son courage à l'épreuve, et ne considère la mort que comme le passage qui mène à la vie éternelle. Il aime mieux vivre dans la pauvreté que d'acquérir des richesses par des voies honteuses et criminelles. Il aime ses ennemis; il fait du bien à ceux qui le haïssent; il prie pour ceux qui le persécutent et le calomnient, il prie pour ses bourreaux.

Enfin, le véritable chrétien se borne à croire en la religion catholique, apostolique et romaine, et à suivre en tout point, à l'aide de la grâce, sa sublime doctrine, et laisse à Dieu le soin de le juger ainsi que son prochain.

Si chacun agissait ainsi, on n'entendrait bientôt plus parler de protestants, de jansénistes, de jacobins, de libéraux, de socialistes; chacun serait bon chrétien, sujet fidèle et honnête homme.

Telle est la haute moralité qui découle des conséquences de l'histoire des hérésies et des révolutions.

XXIII

Les protestants ont mauvaise grâce à se plaindre des répressions provoquées par leurs erreurs et leurs violences. Quand on les réduisit dans les Cévennes, n'avaient-ils pas pris les armes, excités par leurs prétendus prophètes? Certes, en les traitant avec humanité, avec douceur, avec charité, on peut espérer les réunir à l'Église. Et pourtant, c'étaient là les procédés de saint François de Sales envers eux, et l'on sait qu'ils ont voulu à plusieurs reprises l'assassiner !

Les séditieux espèrent, en tronquant l'histoire, faire retomber sur la religion catholique les excès auxquels les protestants se sont portés, et tous les maux qui s'en sont suivis. — « Les défenseurs du catholicisme, disent-ils, ont été intolérants, et ont arraché aux puissances des édits sanglants contre les hérétiques, » mais quelle était donc la *tolérance* des protestants? Il suffit, pour s'en rendre compte, de lire les ouvrages de Luther, de Calvin et des autres.

En 1520, *avant qu'il y eût aucun édit porté contre Luther*, cet hérésiarque publia son livre *De la Liberté chrétienne*, qui inspira la révolte des anabaptistes, nul au monde ne pourrait le nier. Il déclamait avec fureur contre tous les pouvoirs, contre tous les souverains ; il professait la doctrine révolutionnaire de la *liberté absolue*, de l'*indépendance individuelle, illimitée*, de la *souveraineté de l'individu*. Dans ce livre antisocial, il déclarait que le chrétien n'est soumis à *aucun homme* et à *aucune autorité*. N'était-ce pas déchaîner les plus mauvaises passions? En défendant contre lui la religion, l'autorité, les princes défendaient en même temps leurs trônes et la société, attaquée dans ses bases fondamentales.

— « Il faut *courir sus* au pape, aux rois et aux Césars qui prendront son parti. »

Voilà ce qu'il disait dans ses thèses, avant qu'on eût sévi contre aucun partisan des idées nouvelles.

Dans son *Traité du fisc commun*, il provoquait au pillage des églises, des monastères et des évêchés.

Ce ne fut qu'alors seulement qu'il fut mis au ban de l'empire (1521), non par le clergé, mais par les pouvoirs politiques.

— « L'Évangile a toujours causé du trouble, il faut du *sang* pour l'établir. »

Ce fut sa maxime, et cet esprit anima ceux de ses disciples qui vinrent prêcher en France.

Calvin n'était pas plus modéré. — « Il faut, dit-il, *exterminer* les zélés faquins qui s'opposent à l'établissement de la réforme; pareils *monstres* doivent être *étouffés*. »

N'est-ce pas le langage que tinrent plus tard les brigands de la Terreur, les *héros* républicains de 93? Et contre de tels hommes, la répression est-elle légitime et permise?

Doit-on discuter avec eux ou les combattre?

Souffrir de pareils scélérats dans un pays policé, est-ce possible?

Lorsque le premier édit parut en France (1534), les protestants avaient déjà mis le feu à l'Allemagne; en France même, ils avaient brisé de saintes images, profané les autels, répandu des libelles séditieux, recruté des soldats pour la guerre civile. Comme le répondit François Iᵉʳ aux princes protestants émus de ses rigueurs, il n'avait fait que se défendre, que punir des séditieux. Le clergé n'eut aucune part à l'édit de 1540, qui les proscrivait comme perturbateurs de l'État et du repos public.

Ne l'étaient-ils pas? Mais leurs écrivains sont convenus eux-mêmes que l'esprit dominant du calvinisme était de s'ériger en république. François Iᵉʳ devait-il se laisser surprendre, déborder et assassiner, comme plus tard Louis XVI?

Et ces protestants qui exigeaient que les catholiques les supportassent, ils n'ont, *nulle part* où ils furent les maîtres, souffert l'exercice de la religion catholique. En Suisse, en Allemagne, en Suède, en Angleterre, on se souvient encore de leurs violences, de leurs exclusions, de leurs persécutions, de leurs proscriptions, au mépris même de la foi des traités. En France, dans leurs villes dites de *sûreté*, ils n'ont jamais permis la liberté du culte catholique. Et de quelle autorité l'erreur exigerait-elle de la vérité les droits qu'elle lui refuse? Qui fut jamais plus intolérant que ces sectaires, qui répétaient sans cesse qu'*il ne faut pas tolérer les intolérants,* — leur plus agréable jeu de mots? Les auteurs protestants eux-mêmes avouent l'intolérance du parti.

Les prétendus réformateurs n'étaient point des hommes de paix; ce qu'ils prêchaient, c'était la révolte; ce qu'ils fomentaient, c'était le désordre; ce qu'ils allumaient, c'était l'incendie moral des âmes et l'incendie matériel des cités. Ils avaient fait aux gouvernements catholiques cette rude alternative de les exterminer ou d'être exterminés par eux.

Ils ne se contentaient pas d'attaquer l'Église romaine, ils troublaient le culte, injuriaient les prêtres, molestaient les catholiques. S'ils eussent été paisibles, le clergé n'eût point obtenu contre eux des édits impitoyables, les eût-il demandés. Mais ce n'était pas nécessaire. Les gouvernements sentaient bien tout seuls la nécessité de sévir contre eux.

Les protestants ne voulaient de la liberté que pour eux seuls, que pour confisquer à leur profit celle des autres ; c'est l'histoire de tous les révolutionnaires, fanatiques d'indépendance avant la victoire, fanatiques de despotisme après.

— « Mais le massacre de Vassy ! » s'écrient les protestants.

On répond : En supposant que ce fût un crime prémédité, c'était le fait de quelques gens, non de la royauté, non plus de l'Église ; ce n'était point un sujet légitime de prendre les armes et de fomenter la guerre civile. Mais cette guerre était déjà résolue par les calvinistes ; c'est pourquoi ils se soulevèrent, au lieu de porter plainte au roi et de demander justice. C'est par la force et les armes à la main qu'ils veulent obtenir des concessions.

Le clergé n'eut donc pas besoin d'exciter les catholiques contre les huguenots, la conduite de ceux-ci soufflait assez toute seule le feu de la discorde. S'il y eut fanastime et cruauté, ce fut chez eux.

Bayle, incrédule du XVIII⁰ siècle, dont nous aurons à parler, ne peut être suspect aux sceptiques et aux ennemis du catholicisme. Eh bien ! Bayle avoue que ce furent la licence, les excès, et les crimes des protestants qui appelèrent les répressions.

Il les montre, l'Évangile falsifié à la main, calomniant les vivants et les morts, enseignant la révolte contre l'autorité civile et politique, interpellant les rois pour les outrager, les sujets pour les entraîner à la violation de leur serment de fidélité, inconséquents comme tous les gens de mauvaise foi, comme tous les gens de parti, soufflant le froid et le chaud, ici prêchant contre le pape l'indépendance et les droits des souverains, là prêchant contre les souverains l'indépendance et les droits de la multitude, sapant partout les fondements de la tranquillité publique, brisant tous les freins. Bayle démontre en outre que les calvinistes d'Angleterre ont autant contribué au supplice de Charles Ier que les *indépendants*, que la doctrine qu'ils enseignent est *encore plus impure* que celle des païens; enfin, après leur avoir prouvé que ce sont eux les fanatiques et les intolérants, il soutient que ce sont eux qui ont forcé Louis XIV à la révocation de l'édit de Nantes, et il rappelle qu'en cela ce monarque n'a fait qu'imiter l'exemple des états protestants de Hollande, au mépris des traités qu'ils avaient faits avec les catholiques; et il se moque de leurs lamentations sur la prétendue persécution qu'ils subissent, eux les persécuteurs forcenés, et il leur déclare que « *leur conduite justifie pleinement la sévérité avec laquelle on les a traités en France.* »

Si Louis XIV mérite le nom de *Grand*, c'est surtout pour avoir révoqué *l'édit de Nantes*, funeste concession à l'erreur, au mal, à l'anarchie ; — car ce n'est certes pas pour sa moralité, si longtemps déplorable.

Je veux que les protestants qui, quoique tels, sont restés des hommes d'honneur, des hommes sincères, je veux qu'ils disent avec nous que la révocation de cet édit fut un acte éminemment *conservateur*. A cet effet, je prie les protestants de se placer au point de vue conservateur et monarchique, c'est-à-dire catholique, sous Louis XIV, et de dire si, étant monarchiques, conservateurs, catholiques, étant Louis XIV, ils n'auraient point fait la même chose! Et je n'ai pas besoin que les protestants me répondent par un *oui* qui leur coûte! Leurs actes, leurs propres actes répondent pour eux. En effet, partout où une secte protestante a été victorieuse, elle a proscrit les autres sectes ; à plus forte raison, le catholicisme, qui est la vraie vérité, la seule vérité, a-t-il le droit de proscrire toutes les sectes possibles ; — devoir qui incombe à tout prince catholique, à tout gouvernement catholique.

XXIV

Du reste, nous n'avons qu'à regarder la conduite des sectes socialistes qui affligent l'Europe à cette heure ; elle est la même que celle des protestants à cette époque ; leurs principes sont également les mêmes. Or, personne de sensé ne niera le droit qu'a la société de se défendre contre les socialistes, et de repousser la force par la force.

XXV

Il nous reste à assister aux nouveaux combats du protestantisme contre l'orthodoxie ; à examiner si le protestantisme est véritablement le *progrès*, comme il s'en vante ; à le montrer tombant dans le rationalisme, enfantant la philosophie sceptique du XVIII° siècle, la littérature corrompue, la Révolution française, le jacobinisme et le socialisme, et aboutissant enfin à l'indifférence religieuse, son dernier terme, plaie vive qui saigne au flanc du XIX° siècle.

LIVRE XVII

Les sociétés secrètes : les francs-maçons, les illuminés. — Le protestantisme et la philosophie, le jacobinisme et le socialisme. — Conclusion.

I

L'esprit philosophique avait donc prévalu dans une partie de l'Europe, et surtout en France, vers le milieu du siècle dernier.

Il triompha, avec l'aide des sociétés secrètes, des francs-maçons et des illuminés.

Les sociétés secrètes prétendent avoir pour but d'*affranchir l'homme*, de le rendre *libre*, et elles commencent par le courber sous le plus dur des esclavages. L'affilié ne s'appartient plus ; il est soumis à la tyrannie mystérieuse, terrible, inconnue, irresponsable d'un comité dirigeant, qui lui met le poignard à la main, et lui dit : « *Frappe !* »

Et le malheureux, lié par un serment exécrable,
doit obéir s'il ne veut être lui-même immolé par un
frère moins timoré.

Le membre d'une société secrète n'a plus d'indivi-
dualité; il n'a plus de patrie, il n'a plus de liberté,
il n'a plus de religion, il n'a plus de famille! Il a
tout sacrifié, tout donné, tout abandonné, tout re-
nié! Il n'est plus que l'esclave, criminel s'il obéit,
égorgé s'il résiste, de tyrans dont il ne connaît pas
même le nom, dont il ignore les desseins. C'est au
moment où on le proclame *libre*, affranchi des *préjugés* de la sagesse, de l'honnêteté, de la religion, de
tout ce qui honore et élève l'homme, qu'on le gar-
rotte avec les plus lourdes chaînes!...

Comment l'Église aurait-elle vu, sans s'émouvoir,
ces menées criminelles? Comment aurait-elle souffert, sans les flétrir, ces réunions clandestines? L'influence qu'elles pouvaient exercer sur le monde était
trop fatale pour que les Souverains-Pontifes ne les
frappassent pas d'anathèmes.

C'est ce qui eut lieu.

Ces sociétés, où des hommes, dans un but de carnage, de révolte, de mort, se liaient par de redoutables serments, n'avaient d'ailleurs jamais été encou-
ragées que par des princes ennemis de l'Église.

Cette agrégation au crime; ces passions, entretennes vivaces, pour faire, à un jour donné, irruption sur le corps social ; cette pensée de destruction, partout la même, ne différant jamais quant au but et rarement quant aux moyens ; — tout cela tendait, par l'esclavage de l'homme, à l'asservissement de l'Église. Ce fut donc au nom de la liberté que l'Église lança son anathème contre ce serpent qui se couchait sur le sein de la société catholique pour lui dévorer le cœur.

II

Le mouvement insurrectionnel qui éclata en France en 1789, et qui, après s'être souvent produit depuis par des actes d'athéïsme et de brigandage, menaça de faire une explosion suprême en 1852, avait été longuement préparé, bien avant la Révolution française, par les sociétés secrètes.

Il ne faut donc pas chercher les causes de cette révolution dans l'embarras momentané de nos finances, dans une grande impatience de liberté, mais bien dans l'esprit de révolte contre le principe d'autorité qui rongeait la société depuis de longues années.

Le XVIIIᵉ siècle fut une conspiration permanente

de la philosophie contre le catholicisme et, bientôt après, contre tous les gouvernements de l'Europe.

A cette époque déjà, les conjurés abusaient des mots de *liberté*, d'*égalité*, de *fraternité*, d'*humanité*, de *progrès*, de *réforme*, de *rénovation sociale*, etc.

Cette conjuration philosophique contre l'Église catholique et contre la royauté; cette conspiration, dont les dernières frénésies s'appellent *socialisme*, eut d'abord pour chefs Voltaire, Diderot, d'Alembert et Frédéric II.

Tous les autres philosophes de cette époque se sont montrés les agents de cette conjuration déplorable. Leur mot d'ordre était : — *écraser l'infâme!*

L'infâme, c'était le christianisme. Pour mieux attaquer l'Église, on s'acharna après les jésuites; on demanda l'extinction de cet ordre sacré, qui avait rendu à la religion et à l'humanité tant de services méconnus.

La secte des philosophes était une société secrète :

— « Je vous recommande le SECRET, » écrivait Voltaire à d'Alembert, à la date du 1er mai 1768; *« il faut agir en conjurés et non pas en zélés. Les mystères de Mithra ne doivent point être divulgués; il faut qu'il y ait cent mains invisibles qui percent le monstre*, et qu'il tombe sous mille coups redoublés. »

Le monstre, c'est la religion de Jésus-Christ.

La conspiration qui avait pour but, de l'aveu de Voltaire, de *précipiter tous les jésuites au fond des mers avec un janséniste au cou*, et, de l'aveu de ses continuateurs, d'y jeter également les prêtres et les rois, comptait parmi ses adeptes un grand nombre d'hommes de lettres, des économistes, des princes, des grands de la terre, des souverains dont les passions ne s'accommodaient pas du joug de l'Église.

Les ministres de Louis XV et ceux de l'infortuné Louis XVI étaient, pour la plupart, des ambitieux hypocrites, traîtres à la religion et parjures au roi.

Dans son ouvrage si remarquable sur le jacobinisme, M. l'abbé Barruel s'exprime ainsi :

« Turgot fut le premier qui porta au ministère le double esprit de cette révolution à la fois antichrétienne et antimonarchique. Choiseul et Malesherbes furent aussi impies que Turgot; et le premier surtout fut peut-être plus méchant; mais il n'avait pas encore existé de ministres assez sots pour chercher à détruire, dans l'esprit du roi lui-même, les principes de l'autorité qu'ils en recevaient. »

Tous ces hommes qui se préparaient à donner un assaut à l'ordre social, ne voyaient pas, pour la plupart, combien atroces seraient les conséquences de leur système.

Ils ne voyaient pas que la logique rigoureuse de la destruction du catholicisme était la destruction des gouvernements.

Effectivement, l'homme qui n'accepte pas la domination de Dieu, répudie avec bien plus d'emportement encore celle de ses semblables. C'est pourquoi le trône et l'autel sont solidaires. — Quand l'un disparaît, l'autre s'écroule. — Ils s'étayent mutuellement. Les rois philosophes, les princes révolutionnaires, doivent s'attendre à être renversés par des hommes qu'ils ont eus pour complices dans leurs velléités imprudentes de libéralisme et de philosophisme.

Toutes les fois que le principe de l'autorité religieuse a été attaqué, le principe de l'autorité humaine s'est, par cela seul, trouvé en péril. Il en est de même des bases de la société; quand la religion est méconnue, la famille et la propriété sont à la veille d'être détruites.

Les principes dissolvants de la philosophie ne tardèrent pas à trouver dans les sociétés secrètes un moyen puissant d'action.

Alors florissait déjà la franc-maçonnerie, association immorale et antireligieuse, qui fut condamnée par l'Église et qui devait l'être.

La franc-maçonnerie fut le moyen révolutionnaire

le plus actif employé par les ennemis du trône et de l'autel.

La maçonnerie, qui semble être constituée pour exercer la bienfaisance, n'est, en réalité, qu'une réunion de dupes et de malfaiteurs. Les dupes sont ceux qui n'ont que de petits grades, les grades inférieurs; les malfaiteurs sont ceux qui ont les grades plus élevés, les grades pour l'agrégation desquels il faut se dépouiller de tout sentiment chrétien.

Si la franc-maçonnerie était tout simplement une institution de charité, s'entourerait-elle de mystères dont l'immoralité égale la niaiserie ? Est-il besoin, quand on ne veut s'associer que pour le bien, d'ôter à l'homme son libre arbitre et de le lier par des serments dont il ne doit pas révéler le mystère?

Pourquoi ces formules secrètes, pourquoi ces cérémonies ténébreuses?

Le secret de la maçonnerie se trouve dans ces deux mots : *liberté, égalité;* égalité absolue, liberté sans limites.

L'école républicaine et socialiste, issue de la franc-maçonnerie, ajouta ce mot : *fraternité,* afin de mieux capter la confiance des masses.

Mensonge et duplicité ! En dehors du catholicisme il n'y a pas de fraternité. La *fraternité révolutionnaire* est un mensonge odieux, une mystification ;

c'est un dogme de haine, d'oppression et d'obscuran- tisme. Les *frères* de la démocratie sont les ennemis les oppresseurs, les Caïns de leurs compatriotes et même les uns des autres. Sous la première répu- blique, en 1793, la France a subi la fraternité révo- lutionnaire. Sous la seconde république, en 1848, la France a pu juger encore les mérites de cette frater- nité. C'est en son nom que la guerre civile a relevé sa bannière sanglante. Tandis que les mots de *liberté*, d'*égalité*, de *fraternité*, étaient barbouillés sur nos monuments publics et sur les murs de nos cités, le désir de l'oppression, l'envie, la cupidité et la haine étaient dans les cœurs de ceux qui avaient étalé cette pompeuse formule. Ces passions éclataient dans toute leur hideuse nudité.

A ne s'y pas méprendre, c'est l'esprit de la franc-maçonnerie qui a engendré l'*idée révolution- naire*.

Il est facile de le démontrer. Pour être reçu ma- çon, il faut d'abord s'engager à garder le plus profond silence sur ces mots : *liberté, égalité*. Les *apprentis* et les *compagnons* peuvent ne pas comprendre dans quelle voie ils s'engagent et quelle signification ter- rible ont ces deux mots pour ceux qui occupent les grades élevés auxquels ils ne sont pas initiés ; mais il n'en saurait être ainsi pour celui qui est reçu au gradé de *maître*. Celui-là devrait soupçonner, d'après les formules mêmes employées pour le recevoir, formules qui sont un encouragement à la férocité et à l'assassinat, qu'une pensée criminelle de destruction contre l'ordre social se cache au fond de cette association.

On fait pénétrer l'initié dans une loge tendue de noir. Au milieu de la salle funèbre s'élève un sarcophage couvert d'un drap mortuaire, autour duquel les *frères* se tiennent réunis, les uns dans l'attitude ridicule d'une douleur simulée, les autres dans l'attitude également ridicule, mais plus blâmable, de la vengeance.

Pourquoi cette comédie étrange et qui tient du blasphème? Pourquoi cette atroce pensée, cette pensée impie de vengeance qui se dresse sur le seuil de la loge? Ne devrait-elle pas être considérée par l'honnête homme comme un avertissement pour sa conscience? Le chrétien ne devrait-il pas s'arrêter dès ce debut, qui n'offre rien de suave à son cœur, rien d'honnête à son âme, rien de rassurant pour un esprit droit?

Mais ce qui suit est bien mieux fait encore pour l'éclairer. Dès que l'adepte est entré, on exige de lui le serment de garder un secret *dont l'objet lui est inconnu*. Pendant ce temps, les frères se livrent aux plus pitoyables singeries, aux cérémonies les plus burlesques.

Le président de la loge, qui prend modestement le titre de *vénérable*, demande à l'aspirant : « Êtes-vous disposé, *mon frère*, à exécuter tous les ordres du grand maître de la franc-maçonnerie, quand même vous recevriez des ordres contraires de la part d'un roi, d'un empereur, ou de quelque autre souverain que ce soit ? »

Remarquez que cette condition d'obéissance passive est exigée par toutes les sociétés secrètes.

Est-ce qu'un honnête homme peut répondre *oui* à une pareille question ? Or, s'il arrivait à un aspirant de répondre *non*, il serait immédiatement menacé d'être égorgé, comme traître, par ces honnêtes *philanthropes*. Quand il répond *oui*, on lui dit que le secret de la franc-maçonnerie consiste en ces mots : « *égalité et liberté ; tous les hommes sont égaux et libres ; tous les hommes sont frères.* »

Ensuite le *vénérable* lui montre les *frères* armés de glaives et lui déclare que, s'il trahit la franc-maçonnerie, il n'échappera pas à la vengeance des *frères*. Après quoi le *vénérable* embrasse le *frère égal et libre*.

Il est évident que, si les maçons voulaient seulement la liberté dont tout citoyen peut jouir sous l'empire des lois; si, par *égalité et fraternité*, ils entendaient

II.   19 que les hommes, étant tous les enfants d'un père commun, doivent s'entr'aider et s'aimer comme des frères, il ne serait pas nécessaire de se livrer à toutes ces extravagances ; tout cela est dans l'Évangile, qui se prêche et peut se pratiquer publiquement. Mais c'est que, pour les maçons des grades supérieurs, ces mots ont une tout autre signification ; ils les expliquent d'une façon jacobine, dans le *sens révolutionnaire*. Tout, dans la société secrète universelle, appelée la franc-maçonnerie, tout est une protestation contre le christianisme.

La maçonnerie a un catéchisme à elle, qui n'est pas celui de l'Église. Les maçons s'engagent à initier des adeptes à la *lumière*, à délivrer les profanes, c'est-à-dire ceux qui ne sont pas maçons, des ténèbres dans lesquelles ils sont plongés. Il est donc, pour les maçons, une autre morale, une autre foi, une autre doctrine que celle de Jésus-Christ ! l'Évangile n'est donc pour eux qu'erreur, mensonge et ténèbres !

De plus, l'ère maçonnique n'est point la même que l'ère chrétienne. Les maçons font dater leur *année de lumière* des premiers jours du monde. Ils prétendent donc que leur lumière, leur morale, leur science religieuse est contraire à la révélation évangélique, et même aux prophètes !

Ils déchirent ainsi la Bible et le Nouveau Testament.

Chaque loge est un temple dans lequel on admet indistinctement les juifs, les musulmans, les protestants, les athées. Cette tolérance n'est rien autre que l'indifférence en matière religieuse. C'est le premier pas vers l'athéisme.

Si la science des maçons était une science de vertu et d'amour, conforme aux prescriptions du christianisme, ils n'auraient pas besoin de se réunir en sociétés secrètes. On ne se cache que pour faire le mal, que pour se mettre en opposition avec les lois religieuses et civiles. Qu'on juge s'il est besoin de se livrer à de semblables cérémonies quand on a les intentions pures de la fraternité, quand on n'est dévoré que par les saintes ardeurs de la charité !

Après que le *frère égal et libre* a reçu l'accolade du *vénérable*, voici comment on procède pour le recevoir *maître*. Le *vénérable* le fait approcher du sarcophage huché sur cinq gradins et lui raconte l'anecdote suivante, durant laquelle les *frères* conservent toujours les attitudes douloureuses et vengeresses que vous savez :

« Adoniram, choisi par Salomon, présidait au paiement des ouvriers qui bâtissaient le temple. Ces ouvriers étaient au nombre de trois mille. Pour donner à chacun le salaire qui lui convenait, Adoniram les divisa en trois classes, apprentis : compagnons et maîtres.

« Il donna à chacun son mot de guet, ses signes propres et la manière dont les ouvriers devaient se toucher pour être reconnus. Chaque classe devait tenir son signe et son mot extrêmement secrets. Trois compagnons, voulant se procurer la parole et par là le salaire des maîtres, se cachèrent dans le temple, et se portèrent ensuite chacun à une porte différente.

« Au moment où Adoniram avait coutume de fermer le temple, le premier compagnon qu'il rencontre lui demande la *parole de maître*. Adoniram refuse et reçoit sur la tête un coup de bâton. Il veut fuir par une autre porte : même rencontre, même demande et même traitement. A la troisième porte enfin, le troisième compagnon le tue pour le même refus de trahir sa parole de maître. Ses assassins l'enterrent sous un tas de pierres, au-dessus duquel ils placent une branche d'acacia, pour reconnaître l'endroit où ils ont mis le cadavre.

« L'absence d'Adoniram désespère Salomon et les maîtres. On le cherche partout ; enfin un des maîtres découvre son cadavre et le prend par un doigt, qui se détache de la main ; il le prend par le poignet, qui se détache bras, et le maître, dans son étonnement, s'écrie : *Mac benac*, ce qui signifie, parmi les maçons, *la chair quitte les os.*

« Dans la crainte qu'Adoniram n'eût révélé leur mot du guet, appelé la *parole*, tous les maîtres convinrent de le changer et d'y substituer ces mots : *mac benac*, mots *vénérables*, que les francs-maçons n'osent prononcer hors des loges, et dont alors même chacun ne prononce qu'une syllabe, laissant à son voisin le soin d'achever le mot. »

Après ce conte pitoyable, l'adepte apprend que l'objet de son grade est de chercher la parole perdue et de venger la mort d'Adoniram, ce martyr du secret maçonnique.

Ces jeux ridicules dégoûtent un grand nombre de maçons, qui préfèrent en rester là. Mais ceux qui persévèrent sont appelés à juger encore bien mieux combien, au fond de ces puérilités, il y a une pensée sérieusement criminelle.

Les cérémonies pour le grade d'*élu* ne laissent aucun doute à cet égard.

En acceptant ce grade, on s'engage : 1° à venger Adoniram, qui dès lors est nommé *Hiram* ; 2° à rechercher la *parole perdue* et la doctrine *sacrée* qu'elle exprimait.

Dans une salle éclairée à la façon des scènes où se jouent les mélodrames, les *frères* sont réunis, portant au côté gauche un plastron sur lequel on fait une tête

de mort, un os et un poignard, avec cette devise :
Vaincre ou mourir, reproduite sur un cordon qu'ils
portent en santoir. L'initié a les mains couvertes de
gants ensanglantés et a un bandeau sur les yeux. Un
frère, le poignard levé, le menace de l'égorger s'il ne
promet de venger la mort du père des maçons.

Quand on lui rend la lumière, il se trouve devant
une caverne sombre dans laquelle il doit entrer. On
lui crie : « Frappez ! vengez *Hiram !* c'est à ce prix que
vous serez *élu*. Frappez ! voilà l'assassin du maître ! »

L'aspirant est devant un fantôme, il lui plonge un
poignard dans la poitrine, le sang coule...

— « Coupez-lui la tête ! » s'écrient les *frères*. Il obéit,
il saisit par les cheveux la tête du cadavre et la montre
triomphalement à chaque *frère*. Ce cadavre est un
mannequin entouré de boyaux remplis de sang.

Qu'on le dise, quel rapport cette scène de carnage
a-t-elle avec la charité dont les maçons prétendent
avoir le monopole ?

— « J'ai demandé à plusieurs maçons, dit M. l'abbé
Barruel, si cet apprentissage de férocité ne leur faisait
pas au moins soupçonner que la tête à couper était
celle des rois, ils m'ont avoué *ne l'avoir reconnu que
lorsque la Révolution était venue leur apprendre à ne
pas en douter*. »

Voilà pour la partie politique du grade de *maître*.

La partie religieuse est tout aussi infâme, et démontre, sans contestation possible, que la franc-maçonnerie a pour but l'abolition de la religion catholique. La cérémonie appelée du *sacrifice*, dans laquelle
les *frères* sont tous couverts des vêtements sacerdo-
taux, rétablit, selon eux, *l'égalité religieuse*. Tous
les hommes, d'après les maçons, sont également
prêtres; la *religion de la nature* est la seule vraie;
Moïse et Notre-Seigneur Jésus-Christ ont *violé* les
droits naturels de la liberté et de *l'égalité* avec leur
distinction de prêtres et de laïques.

Ces enseignements sont assez positifs.

— « Il a fallu encore, dit M. l'abbé Barruel, il a fallu
encore la Révolution à bien des adeptes, pour confesser qu'ils avaient été dupes de cette impiété, comme
de cet essai de régicide dans leur grade d'*élu*. »

Avant la Révolution, la plupart des maçons admis
à ce grade ne se préoccupaient pas de sa signification;
ils regardaient toutes ces cérémonies mystérieuses
comme de vieilles coutumes sans importance, et ils ne
se donnaient pas la peine de chercher le sens vrai de ces
secrets. A beaucoup, ces épreuves semblent tellement
répugnantes qu'ils restent dans les grades inférieurs.

Mais il est impossible qu'un homme admis dans
les hauts grades puisse conserver la moindre illusion
sur le but de la maçonnerie par rapport à l'abolition

de l'*idée religieuse* dans le monde. En effet, pour le grade du *chevalier du soleil*, grade purement philosophique, et qui ne date que du XVIIIᵉ siècle, époque de l'Encyclopédie, le *frère Vérité* s'exprime ainsi en s'adressant au nouvel adepte : « Si vous me demandez quelles sont les qualités qu'un maçon doit avoir pour arriver au centre du vrai bien, je vous répondrai que, pour y arriver, il faut avoir écrasé la tête du serpent de l'ignorance mondaine; *avoir secoué le joug des préjugés de l'enfance concernant les mystères de la religion dominante du pays où l'on est né*. Tout culte religieux n'a été inventé que par l'espoir de commander et d'occuper le premier rang parmi les hommes, que par une paresse qui engendre, par une fausse pitié, la cupidité d'acquérir les biens d'autrui; enfin, que par la gourmandise, fille de l'hypocrisie, qui met tout en usage pour contenir les sens charnels de ceux qui les possèdent, et qui lui offrent sans cesse, sur un autel dressé dans leurs cœurs, des holocaustes que la volupté, la luxure et le parjure leur ont procurés. Voilà, mon cher frère, tout ce qu'il faut savoir combattre; voilà le monstre sous la figure du serpent à exterminer. C'est la peinture fidèle de ce que *l'imbécile vulgaire adore sous le nom de religion !* »

Ce texte est formel; il n'y a point à s'y méprendre;

le secret est révélé dans tout son athéisme, dans toute son horreur.

Le *frère Vérité* ajoute que « *le rit monacal et religieux est une hydre à cent têtes qui trompa et trompe encore continuellement les hommes qui sont soumis à son empire, et les trompera jusqu'au moment où les vrais élus paraîtront pour la combattre et la détruire entièrement.* »

Ces preuves de la conspiration des maçons contre la religion suffisent pour éclairer les peuples. Il en est d'autres non moins curieuses.

Pour être initié dans les hauts grades de la franc-maçonnerie, il faut que l'homme se dépouille de tous ses sentiments religieux. On lui dit qu'il a vécu jusqu'alors dans la servitude ; aussi, pour être admis à l'honneur insigne d'être *chevalier de Saint-André*, on lui passe au cou une corde à quatre nœuds, on le plonge dans un cachot où il doit méditer sur son esclavage, et apprendre à apprécier la *liberté*.

La *liberté* pour les sociétés secrètes, c'est la révolte de l'homme contre Dieu.

Pour les *chevaliers de la Rose-Croix*, Notre-Seigneur Jésus-Christ est un *imposteur*.

Ainsi, plus on monte en grade dans la maçonnerie, et plus le blasphème augmente, plus le voile tombe, plus le but révolutionnaire s'affirme.

La mot de guet des *chevaliers de Rose-Croix* est *Inri*. Ils se déclarent les *ennemis personnels* de Jésus et du christianisme.

Dans le grade de *kadosch*, ou *l'homme régénéré*, l'assassin d'*Adoniram* devient le *roi*. Il faut le tuer pour venger l'ordre des maçons, successeurs des Templiers. Il faut venger le grand maître Molay. Il faut détruire la religion de Jésus-Christ et son culte, fondé sur la révélation. Il faut renouveler la *parole*, c'est-a-dire la *liberté*, *l'égalité*, ayant pour but de détruire toute royauté et tout culte.

Ainsi, le but de la maçonnerie est franchement avoué : plus de royauté, plus de religion !

Les sociétés secrètes modernes, issues de la franc-maçonnerie, n'ont donc fait que continuer son œuvre révolutionnaire de destruction ; de même que les maçons ont continué les Templiers.

Templiers, maçons, jacobins, tous ont le même esprit, tous sont animés des mêmes intentions : haine de l'Église et haine des rois. Qu'on rapproche leurs dogmes, leurs mystères, leurs symboles, leur langage ; les hérésies des Templiers se retrouvent dans les maçons et dans les jacobins. Ils se distinguent par la même haine pour le Christ, par leurs serments de révolte contre tout pouvoir spirituel et temporel.

Ces sectes appartiennent à la grande école révolutionnaire, qui protesta toujours contre la religion et la sociét'.

Cette école a souvent changé de nom, mais, au fond, la doctrine est la même.

La tradition révolutionnaire remonte aux premiers siècles; bien plus, la tradition socialiste remonte au paganisme. Lacédémone et l'île de Crète vécurent sous cette législation honteuse, et c'est pourquoi ces pays tombèrent dans la décadence. Encore le communisme n'y put-il vivre qu'à l'aide de l'esclavage. Lycurgue, tant admiré par les universitaires, était un terroriste. Les Spartiates, grâce au socialisme, devinrent des barbares, des brigands.

Minos, cet autre prétendu sage, établit la même tyrannie en Crète. Il proclamait, bien avant les jacobins, que *l'insurrection est le plus saint des devoirs.*

Lycurgue et Minos avaient ces idées, qui plus tard ont inspiré le traité de la *République* de Platon, livre odieux, dans lequel la doctrine du communisme est exposée dans toute son horreur. Le livre des *Lois* de Platon, qui vient après le traité de la *République*, est dirigé également contre la famille et la propriété, surtout contre cette dernière.

. L'œuvre de destruction fut continuée par Luther, par Calvin, par Storck et Münzer.

L'anabaptisme n'est qu'une conséquence du protestantisme. Et, le principe de la révolte une fois admis, il n'est pas de folies auxquelles on ne puisse atteindre.

Il faut lire l'histoire lamentable de ces luttes de sectaires contre l'ordre social. Le chef de l'anabaptisme, Münzer, est un type dont Marat, Babeuf, Blanqui et Mazzini ont été les fidèles reproductions.

Ce qu'il veut, c'est le triomphe de la révolution, afin d'être maître absolu, *imperator*, roi de la canaille.

Après Münzer, nous trouvons Luther et Gabriel Scherding, disciples de Storck, puis Jean de Leyde et tant d'autres.

Que veulent-ils? Toujours la même chose : tuer l'Église catholique, confisquer la liberté individuelle et la propriété, abolir la famille. Pas un seul de tous les réformateurs ne varie dans ses attaques; ils n'ont tous qu'un même but.

Tels furent, dans le monde moral et dans le monde matériel, le résultat de l'*idée révolutionnaire*, dont le protestantisme fut l'une des phases les plus désastreuses.

Logiquement, le protestantisme conduit l'humanité à la révolte contre toute espèce d'autorité, à l'anarchie et à la misère, au communisme et au désespoir. Nous l'avons maintes fois prouvé et sans réplique.

Les philosophes des XVIe, XVIIe et XVIIIe siècles continuent l'œuvre de démolition commenccée par les protestants de toute secte. A qui en veulent-ils?

Thomas Morus, Campanella, Morelli, Mably, Brissot, à la propriété; toute l'école encyclopédique, à la religion; Campanella, Morelli, Diderot, Brissot de Warville, à la famille.

Tous ces ravageurs se jettent avec ardeur dans la franc-maçonnerie, cette forteresse de la révolution, où l'on jure haine à la religion et à la royauté; où l'on fait le serment d'*étrangler le dernier des rois avec les boyaux du dernier des prêtres !*

Dans les papiers trouvés chez ce bon monsieur de Robespierre, on remarque les vers suivants de l'apostat dom Gerles, qui, comme maçon, les adressait à la *Vérité :*

> Ni culte, ni prêtre, ni roi :
> Car la nouvelle Ève, c'est toi.

Ni culte, ni prêtre, ni roi, c'est la pensée bien suivie de l'*idée révolutionnaire* à travers les âges.

Au XVIII⁰ siècle, tous les ennemis de l'Église et de la société se réunirent pour conspirer dans les loges maçonniques. Cette société secrète avait une influence formidable, une organisation complète.

Le grand Orient était la loge directrice. De son sein émanaient tous les ordres pour les *vénérables,* ou présidents de chaque loge.

Les cotisations étaient très-abondantes et permettaient d'envoyer par toute l'Europe des commis-voyageurs de la révolution, prêchant l'insurrection.

Généralisée par Sieyès et Condorcet, l'action de la maçonnerie devint une puissance redoutable pour le repos public. Ces deux philosophes avaient organisé une propagande active pour jacobiniser, non-seulement les loges françaises, mais encore celles de l'étranger.

Aux philosophes et aux maçons vinrent se joindre les *illuminés*.

La société des *illuminés* était une réunion d'athées frénétiques, de communistes-matérialistes; comme nos modernes niveleurs démocrates, ils voulaient l'anéantissement de la religion, de la famille et de la propriété; ils voulaient l'abolition de l'idée même de gouvernement, c'est-à-dire l'anarchie.

C'est le système plus particulièrement préconisé de nos jours par M. Proudhon, qui se fait gloire d'être, lui aussi, *l'ennemi personnel* de Dieu, de la propriété et du principe d'autorité.

Ces conspirateurs s'appelaient eux-mêmes *illuminés de l'athéisme*, afin qu'on ne pût pas se tromper sur leurs doctrines.

Ils s'intitulaient *impies, anarchistes, conspirateurs contre toute religion, contre tout gouvernement, contre*

toute société civile, et contre toute propriété quel-
conque.

Le nom d'illuminés choisi par ces sectaires avait été commun à plusieurs autres désorganisateurs. C'était, entre autres, celui de Manès et de ses disciples.

L'ordre des illuminés de Weishaupt, l'un des chefs de la franc-maçonnerie, avait des loges en Bavière, en Autriche, en Italie, dans le Tyrol, en Hollande, dans la Souabe. Les principaux meneurs de l'illuminisme étaient Xavier Zwach, dit *Caton;* Hertel, prêtre apostat, dit *Marius;* Baader, dit *Celse;* Berger, professeur à Munich, dit *Scipion;* Troponero, marchand hambourgeois, dit *Coriolan;* le baron de Bastus, dit *Annibal;* le marquis de Constanga, dit *Diomède;* Micht, dit *Solon;* le baron de Schrœckenstein, dit *Mahomet;* Hoheineicher, conseiller allemand, dit *Alcibiade;* puis un certain *Germanicus,* dont on ne sait pas le véritable nom.

L'illuminisme s'empara insensiblement des loges maçonniques, dans lesquelles il trouva de puissants auxiliaires et beaucoup d'argent pour entretenir la propagande.

L'illuminisme ne tarda pas à gangrener toute l'Europe.

Frappés d'aveuglement, les gouvernements laissaient faire les sectaires qui complotaient contre leur existence.

L'électeur de Bavière seul interdit les sociétés secrètes. (Décret du 22 juin 1784.) La justice du pays fut saisie de l'affaire, mais Weishaupt et les principaux meneurs s'étaient enfuis. Les moyens et le but de la société furent révélés ; mais, contre une coopération qui s'étendait sur toute l'Europe, la Bavière était impuissante.

Dans les dispositions qui furent faites par le conseiller aulique Utzschneider, par le prêtre Cosandey, et par l'académicien Grünberger, à la date du 9 septembre 1785, on lit :

« Chez les illuminés, l'objet des premiers grades est tout à fait de former leurs jeunes gens, et d'être instruits, à force d'espionnage, de tout ce qui se passe. Les supérieurs cherchent à obtenir de leurs inférieurs des actes diplomatiques, des documents, des titres originaux. Ils les voient toujours avec plaisir se livrer à toutes sortes de trahisons, partie pour profiter eux-mêmes des secrets trahis, partie pour tenir ensuite les traîtres mêmes dans une crainte continuelle en les menaçant de découvrir leurs trahisons s'ils venaient à se montrer revêches. »

Les illuminés de ces premiers grades sont élevés d'après les principes suivants :

« 1° L'illuminé qui veut arriver au plus haut grade doit être libre de toute religion ;

« 2° Le suicide est ordonné quand la vie devient pesante et difficile ;

« 3° Le but sanctifie les moyens, le bien de l'ordre justifie les calomnies, les empoisonnements, les meurtres, les parjures, les trahisons, les rébellions ; bref, tout ce que les *préjugés* des hommes qualifient de *crimes ;*

« 4° Il faut être plus soumis aux supérieurs de l'illuminisme qu'aux souverains et aux magistrats qui gouvernent les peuples. Il faut sacrifier au supérieur *honneur, fortune, vie.*

« Les gouverneurs des peuples sont des députés, lorsqu'ils ne sont pas dirigés par nous ; ils n'ont aucun droit sur nous, hommes libres.

« Il faut aussi que les souverains passent par les grades inférieurs de l'ordre ; ils ne peuvent être promus aux plus hauts que lorsqu'ils ont bien saisi les bons desseins de l'ordre, dont tout le but est de délivrer les peuples de l'esclavage des *princes*, de la *noblesse* et du *clergé*, d'établir l'*égalité* des conditions, des religions, de rendre les hommes libres et heureux. » N'est-ce pas là le code du crime et de l'esclavage ? du crime le plus cynique, de l'esclavage le plus complet ? Accepter un semblable joug, c'est le comble de la dégradation; c'est se plonger dans l'abjection. Ces malheureux se proclament libres !

En lisant ces théories froidement conçues, mûries, exposées, on se demande où peut s'arrêter la scélératesse du parti révolutionnaire.

Les horreurs commises en 1793 ne furent, on le voit, que l'application des doctrines des sociétés secrètes. Il a fallu les saturnales de cette époque pour qu'on fût bien persuadé que la maçonnerie et l'illuminisme n'étaient point des jeux d'enfant, et pour que ces complots abominables ne fussent plus considérés comme des chimères.

La cour de Bavière, avec une vigilance qui l'honore, avait envoyé à toutes les puissances de l'Europe un exemplaire imprimé de toutes les pièces relatives à la conjuration, mais les gouvernements, négligeants de leurs devoirs, indifférents aux soins de leur propre conservation et du repos des peuples, n'attachèrent pas à ces documents l'importance que méritait leur criminalité. D'ailleurs, par un aveuglement à peine croyable, un grand nombre de monarques, de princes, de grands de la terre, marchant à leur propre suicide, étaient affiliés à la société !

Et pourtant l'illuminisme ne dissimulait pas son but exécrable : — ni Dieu, ni gouvernement, ni propriété !

Les illuminés proclamaient l'état sauvage, l'état de barbarie, comme le seul dans lequel les hommes pussent être vraiment libres. Ils proscrivaient les sciences et les arts. Ils voulaient *« subjuguer et étouffer tout citoyen zélé pour la religion, pour le maintien des lois de la société et des propriétés; »* ils avouaient *« vouloir l'anarchie, la communauté des femmes, et être possédés de la rage de la dévastation. »*

Dieu s'était retiré de ces hommes, et la pauvre France, affaiblie par les dissensions intestines, ne pouvait offrir de résistance à leurs ravages.

Spartacus Weishaupt était le chef suprême de cette société qui, partout, déclarait ne vouloir aucun chef et proclamait la souveraineté de l'individu.

Les autres chefs de l'illuminisme s'exprimaient ainsi en s'adressant aux adeptes : « Cette société qui vous a conduit avec tant d'art, de mystères en mystères ; qui a tant de soins à déraciner de votre cœur tous les principes de la religion, tous ces faux sentiments d'amour national, d'amour de la patrie, d'amour de la famille, toutes ces prétentions de la propriété et de droits exclusifs à des richesses, à des fruits de la terre ; cette société qui a tant travaillé à vous montrer le despotisme et la tyrannie dans tout ce que vous appelez lois des empires ; cette société qui vous déclare libres et vous apprend qu'il n'est pour vous d'autre souverain que vous-même, d'autres droits près des autres que ceux d'une parfaite *égalité*, d'une *liberté* absolue et d'une entière indépendance; cette société n'est pas l'ouvrage de la superstitieuse et ignorante antiquité; elle est celui de la philosophie moderne; elle est le nôtre. »

Les illuminés disaient encore : « Les sauvages sont au *suprême* degré les plus *éclairés* des hommes et les plus libres.

Les grands prêtres de la conjuration donnaient à leurs émissaires les instructions suivantes : «*Éclairez les nations*, c'est-à-dire, ôtez à tous les peuples tout ce que nous appelons préjugés religieux et préjugés politiques; emparez-vous de l'opinion publique, et sous cet empire, vous verrez s'écrouler tout celui des constitutions qui gouvernent le monde.»

Ils ajoutaient ce mot qui dit toute la barbarie de leurs projets : « Il faut *vandaliser l'univers.* »

C'était l'anarchie universelle. Pour en arriver là, les membres des sociétés secrètes ont de tout temps cherché à pervertir les peuples, à les opprimer, à les détacher de la religion et des lois morales qui font leur repos et leur bonheur.

Weishaupt et Philon Kingge agrégèrent les maçons de France à l'illuminisme.

L'illuminisme n'eut point de peine à se greffer sur

la franc-maçonnerie. Les illuminés ne tardèrent pas à recruter des adeptes importants, entre autres, Mirabeau, Talleyrand et le duc d'Orléans, premier prince du sang !...

Jusqu'où peut faire descendre le mépris de la religion ! Bientôt les chefs du parti *libéral*, dont quelques-uns devinrent chefs du parti *jacobin*, s'enrôlèrent sous la bannière de la révolution la plus radicale et de l'athéisme le plus effronté.

Ce sont toutes ces sociétés secrètes réunies, ce sont leurs prédications abominables et leurs manœuvres souterraines qui ont amené la Révolution française et tous les malheurs, tous les crimes, toutes les démences, toutes les douleurs, tous les martyres qu'elle engendra.

L'histoire fait remonter la responsabilité des larmes et du sang versé à ces conspirateurs ténébreux, qui, bien qu'ils fussent plus ou moins avancés les uns que les autres dans la voie du mal, n'en contribuèrent pas moins tous à ébranler l'édifice social, à humilier la religion, à pervertir la famille et à compromettre les droits de la propriété.

III

Nous avons prouvé, dans un ouvrage qui a .été violemment attaqué par le jacobinisme (*les Philosophes au pilori*), que le protestantisme avait enfanté l philosophie du XVIIIe siècle, qui prépara la révolution d'où devait sortir le *socialisme*, la doctrine la plus dissolvante et la forme la plus abominable du mal social, la révolte la plus odieuse contre l'Église et contre l'humanité.

Nous avons été obligé de combattre le socialisme, dernier terme de la démagogie, de la démence, de résister à ses tentations maudites, et pour les réprimer, d'employer la loi, la parole, la plume, le fer !

Qu'on ne s'y trompe pas. Défendre l'Église, c'est défendre l'ordre social ; car ce que les socialistes, ennemis de la famille et de la propriété, attaquent avec le plus de fureur, c'est l'Église. C'est après elle que s'acharnent ces plumes inqualifiables, sans honneur, sans vergogne, sans pitié, qui, quotidiennement, déversent, dans un style idiot et dépravant, le poison du vice et de l'athéisme au sein des ateliers, des cabarets ; littérature infâme, révolutionnaire, indécente, épouvante des honnêtes gens, terreur des familles, effroi des mères.

L'Église ! la religion !

Voilà le point de mire de ces scélérats de plume, la cible de ces culs-de-jatte de la presse, le plastron de ces renie-Dieu, de ces damnés, ennemis lâches et cruels de ce peuple qu'ils cherchent à tromper en le méprisant, et dont ils se moquent en l'exploitant effrontément.

Car ces nains difformes, honte du journalisme, n'ont pas plus de bonne foi que d'orthographe; leur loyauté est au niveau de leur littérature ; — misérables pour qui rien n'est sacré ; — hypocrites qui, comme des augures, ne peuvent se regarder sans rire !

Qu'ils rient, ces damnés, mais malheur à eux, comme dit saint Paul, malheur au vice impudent et railleur dont l'immoral succès est une insulte à la vertu !...

IV

La démocratie, le socialisme, la littérature contemporaine, la plupart des romans, les livres païens des Littré, des Taine, des Renan, des Maury, toutes ces inspirations de l'enfer, toutes ces révoltes, toutes ces formes du mal pour tenter et exploiter les peuples, aboutissent aux crimes les plus épouvantables ; pas un brigand traduit en cour d'assises pour vol et pour assassinat qui ne soit socialiste, *partageux* et athée. Les malfaiteurs qui chaque jour épouvantent par leurs forfaits nos cités et nos campagnes, ils sont socialistes. Ils comptaient sur 1852, ces horribles scélérats ; ils attendaient 1852 pour travailler à *la jacquerie*, pour voler, piller, incendier et tuer à l'aise ; pour se gorger de tout, — de sang surtout.

La philosophie antichrétienne et le socialisme conduisent aux crimes les plus exécrables, au parricide. Lisez plutôt. Voici ce que les journaux français publient ce matin : ce récit est plus éloquent, contre les prétendues *nouvelles* doctrines, que toutes les flétrissures qu'on pourrait leur imprimer.

V

La cour d'assises de l'Aisne, siégeant à Laon, s'est occupée, dans son audience du 16 de ce mois, d'une affaire de parricide ; l'accusé, Clovis Potin, armé d'un fusil chargé de gros plomb, aurait, de complicité avec sa mère, tiré à bout portant sur son père, au moment où ce dernier commençait à souper, et l'aurait tué sur le coup. D'après l'acte d'accusation, une antipathie profonde existait depuis longtemps contre le chef de la famille, *à cause de la modération de ses opinions politiques et de ses sentiments religieux.* Voici quelques exemples de la haine démocratique et sociale que lui portait sa femme :

Détestée de ses voisins à cause de son humeur acariâtre et de ses abominables discours en faveur du communisme, de l'athéisme et de la terreur, la femme Potin se montrait plus irascible encore dans son intérieur et semblait avoir pris à tâche de rendre à son mari la vie commune insupportable.

Au mois d'août dernier, Célestin Potin tomba du haut d'une échelle et se cassa la jambe. Sa femme, bien que témoin de cet accident, le laissa à terre pendant deux heures, sans le relever ni appeler personne.

Il souffrait affreusement, ce juste, et, dans sa douleur, il priait Dieu, non pour lui-même, mais pour cette malheureuse qui n'avait pas pitié de lui.

Durant la maladie qui suivit cette chute, elle ne lui donna aucun soin, et ce furent les voisins qui, touchés de l'état dans lequel elle laissait cet honnête homme, vinrent faire son lit et lui porter à manger. Un jour qu'encore alité, il reprochait doucement à sa femme son inconduite, et tâchait de la ramener à la religion et aux idées d'ordre, à la détacher de l'athéisme et de la démocratie : — « *Tais-toi, réac-tionnaire, tais-toi, jésuite,* » lui dit-elle, « *ou je vais t'achever !* »

Non-seulement on la vit alors fuir obstinément le chevet de son mari malade, mais elle s'efforçait d'en éloigner toutes les personnes qu'un sentiment de sympathie amenait chez lui, pour lui donner les soins que réclamait sa triste position.

— « Je *voudrais,* » disait-elle à la femme du témoin Netrence, qui avait relevé Célestin Potin, «*je voudrais que tous les hommes qui ont été voir mon mari aient la jambe cassée, et que les femmes qui ont été le soigner aient des maris comme lui.* »

Ces cruelles paroles indiquent assez quelles pensées, quels désirs homicides l'accusée entretenait dès lors dans son esprit.

Le lendemain du jour où Célestin Potin se cassa la jambe, sa sœur, la veuve Lamarée, une bonne chrétienne, lui ayant apporté du bouillon, la femme Potin se mit en colère et déclara qu'elle jetterait le potage aux porcs. Il fallut toute l'énergie de la femme Lamarée pour empêcher l'accusée de mettre sa menace à exécution.

Plus tard, une jeune fille, Anaïs Naircisse, fut mise à la porte parce qu'elle venait offrir des fruits au pauvre Célestin Potin.

C'est ainsi que se manifestait, avec un véritable cynisme, la haine mortelle de la femme Potin contre son mari ; c'est ainsi que le socialisme, ennemi de la famille et de l'autorité du père et de l'époux, passait, dans cette maison, de la théorie implacable à la plus implacable exécution !...

Cette antipathie de la *citoyenne Potin*, comme elle s'appelait elle-même, était partagée par son digne fils, le *citoyen Clovis Potin*. Habitué à une existence laborieuse et chrétienne, Célestin Potin avait voulu lui inculquer de bonne heure les mêmes habitudes, et il avait dû peser fermement sur la volonté de son fils, que les espérances démocratiques et sociales de la révolution avaient rendu très-enclin à la paresse. Clovis Potin, tout jeune encore, et déjà corrompu par les doctrines impies, s'était irrité de ces paternelles exigences, de ces enseignements sévères, dont il méconnaissait le motif ; il avait grandi dans une maison troublée par des disputes continuelles, et il n'avait pas tardé à prendre parti pour sa mère, qui flattait ses mauvais penchants, contre son père, qui s'efforçait de les combattre.

Il s'était affilié à la société secrète dite des *Vengeurs*.

L'éducation assez soignée qu'il avait reçue aurait dû détruire chez lui le fâcheux effet de ces premières impressions ; mais, à peine sorti des écoles (où du reste on nous apprend à honorer Brutus) il s'était faussé davantage encore l'intelligence et le cœur par les plus mauvaises lectures.

Imbu des détestables doctrines du socialisme, il s'était composé toute une bibliothèque des ouvrages de Proudhon, de Louis Blanc, de Considérant, de Pierre Leroux et des autres novateurs contemporains qui se sont proposé de refaire la société au gré de leurs rêveries insensées. Il affectionnait surtout Charles Fourrier, celui qui a le plus attaqué peut-être l'organisation de la famille, et l'on a trouvé dans sa chambre, avec ses œuvres, le portrait de ce matérialiste.

On eût dit que, pour se soustraire aux reproches de sa conscience, il voulait mettre sous la protection d'une fausse science son mépris de l'autorité paternelle.

Dans son audience du 18, et sur le réquisitoire de M. l'avocat général, la cour a rendu un arrêt qui condamne les deux accusés à la peine des parricides, et ordonne que l'exécution aura lieu sur l'une des places de la ville de Laon. Au moment où le président prononçait, d'une voix émue, cette condamnation, *le citoyen Clovis Potin*, qui n'a pas un instant changé de physionomie, a mis dans sa bouche une dragée qu'il s'est mis à manger tranquillement, puis il a descendu d'un pas ferme l'escalier qui conduit à la cour, où une foule énorme l'attendait pour le voir encore ; il s'est découvert, a salué, et a traversé la haie sans donner signe d'émotion. La foule s'est ensuite écoulée plus émue que le condamné : elle frémissait de l'affreuse insensibilité de ce misérable démocrate.

VI

Vous le voyez, la démagogie, le socialisme, c'est la peste ; pire que la peste, la rage. Voilà ce que produisent les sociétés secrètes et les livres qu'elles répandent ; voilà ce qu'enfantent les enseignements révolutionnaires !...

Et qu'on ne dise pas que c'est un fait isolé ; en relevant tous ceux de ce genre, on arriverait à composer des centaines de volumes, rien qu'en signalant les *hauts faits* de la démocratie socialiste depuis 1848 seulement. Que serait-ce donc si l'on remontait à 1793 !...

VII

Les protestants, — ceux qui croient encore à la divinité de Notre-Seigneur Jésus-Christ,—repoussent

20.

toute solidarité avec ces impies. Mais c'est en vain. Ils appartiennent tous à la même famille des révoltés. Le protestant a donné l'exemple au philosophe, au jacobin, au socialiste.

Lorsque le protestantisme a des pensées et des formules qui conviennent aux démagogues, nous ne lui devons aucun égard.

Notre devoir est de reproduire ces pensées et ces formules; en les reproduisant, nous vengeons l'Église, et en contemplant les protestants, nous sommes pris d'une profonde compassion pour des chrétiens placés par leur faute entre le regret d'une si grande injustice envers l'Église et le faux point d'honneur qui les empêche de réparer cette injustice.

VIII

Cette logique du protestantisme effraye les esprits droits et les ramène à l'éternelle vérité. Le temps de l'erreur semble près de finir; chaque jour la vérité marche à sa restauration. Chaque jour les rameaux de l'arbre de vérité étendent leurs ombrages salutaires sur le monde. Les professeurs et les écrivains athées n'y feront rien.

La première, la plus puissante de toutes les hérésies semble à l'agonie. Voici que les organes du presbytérianisme anglais, à la suite des plus violents adversaires du cathoïcisme en Allemagne et en Hollande, confessent que les progrès du catholicisme dans les États hérétiques sont immenses.

Ils confessent que ce résultat n'est point surprenant en présence « des *innombrables désordres* qui se rencontrent dans les Églises réformées; en présence de l'*effronterie scandaleuse* avec laquelle on nie dans les temples les *vérités fondamentales du christianisme.* »

Ainsi, ceux qui, hier encore, calomniaient l'Église, reconnaissent aujourd'hui que leurs sectes fournissent *d'innombrables désordres*, et sont obligés de constater qu'elles nient jusqu'aux *vérités fondamentales du christianisme !*

A cela, quoi d'étonnant ? le protestantisme ne conduit-il pas à la négation des vérités chrétiennes et bientôt, de conséquences en conséquences, à l'athéisme le plus brutal, au matérialisme le plus grossier ?...

Les feuilles protestantes ne le reconnaissent-elles pas elles-mêmes à cette heure ?...

Ah ! quand nous tenons ce langage, ce n'est pas pour le vain plaisir de guerroyer avec quelque avantage contre nos adversaires, ce ne sont pas des mots en l'air. C'est encore moins pour blesser des personnalités honorables, mais égarées; c'est parce que nous sommes profondément convaincu que beaucoup abandonneront l'erreur en la connaissant bien, en voyant où elle conduit définitivement; c'est parce que nous voyons chaque jour les populations se détacher de l'erreur et revenir à l'Église du Seigneur.

Disons-la donc dans toute sa grandeur, disons-la, la vérité, non pour endurcir les fanatismes, mais, au contraire pour les fondre, dans la chaleur ardente de notre tendresse.

Le protestantisme avoue enfin son impuissance.

Cette bonne nouvelle nous touche profondément. C'est toujours avec satisfaction que nous voyons des adversaires loyaux reconnaître leur erreur, et nous les encouragerons sans cesse quand ils se montreront disposés à divorcer avec elle.

Pour être logiques, les journaux protestants, dont nous venons de citer plus haut les aveux, ne doivent pas s'arrêter en route. Cette voie est honorable autant que douce; allons! courage! qu'ils persévèrent! A rompre publiquement avec l'erreur, il y a gloire. Il y va du salut éternel! Qu'ils quittent la maison *scandaleuse* où n'habite pas Dieu, où l'on voit d'*innombrables désordres*, où les vérités du christianisme *sont niées et combattues!*...

Qu'un vil orgueil ne les arrête pas.

Bientôt, espérons-le, on s'écriera en Angleterre, comme hier en Allemagne :

« *Allons à Rome!* »

Encore une fois, courage ! Il n'y a pas d'autre chemin pour rompre avec ce qui perd l'Angleterre, avec ces « *désordres innombrables*, » qui la scandalisent tant !...

IX

Certains journaux protestants, en Angleterre, ont joué, il y a quelque temps, une comédie qu'il importe de signaler. Ils feignaient la plus grande terreur. Ils s'écriaient que la *foi de leurs pères* était en danger. Le papisme régnait dans le cabinet qui avait succédé à lord Palmerston !

Quand ils disent *foi de leurs pères*, il faut entendre de leurs *petits pères*, car leurs *grands pères* étaient catholiques, et eux-mêmes le seraient encore sans Henri VIII, ce roi dissolu, qui fut l'une des hontes et l'un des plus grands fléaux de son pays.

A la tête de ces dénonciateurs officieux, se plaçait le *Morning Advertiser*, désolé du papisme de lady Granville. Voici l'un de ses articles :

« Si lord John Russell reste longtemps encore à la tête des affaires, son ministère ne s'appellera plus

le cabinet whig, mais le *cabinet papiste*. Lady Granville n'est pas seulement une ardente papiste, c'est
une femme d'une grande séduction. La sœur du noble
comte Granville, lady Fullerton, est aussi catholique
romaine, ayant renoncé au protestantisme.

« De plus, lord Granville a combattu le bill contre
les titres ecclésiastiques, et cependant lord John Russell confie à un tel homme, dans de telles circonstances, le portefeuille des affaires étrangères. Le duc
de New-Castle et M. Cardwell, appelés par lord John
Russell à faire partie de son cabinet, sont aussi deux
adversaires fervents du bill contre le papisme. »

Le journal hérétique doit trouver des consolations
bien douces dans les scènes carnavalesques et sacriléges qui déshonorent la Grande-Bretagne, ce pays de
prétendue liberté. Tant qu'il y aura des mercenaires
pour brûler l'image du pape et de la sainte Vierge,
tant qu'il y aura des malfaiteurs pour salarier ces
infamies, et des bandits, ivres d'athéisme et d'eau-
de-vie, pour les applaudir, l'honnête feuille peut être
tranquille.

Un autre organe protestant d'Angleterre, le *Standard*, a publié un article dans lequel il ose affirmer
que lady Granville a, *sur ses excitations*, communiqué à son confesseur des secrets politiques qu'elle
aurait, *d'après ses conseils, arrachés* à son mari. Le

Times, autre journal protestant, a repoussé, avec une indignation honnête, cette abominable calomnie, inspirée par le fanatisme et l'intolérance les plus violents. L'article du *Times* fut plus qu'une œuvre de convenance et de bon goût, ce fut un acte de justice et une bonne action. Inventer contre ses adversaires des mensonges ou propager les mensonges inventés contre eux, c'est le fait des feuilles indignes de voir le jour, qui ne se respectent pas, et ne respectent pas davantage leurs lecteurs.

Cette polémique a pris les proportions les plus ridicules. Le *Standard* a poussé l'excentricité britannique jusqu'à éditer l'immense plaisanterie suivante. Il raisonne comme ceci :

« Lady Granville est catholique ; or, tous les membres de *cette Église*, quel que soit leur rang, sont tenus de se confesser.

« Il est *certain* que la femme d'un ministre de la couronne *ne peut guère* choisir pour confesseur que le cardinal Wiseman.

« Or, l'archevêque de Westminster, ayant été le général en chef de *l'agression papale*, doit avoir fortement à cœur de prendre sa revanche sur la couronne et le gouvernement, qui l'empêchent de jouir du titre *qu'il a conquis*.

« Voyez lady Granville se confessant au cardinal,

qui lui *donnera* pour pénitence *de surprendre les se-crets d'État,* dont son mari, ministre des affaires étrangères, est le confident! Ces secrets *révélés,* le cardinal en donnera immédiatement connaissance à M. de Montalembert. Le noble comte transmettra les dépêches à Rome, après en avoir laissé copie à l'É-lysée. Que l'on se demande ensuite ce que va devenir la Grande-Bretagne, quand on sait l'accord qui existe en ce moment entre Rome et Paris, et surtout quand le journal *jésuite* l'*Univers* pousse les puissances des-potiques de l'Europe à entreprendre une croisade contre l'Angleterre ! »

Telles sont les *preuves* fournies par le journal an-glais contre l'illustre prélat, qu'il est *certain* que lady Granville ne *peut guère* s'empêcher de choisir pour confesseur !...

Mais ce n'est pas tout ; cette facétie continue de la sorte : Lady Granville étant catholique, lord Granville, son époux, n'est qu'un *demi-protestant,* de même qu'il n'est qu'un *demi-anglais.* Les minis-tres anglais ne doivent pouvoir épouser que des femmes protestantes, *puisque* la reine ne peut épouser un prince catholique! *Donc,* tout homme d'État qui sera marié à une catholique ne pourra être ministre, quels que soient d'ailleurs ses talents !

Tels sont les formidables arguments du *Standard.*

Cela rappelle le *Charivari* de Paris et la prétendue *Vie de Jésus* de M. Renan; c'est une des *démonstrations* les plus amusantes que l'excentricité anglaise ait encore produit. Cette logique victorieuse ne peut manquer de faire pouffer de rire tous les gens sensés. On se demande qui est plus fort, du *Standard* ou de Sganarelle, quand celui-ci se sert d'arguments comme ceux-ci : *Cabricias arci thuram, cataplasmus, singulariter, nominato hæc musa, la muse, bonus, bona, bonum, Deus sanctus, est ne oratio latinas.*

N'oublions pas de dire encore pourquoi, d'après le *Standard*, lord Granville n'est qu'un *demi-anglais :* c'est que sa femme est d'*origine étrangère !*

Le tout est de *la faute des jésuites,* comme on disait en France sous la Restauration : Tout est de la faute des jésuites !

X

Le protestantisme aux abois cherche à donner le change, en Angleterre, aux populations enfin lassées du charlatanisme qui leur a fait abandonner l'Église du Seigneur. Le protestantisme, à bout de folies et de divisions, se jette dans la prostitution du sacrement de la confession. Cette spéculation sans pudeur, cette parodie du tribunal de la pénitence, cet outrage à la sainte Église, à Dieu et à sa miséricorde, se manifeste, dans tout son cynisme, dans la *réclame* suivante publiée par les journaux anglais :

« Madame Hoothwood ayant reçu de son mari les facultés pour entendre les confessions de la partie féminine de son troupeau, elle se trouvera à son tribunal tous les samedis, après la post-communion. Comme il est adjacent à celui de son mari, pour éviter toute erreur, on devra faire attention aux inscriptions : *côté des hommes, côté des femmes,* qui y seront apposées en caractères très-lisibles.

« Les hommes seront rigoureusement et sans exception exclus du département de Mme Hoothwood, mais l'exclusion des femmes sera soumise de l'autre côté aux conditions suivantes :

« Les personnes dont les cas de conscience seraient de nature à ce que la solution dépassât les pouvoirs de Mme Hoothwood, recevront d'elle un bulletin marqué : *Cas réservé,* sur la présentation duquel il sera permis de passer du côté des hommes.

« Les femmes observeront qu'elles doivent faire un léger changement dans les paroles du *Confiteor,* vu le sexe du ministre. Elles diront, au lieu de *tibi, pater* et *te, pater : tibi, mater,* etc.

« N. B. Mme Hoothwood reçoit les communications par correspondance et y répond par le retour du cour-

rier. Les lettres doivent être marquées : *particulières,*
DÉPARTEMENT DES FEMMES, et être mises sous une enveloppe en blanc, avec timbre de poste inclus. »

Cette circulaire inouïe donne la mesure de la piété
du protestantisme anglican, de cet athéisme brutal,
grossier, lâche et féroce, qui traîne dans la boue de
la grande prostituée anglicane et presbytérienne, la
sainte image de la Mère de Dieu et celle de notre
Souverain-Pontife.

Voilà où conduit l'indifférence. On commence par
elle, on finit par le mépris et le sacrilége.

L'indifférence en matière de religion, c'est de la
lâcheté. Les catholiques ne doivent pas mettre moins
de vigueur à défendre la vérité, que les protestants et
les républicains n'en mettent à défendre l'erreur.

XI

Autre jonglerie du même genre :

Dans un des numéros du mois de mars 1863, le
Morning advertiser rendait compte comme il suit de
la mise aux enchères et de l'adjudication d'un troupeau spirituel de l'église anglicane :

« La direction spirituelle (ou charge d'âmes) de
la population de Spetisbury-Charton-Mareschal, près

Blandfort, dans le comté de Dorset, vient d'être *ven-
due aux enchères*, par MM. Smith et fils. Les com-
missaires-priseurs ont déclaré que le titulaire, âgé de
quatre-vingt-un ans, et n'étant pas d'une bonne santé,
désirait se démettre de ses fonctions. La valeur du
bénéfice est de 624 livres 4 schell. 6 d. (15,605 fr.
60 c.) par an. La première enchère a été de 5,000 liv.
sterl. La direction spirituelle a fini par être adjugée
à 5,500 liv. sterl. (138,750 fr.). »

Vous le voyez ! il n'y a pas de prêtres protestants ;
il n'y a que d'odieux marchands, commerçant effrontément des choses saintes ; des charlatans cyniques
qui osent invoquer le nom de ce Dieu qui du temple
a chassé leurs pareils !...

XII

Dans notre *Histoire et Réfutation du Socialisme*,
nous avons montré dans toute son horreur la logique
des révoltés contre l'Église et l'ordre social.

Le socialisme est le dernier mot du protestantisme. Nous avons vu ce que veut, ce que peut enfanter le socialisme, religion de la matière ; voyons
maintenant ce que veut, ce qu'a produit déjà, et ce
que peut faire le catholicisme, religion de Dieu.

Par la voix de l'Église, l'Évangile a porté sur toute la terre le flambeau de la vérité et de la civilisation. Par l'amour, il a rapproché les hommes, divisés par l'égoïsme. La religion a émancipé les âmes; ses apôtres nous ont donné la sainte liberté. Pas un progrès ne s'est accompli dans le monde, pas un qui n'ait été inspiré par la religion.

L'Église bénit, pardonne, éclaire, prêche la vérité, la vertu, la justice, l'inépuisable charité.

Quand donc les législateurs des nations s'inspireront de l'esprit de l'Église, ils feront de grandes et bonnes choses. Suivez la marche de la civilisation dans l'histoire, et vous y verrez à chaque pas la main bienfaisante de l'Église : ce sont ses apôtres qui ont régénéré le monde; ils n'ont reculé devant aucun obstacle; aucun danger n'a ébranlé leur courageux dévouement. Sans les prêtres de la sainte Église catholique, apostolique et romaine, nous serions plongés dans le dégoûtant état de matérialisme dans lequel les communistes veulent nous rejeter. Ces prêtres, ils ont été affronter les sols inhospitaliers des pays lointains, planter la croix — et mourir.

Les missionnaires philosophes et les missionnaires socialistes peuvent-ils comparer leur apostolat à celui-là? — Où sont leurs découvertes? où sont leurs conquêtes? Quels corps ont-ils soulagés? quelles âmes ont-ils consolées? quels progrès ont-ils accomplis? quelle idée morale ont-ils répandue? qu'ont-ils fait pour l'humanité ?...

Le christianisme inonde le genre humain; les socialistes, les athées n'ont égaré qu'une poignée de malheureux.

Les prêtres catholiques furent de tout temps les bienfaiteurs de la terre. Ils nous ont instruits; ils nous ont consolés; ils nous ont sauvés; ils nous ont arrachés à l'abrutissement et à la férocité. Ils tendent à nous rendre libres, purs et heureux. Nous les trouvons toujours et partout, et ils vont jusqu'à pardonner aux ignorants et aux menteurs qui les outragent et les calomnient, et même aux forcenés révolutionnaires qui les tuent !...

Ils prêchent l'amour de Dieu et des pauvres, la fraternité dans l'ordre, la charité, l'amour, la paix entre les hommes. Il est doux à mon cœur de leur rendre ce pieux témoignage. Ils embrassent dans une expansion sainte toute l'humanité; leur dévouement est actif; ils visitent les prisons, les hôpitaux; ils se répandent partout où il y a un soulagement à donner, le bien à faire. Nos souffrances exaltent leur courage, et nous nous révoltons dans notre conscience de l'impiété et de l'iniquité de leurs ennemis.

Qu'ils ouvrent les yeux et qu'ils sachent bien que

le catholicisme, qui nous a donné la civilisation, peut seul nous la conserver et nous sauver de l'égoïsme, de la tyrannie, de la misère, en inspirant à nos lois politiques et sociales son dogme impérissable de la fraternité !

Marchons en avant, accueillons toutes les aspirations vers le progrès vrai; mais marchons dans la paix, dans la vertu, dans la foi !...

Dans la foi, marchons au soulagement des misères et des souffrances, au salut des âmes; — ce but est grand.

XIII

Si nous sommes si divisés et si malheureux, c'est la faute des révoltés qui veulent déchirer l'Évangile.

Qu'il est doux de lire l'Évangile avec son cœur! Comme ces pages impérissables, en tombant des cieux, nous soulagent, nous consolent et nous charment! comme cette musique sacrée vibre en nous! comme elle éveille de mystérieux échos dans nos âmes! Le chrétien s'enivre ainsi de Dieu; sa lèvre, desséchée d'afflictions, s'abreuve à l'œuvre infinie; il oublie, dans l'immortelle pensée du ciel, les tristesses, les tentations et les misères de cette terre. La sagesse du Christ nous inspire, et ses vertus nous fortifient; nous buvons l'espoir dans ses larmes! Dans l'infortune, nous levons un regard consolé vers la croix...

Un homme qui a de la religion, — ce pain fort du fort, — se soucie bien des maux de la vie! Qu'importe la douleur, la calomnie, la misère et l'opprobre, à celui qui a la foi dans l'âme! Sa croyance le met au-dessus des petitesses, des lâchetés et des trahisons de ce monde!... L'oppression même, il ne la sent pas sur ses robustes épaules! Qu'on l'insulte! qu'on l'outrage!... sa conscience et son témoignage sont en lui!... La mort même ne peut l'émouvoir, car dans le cercueil il ne voit pas la destruction, il voit l'immortalité!... Il sait que l'âme survit au corps. L'œil qui se ferme, le front qui s'endort dans la mort, se rouvrent et se recueillent dans le ciel!... C'est la paix, c'est la justice, c'est le banc où le voyageur las pose enfin son fardeau.

Ah! mes amis, pratiquons l'Évangile pendant la route!...

Si nous sommes si divisés et si malheureux, c'est que nous n'écoutons pas la parole du prêtre de l'Évangile, du prêtre catholique. Le prêtre, c'est la providence du remords, du coupable repentant; c'est la providence des détresses du pauvre.

Honneur et salut au prêtre, — au disciple du Christ qui, pour nous, a vidé la coupe sanglante! Le prêtre, c'est la morale en paroles et en actions; — il fait rayonner sur nous l'éclat de l'éternelle vérité.

Honneur et salut au bon Samaritain qui comprend l'Évangile, qui enseigne et pratique la charité!

C'est lui qui nous dit que nous sommes tous frères en Jésus-Christ; c'est lui qui nous console toujours et qui toujours prie et pleure avec nous et pour nous.

C'est lui qui élève notre âme au Seigneur; qui donne son temps et son repos et sa vie pour sauver ses frères.

Il nous apprend la charité, l'humilité, la douceur, la tolérance, le pardon des offenses; il nous apprend l'amour!...

Oui, il faut que le prêtre de la sainte Église prenne place parmi les législateurs des peuples et parmi les professeurs de la jeunesse. Toute éducation qui n'est pas inspirée par l'esprit religieux est inspirée par l'esprit de la matière! Combien l'éducation philosophique a éloigné d'âmes de la vérité et en a fait des révoltés!... Toute éducation qui n'est pas profondément religieuse tend à avilir, à abrutir, à dépraver la jeunesse. Comme précepteur, le philosophe, le socialiste agit sur le cerveau de l'adolescent dans lequel il cherche à étouffer les sentiments de religion, de famille et de liberté. Le matérialisme se retrouve dans cette éducation autant que partout ailleurs.

Les enfants du peuple doivent être élevés par des hommes religieux, non par des athées.

L'école philosophique, l'école socialiste prend l'enfant à sa mère et les sépare ; il arrache la fille des mêmes bras, pour les pervertir, pour leur donner une éducation antireligieuse, antisociale ; on brise ces pauvres petits êtres sous la fatigue d'études arides et sensualistes, pendant que leurs mères, qu'on leur apprend à maudire, privées de ces têtes blondes sur lesquelles elles s'appuient, pour être plus fortes, sont assiégées par les tentateurs matérialistes.

Comme instituteurs, les philosophes, les panthéistes, les socialistes mettent entre les mains des enfants des milliers de petits livres athées conformes à leur enseignement. Comme précepteurs, ils apprennent à nos fils à insulter à la religion, aux progrès du christianisme, dont ils sont les ennemis. Dans leur impiété, dans leur immoralité, sous prétexte d'enseigner à l'homme à faire respecter ses droits, ils lui enseignent à fouler aux pieds tous les devoirs ; ils salissent son cœur et y sèment le germe des révoltes contre toute autorité et contre Dieu même.

De là, deux sortes d'enseignements, deux sortes d'instituteurs : le prêtre et le socialiste. Le premier, résigné, modeste, humble, prêchant le bien, enivrant nos âmes des espérances religieuses ; — le second, avide, ambitieux, athée, prêchant le mal, la guerre civile, développant tous les mauvais instincts de l'homme, brisant tous les freins de ses passions. Celui-là est pur et charitable; il console le malade; il visite le pauvre, souvent pauvre et souffrant lui-même; il nous apprend à être les maîtres de nos passions, à étouffer le germe du péché originel; il nous élève; il nous grandit; il nous rapproche de Dieu; il souffre en silence et se résigne, humble martyr, à la destinée matérialiste que ceux qui s'appellent *nos frères* et *nos amis* nous ont faite.

Le socialiste n'a pas la même bonne foi. Il n'a plus de conscience, il n'a plus de cœur; dans les profondeurs de son âme on a déposé d'affreux poisons qui vont germer.

En prenant part aux dangereuses luttes de la politique, il est toujours du parti des démolisseurs; il se déclare l'ennemi de la religion et de la société, l'ennemi quand même de tout ce qui est ordre et autorité.

En travaillant pour son ambition, il bannit tout scrupule.

Ils sont bien à plaindre, ces parents imprévoyants qui confient leurs enfants, ce qu'ils ont de plus cher au monde, à des hommes auxquels ils ne confieraient certes pas leur fortune.

Pour ne pas examiner l'éducation qu'on va donner à leurs fils, ils se préparent de cuisants remords.

En donnant aux jeunes générations une éducation antireligieuse, c'est-à dire vicieuse et matérialiste, on leur ouvre une source de chagrins amers que rien ne pourra jamais tarir !...

C'est ainsi que les philosophes et les socialistes ne reculent devant aucun moyen pour pervertir la jeunesse, pour avilir la dignité humaine, pour nous pousser au bas de l'échelle sociale, pour nous jeter dans les bassesses, la ruine, le désespoir et la misère. Dans leur éducation, tout est subtil, faux, petit, menteur. Le jeune homme y voit ses plus nobles instincts étouffés, son activité brisée, sa religion souillée, son cœur flétri. Pauvre âme ! pauvre fleur née pour le soleil et qu'on arrache du sol fécond de la religion pour la jeter dans la boue dégoûtante de l'athéisme !

XIV

Qui donc a dissipé les ténébres de la barbarie, si ce n'est le prêtre catholique? Qui donc a combattu l'ignorance, si ce n'est l'instruction qu'il nous a donnée? En même temps qu'elle attache les citoyens à leurs devoirs, l'instruction religieuse bannit loin d'eux ces fausses opinions, ce fanatisme du mal qui, en imposant aux masses des croyanes exécrables, en excitant leur envie, en caressant leur égoïsme, nous laissent croupir dans l'ignorance, dans le péché, dans l'esclavage du mal.

Plus on médite les grands événements et les enseignements graves qui sont la philosophie de l'histoire, et plus on est persuadé que c'est la bonne éducation, l'éducation religieuse, qui fait la force d'un peuple: L'éducation influe directement sur les mœurs. Quand la jeunesse de Rome se corrompit, Rome se défigura. Notre jeunesse, à nous, génération ardente et noble, ne doit pas être livrée à ces philosophes athées qui ont tant de fois empoisonné l'esprit français dans ses sources depuis plus de soixante-dix ans, et qui ont réduit tous leurs dogmes à une désobéissance systématique à l'Église.

L'éducation des femmes doit également nous préoccuper.

La philosophie religieuse, après avoir tristement constaté le mal et l'iniquité qui rongent l'espèce humaine et la jettent dans les abîmes de Satan, ne doit pas se contenter de les déplorer et d'en gémir, elle doit montrer que la voie catholique est la seule au moyen de laquelle on peut la faire disparaître et parvenir à la béatitude par la perfection.

Donc, notre devoir, à nous, est de protéger nos femmes, le cœur de nos familles, contre les fatales influences du philosophe irréligieux, qui veut s'emparer de leurs âmes et les effeuiller au nom d'une prétendue liberté.

Telle est notre mission, notre œuvre, notre sacerdoce. Nous n'y ferons pas défaut [1].

Pour former des épouses et des mères éclairées sur tous leurs devoirs, pour les rendre attentives contre les piéges du vice infâme et trompeur, — serpent à la parole séduisante, — il faut les instruire dans cette pure et sublime religion qui forme leurs cœurs à la noblesse, à la chasteté, à la bonté, à la vertu.

Le défaut d'éducation religieuse et la culture excessive des petits agréments sont un écueil qui, des femmes, fait des créatures frivoles, coquettes, vaniteuses, au lieu d'en faire des femmes chrétiennes.

Pour que la femme ne tombe pas sous la domination du diable et ne nous communique pas ses faiblesses et ses ignorances, il faut faire de constants efforts pour combattre l'influence ineffaçable et fatale d'une éducation athée; il faut abattre l'esprit irréligieux qui menace la jeunesse.

Pour cela, que cette jeunesse reste forte auprès de

---

[1] Sous presse, chez les éditeurs du présent ouvrage : VIE DE N.-S. JÉSUS, réponse à M. Renan, par M. Ch. de Bussy.

l'Église, sa mère ; qu'elle ne soit livrée à aucun enseignement matérialiste. Cette mère sacrée a tant de tendresse pour ses enfants, que seule elle est capable d'arrêter les malédictions de ceux qui ne croient plus à rien.

Ah ! laissez le plus longtemps possible l'enfant chrétien avec sa douce mère l'Église ! Matérialistes, ne touchez pas ces âmes délicates de vos mains grossières. Trop tôt vient l'époque de l'ingratitude ; trop tôt les arides sillons à creuser sont préparés ; trop tôt la société nous enchaîne ! Ne séparez pas l'enfant de sa mère. Qui mieux qu'elle lui apprendra à être vrai, à avoir sa pensée sur ses lèvres, à aimer ses semblables et Dieu ? qui mieux qu'elle lui développera le cœur ? Elle lui rend son maternel mécontentement plus cruel que les punitions inventées par les hommes. Qui mieux qu'elle respectera la pudeur et éloignera de lui les occasions de perdre, dans de brutales voluptés, la virginité de son âme et la probité morale de son esprit ?...

Tandis que le mot *Église* veut dire : temple, lieu de douceur, de pardon, asile enfin, *socialisme* veut dire démagogie, terreur, anarchie, misère.

Voilà ce que les révoltés contre l'éternelle vérité auraient dû comprendre. Si leur esprit orgueilleux avait pu toucher aux profondeurs de la philosophie religieuse, ils n'essayeraient pas de rendre les peuples malheureux et coupables ; ils frayeraient une route à la fois honorable et facile, sur laquelle ils recueilleraient les hommages et les respects de tous. Loin de là ! ils sont oppresseurs et cruels. Sortis du peuple, ils tendent à devenir ses tyrans, ils le poussent au crime et à la misère, en l'éloignant de cette religion qui est la lumière et le bien.

Le socialisme abaisse l'âme humaine ; la religion l'agrandit et l'élève.

La religion nous montre la vie comme un voyage semé de périls, mais qui doit conduire la vertu à la félicité. Elle rend l'homme supérieur à la douleur. C'est là qu'est la force du christianisme ; seul, le catholicisme défie la souffrance. Aussi sa morale est-elle supérieure à toutes les philosophies humaines.

De même l'Église et la société défient leurs ennemis ; elles ne périront pas, malgré les menaces, les manœuvres, les guets-apens, les trahisons, les infamies de haut et de bas étage !...

FIN DU TOME SECOND.

TABLE

DU TOME SECOND.

———◦———

22

IMPRIMERIE DIVRY ET Cᵉ, RUE NOTRE-DAME DES CHAMPS, 40.

Check Out More Titles From HardPress Classics Series In this collection we are offering thousands of classic and hard to find books. This series spans a vast array of subjects — so you are bound to find something of interest to enjoy reading and learning about.

Subjects:
Architecture
Art
Biography & Autobiography
Body, Mind &Spirit
Children & Young Adult
Dramas
Education
Fiction
History
Language Arts & Disciplines
Law
Literary Collections
Music
Poetry
Psychology
Science
…and many more.

Visit us at www.hardpress.net